Le principe

80/20

Faire
plus
avec
moins

Données de catalogage avant publication (Canada)

Koch, Richard
    Le principe 80/20 : faire plus avec moins

    Traduction de : The 80/20 principle.

    1. Budgets temps.   2. Productivité - Aspect psychologique.
3. Efficience dans l'industrie - Aspect psychologique.   4. Morale
pratique.   I. Titre.   II. Titre : Le principe quatre-vingt/vingt.

HD69.T54K6314   1999   650.1   C99-940914-X

DISTRIBUTEURS EXCLUSIFS :

• Pour le Canada
  et les États-Unis :
  MESSAGERIES ADP*
  955, rue Amherst,
  Montréal, Québec
  H2L 3K4
  Tél. : (514) 523-1182
  Télécopieur : (514) 939-0406
  * Filiale de Sogides ltée

• Pour la France et les autres pays :
  INTER FORUM
  Immeuble Paryseine, 3, Allée de la Seine
  94854 Ivry Cedex
  Tél. : 01 49 59 11 89/91
  Télécopieur : 01 49 59 11 96
  Commandes : Tél. : 02 38 32 71 00
                Télécopieur : 02 38 32 71 28

• Pour la Suisse :
  DIFFUSION : HAVAS SERVICES SUISSE
  Case postale 69 - 1701 Fribourg - Suisse
  Tél. : (41-26) 460-80-60
  Télécopieur : (41-26) 460-80-68
  Internet : www.havas.ch
  Email : office@havas.ch
  DISTRIBUTION : OLF SA
  Z.I. 3, Corminbœuf
  Case postale 1061
  CH-1701 FRIBOURG
  Commandes : Tél. : (41-26) 467-53-33
                Télécopieur : (41-26) 467-54-66

• Pour la Belgique et
  le Luxembourg :
  PRESSES DE BELGIQUE S.A.
  Boulevard de l'Europe 117
  B-1301 Wavre
  Tél. : (010) 42-03-20
  Télécopieur : (010) 41-20-24

Pour en savoir davantage sur nos publications,
visitez notre site : **www.edhomme.com**
Autres sites à visiter : www.edjour.com • www.edtypo.com
• www.edvlb.com • www.edhexagone.com • www.edutilis.com

Dépôt légal : 3ᵉ trimestre 1999
Bibliothèque nationale du Québec

ISBN 2-7619-1488-0

RICHARD
KOCH

Le principe
80/
20

Faire
plus
avec
moins

Traduit de l'anglais
par Jacques Vaillancourt

PREMIÈRE PARTIE

OUVERTURE

1

VOICI LE PRINCIPE 80/20

Depuis très longtemps, la loi de Pareto encombre la scène économique comme une grosse roche erratique dans un paysage; c'est une loi empirique que nul ne peut expliquer.

JOSEF STEINDL[1]

Le Principe 80/20 peut et devrait être mis en pratique par toute personne intelligente dans sa vie quotidienne, ainsi que par toute organisation, et par tout groupe social et toute forme de société. Il peut aider l'individu ou le groupe à accomplir davantage avec beaucoup moins d'efforts. Le Principe 80/20 peut augmenter l'efficacité personnelle et rendre chacun plus heureux. Il peut améliorer la rentabilité de l'entreprise et l'efficacité de n'importe quelle organisation. Il peut même permettre d'augmenter le nombre et la qualité des services publics tout en en réduisant le coût. J'ai écrit le présent ouvrage, le premier à porter sur le Principe 80/20[2], parce que j'ai l'intime conviction, conviction corroborée par mon expérience personnelle et professionnelle, que ce principe constitue l'un des meilleurs moyens d'affronter les pressions de la vie moderne et de les transcender.

QU'EST-CE QUE LE PRINCIPE 80/20 ?

Selon le Principe 80/20, c'est une minorité de causes, d'intrants ou d'efforts qui entraîne la majorité des résultats, des extrants ou des récompenses. Littéralement, cela signifie par exemple que 80 p. 100 de ce que vous accomplissez dans votre travail résulte de 20 p. 100 du temps que vous y consacrez. Ainsi, les quatre cinquièmes de vos efforts — la grande majorité, donc — ne rapportent rien. Voilà qui va à l'encontre de ce à quoi on s'attend normalement.

Le Principe 80/20 établit qu'il existe un déséquilibre intrinsèque entre causes et résultats, entre intrants et extrants, entre efforts et récompenses. Le rapport 80/20 constitue une bonne approximation de ce déséquilibre : un modèle typique indiquera que 80 p. 100 des extrants résultent de 20 p. 100 des intrants, que 80 p. 100 des effets découlent de 20 p. 100 des causes, ou que 80 p. 100 des résultats sont obtenus grâce à 20 p. 100 des efforts. Ces modèles typiques sont illustrés à la Figure 1.

Dans le monde des affaires, la justesse de beaucoup d'exemples du Principe 80/20 a été prouvée. Vingt pour cent des produits offerts représentent généralement 80 p. 100 du chiffre d'affaires ; il en est de même pour 20 p. 100 des clients. Une entreprise tire environ 80 p. 100 de ses profits de 20 p. 100 de ses produits ou de ses clients.

Dans la société, 20 p. 100 des criminels commettent 80 p. 100 des crimes. Vingt pour cent des automobilistes causent 80 p. 100 des accidents. Vingt pour cent des personnes qui se marient entraînent 80 p. 100 des statistiques de divorce (ceux qui se marient ou qui divorcent à répétition faussent les statistiques et donnent de la durée de la fidélité conjugale une image pessimiste exagérée). Vingt pour cent des enfants obtiennent 80 p. 100 des diplômes.

À la maison, il est probable que 20 p. 100 de vos tapis et moquettes recevront 80 p. 100 du passage et de l'usure. Vingt pour cent de vos vêtements seront portés 80 p. 100 du temps. Et si vous avez une alarme antivol, 80 p. 100 des fausses alarmes seront déclenchées par 20 p. 100 des causes possibles.

Le moteur à combustion interne est une bonne illustration du Principe 80/20: 80 p. 100 de l'énergie se gaspille dans la combustion et 20 p. 100 de cette même énergie fait tourner les roues; ces 20 p. 100 de l'apport produisent 100 p. 100 du rendement[3]!

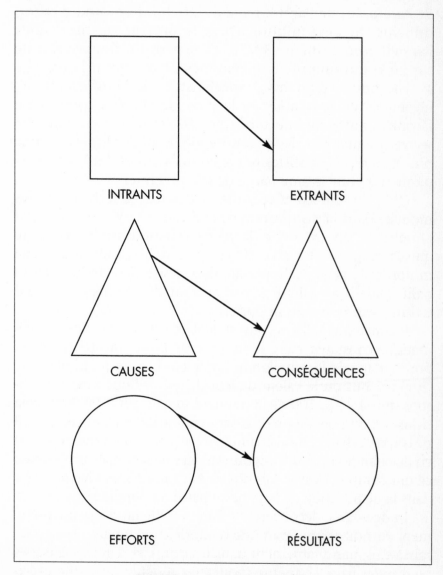

FIGURE 1   Le Principe 80/20

Découverte de Pareto : déséquilibre systématique et prévisible

Le modèle sous-tendant le Principe 80/20 fut découvert en 1897 par l'économiste italien Vilfredo Pareto (1848-1923). Depuis, sa découverte a connu plusieurs appellations : principe de Pareto, loi de Pareto, règle 80/20, loi du moindre effort, principe du déséquilibre. Dans le présent ouvrage, nous l'appellerons Principe 80/20. De par son influence subtile sur un grand nombre de personnes braquées sur la réussite — hommes d'affaires, spécialistes de l'informatique, ingénieurs de la qualité —, le Principe 80/20 a contribué à façonner notre monde moderne. Pourtant, il reste l'un des secrets les mieux gardés de notre époque ; même le petit groupe privilégié des spécialistes qui le connaissent et l'utilisent n'exploitent qu'une infime partie de son potentiel.

Qu'a donc découvert Vilfredo Pareto ? Il recherchait des modèles dans la distribution de la richesse et des revenus dans l'Angleterre du XIXe siècle. Dans ses échantillons, il a constaté que la majorité des revenus et de la richesse allaient à une minorité de gens. Cela n'avait sans doute rien de bien étonnant. Mais il a également mis au jour deux autres faits qu'il estimait extrêmement importants.

Premièrement, il a découvert qu'il existait une relation mathématique constante entre le nombre de personnes (exprimé en pourcentage de la population totale étudiée) et le montant de leurs revenus ou la valeur de leur richesse[4]. Pour simplifier, disons que si 20 p. 100 de la population détenait 80 p. 100 de la richesse[5], on pouvait prédire, sans crainte de se tromper, que 10 p. 100 de celle-ci en détenait disons 65 p. 100, et que 5 p. 100 en détenait 50 p. 100. Les pourcentages ne sont pas importants ; ce qui compte, c'est le fait qu'il y avait un *déséquilibre prévisible* dans la distribution de la richesse parmi la population.

La deuxième découverte de Pareto, celle qui l'a particulièrement enthousiasmé, était que ce modèle de déséquilibre apparaissait immanquablement dans les données d'autres époques ou d'autres pays. Le même modèle se répétait avec une précision mathématique, que Pareto étudiât des données sur

12

l'Angleterre, comme il l'a fait au début, ou qu'il étudiât des données de son époque ou antérieures provenant d'autres pays.

S'agissait-il d'une coïncidence bizarre ou d'une réalité de la plus haute importance pour l'économie et la société? Le principe s'appliquerait-il à des données autres que les revenus ou la richesse? Pareto était un formidable innovateur; avant lui, personne n'avait jamais analysé deux ensembles de données associés — en l'occurrence, la distribution des revenus ou de la richesse par rapport au nombre de propriétaires fonciers ou de personnes touchant des revenus — et comparé les pourcentages calculés dans les deux ensembles. (De nos jours, cette méthode, devenue courante, a mené à de grandes percées dans le commerce et l'économie.)

Malheureusement, même si Pareto a compris l'importance et la vaste portée de sa découverte, il n'est jamais arrivé à l'expliquer clairement. Il est vite passé à une série de théories sociologiques décousues mais fascinantes, centrées sur le rôle des élites, théories récupérées à la fin de sa vie par les fascistes de Mussolini. L'importance capitale du Principe 80/20 a été ignorée pendant une génération. Certes, quelques économistes, surtout américains[6], ont compris son immense valeur, mais il a fallu attendre la période qui a suivi la Deuxième Guerre mondiale pour que deux pionniers, dont le travail était parallèle mais complètement différent, commencent à créer des remous avec le Principe 80/20.

1949: Loi du moindre effort de Zipf

L'un de ces pionniers, George K. Zipf, était professeur de philologie à Harvard. En 1949, il découvrit la «loi du moindre effort», qui était en réalité une redécouverte et une élaboration du principe de Pareto. Selon la loi de Zipf, les ressources (personnes, biens, temps, aptitudes et tout ce qui est productif) ont tendance à s'organiser entre elles de manière à réduire le travail au minimum, de telle sorte que de 20 à 30 p. 100 de telle ou telle ressource produit de 70 à 80 p. 100 de l'activité liée à cette ressource[7].

13

Zipf s'est servi des statistiques démographiques, des livres, de la philologie et du comportement dans l'industrie pour démontrer l'inéluctable récurrence de ce modèle de déséquilibre. Par exemple, en analysant tous les permis de mariage délivrés à Philadelphie en 1931 dans un district d'une vingtaine de rues, il a démontré que 70 p. 100 des mariages unissaient des personnes vivant à moins de sept rues (c'est-à-dire 30 p. 100 de la distance totale possible) les unes des autres.

Incidemment, Zipf a aussi fourni une justification scientifique au désordre qui règne sur les bureaux au moyen d'une autre loi : la fréquence d'utilisation rapproche de nous les objets utilisés le plus souvent. Les secrétaires intelligentes savent depuis longtemps que les dossiers fréquemment consultés ne doivent pas être classés !

1951 : Règle des « quelques éléments essentiels » de Juran et essor du Japon

L'autre pionnier du Principe 80/20 est le gourou de la « qualité totale », l'ingénieur américain d'origine roumaine Joseph Moses Juran (né en 1904), celui qui est à l'origine de la Révolution Qualité de 1950-1990. Il a rendu ce qu'il appelait parfois le « principe de Pareto », parfois la « règle des quelques éléments essentiels » quasiment synonyme de recherche de la plus haute qualité des produits.

En 1924, il s'est joint à la société Western Electric, division de fabrication de Bell Telephone System, à titre d'ingénieur en organisation. Plus tard, il est devenu l'un des premiers consultants en qualité au monde.

Son idée géniale a été d'utiliser le Principe 80/20, ainsi que d'autres méthodes statistiques, pour repérer les défauts de qualité ainsi que pour améliorer la fiabilité et la valeur des biens industriels et des biens de consommation. Dans son célèbre ouvrage publié pour la première fois en 1951, *Quality Control Handbook*, Juran met de l'avant le Principe 80/20 en des termes très généraux. Il écrit :

14

L'économiste Pareto a découvert que la richesse était distribuée de manière non uniforme de la même manière [que les observations faites par Juran sur les défauts de qualité]. On trouve beaucoup d'autres illustrations de cela : distribution du crime parmi les criminels, distribution des accidents parmi les procédés dangereux, etc. Le principe de distribution inégale de Pareto s'applique à la distribution de la richesse et à la distribution des défauts de qualité[8].

Aucun grand industriel américain ne s'est intéressé aux théories de Juran, qui fut invité au Japon pour y donner des conférences et y trouva un auditoire plus réceptif. Il y resta pour travailler auprès de plusieurs grandes sociétés japonaises, où il transforma la valeur et la qualité des biens de consommation produits. Il fallut attendre que la menace représentée par le Japon pour l'industrie américaine devienne apparente, après 1970, pour que Juran soit pris au sérieux par l'Occident. Il rentra aux États-Unis pour y faire ce qu'il avait fait pour les Japonais. Le Principe 80/20 se trouvait au cœur de sa révolution mondiale en matière de qualité.

Des années 1960 aux années 1990 : progrès réalisés grâce au Principe 80/20

IBM fut l'une des premières sociétés à repérer le Principe 80/20 et à l'utiliser, ce qui explique sans doute pourquoi celui-ci est familier à la plupart des spécialistes en systèmes informatiques formés durant les années 1960 et 1970.

En 1963, IBM découvrit qu'environ 80 p. 100 du temps d'utilisation d'un ordinateur est consacré à l'exécution d'environ 20 p. 100 du code d'opération. IBM procéda immédiatement à la révision de son logiciel d'exploitation afin de rendre ces 20 p. 100 plus accessibles et plus conviviaux, et ses ordinateurs devinrent ainsi plus efficaces et plus rapides que ceux de ses concurrents dans la plupart des applications.

Ceux qui ont mis au point l'ordinateur personnel et ses logiciels au cours de la génération suivante — Apple, Lotus, Microsoft, par exemple — appliquèrent le Principe 80/20 avec encore plus d'enthousiasme en vue de réduire le prix de leurs machines et de rendre leur utilisation plus facile pour une nouvelle génération de clients, dont les désormais célèbres « nuls », qui se seraient précédemment tenus à une distance respectueuse de tout ordinateur.

Le gagnant rafle tout

Un siècle après Pareto, les implications du Principe 80/20 ont fait surface durant la récente controverse entourant les salaires astronomiques toujours croissants des superstars et des quelques élus trônant au sommet de la pyramide de certaines professions. Le réalisateur Steven Spielberg a gagné 165 millions de dollars américains en 1994. Joseph Jamial, le criminaliste américain le mieux rémunéré, a empoché 90 millions. Les réalisateurs ou les avocats simplement compétents, bien entendu, ne gagnent qu'une fraction de ces sommes.

Le XXᵉ siècle a été témoin d'efforts massifs déployés en vue de niveler les revenus ; mais l'inégalité, dès qu'elle est aplanie dans une sphère, réapparaît tout de suite dans une autre. Aux États-Unis, de 1973 à 1995, le revenu réel moyen a augmenté de 36 p. 100, tandis que celui des non-cadres a décliné de 14 p. 100. Durant les années 1980, ce sont 20 p. 100 des personnes touchant les plus hauts revenus qui ont accaparé toute l'augmentation ; qui plus est, 64 p. 100 de l'augmentation totale a profité à 1 p. 100 de personnes se trouvant au sommet de la pyramide des revenus ! Aux États-Unis, la propriété des titres boursiers est également concentrée dans un fort petit nombre de familles : 5 p. 100 des ménages américains détiennent environ 75 p. 100 de l'avoir du secteur des ménages. Un effet semblable se fait sentir dans le rôle du dollar américain : près de 50 p. 100 du commerce international se facture en dollars américains, tandis que les exportations américaines ne représentent que 13 p. 100 des exportations mondiales. Et, tandis que la part en dollars américains des réserves de devises étrangères atteint les 64 p. 100, le produit intérieur brut des États-Unis ne représente qu'un peu plus de 20 p. 100 de la production mondiale. Le Principe 80/20 se manifestera toujours, à moins qu'un effort conscient, constant et prodigieux ne soit consenti et maintenu pour le vaincre.

POURQUOI LE PRINCIPE 80/20 EST-IL SI IMPORTANT ?

Le Principe 80/20 est précieux parce qu'il est contre-intuitif. Nous nous attendons généralement à ce que toutes les causes jouent à peu près un rôle égal, par exemple, que tous les clients aient à peu près la même valeur ; que chaque vente, produit et dollar de revenu se vaillent ; que chaque jour, semaine ou année ait la même importance ; que tous nos amis comptent également pour nous ; que toutes les demandes d'information ou coups de téléphone soient traités de la même manière ; qu'une université en vaille une autre ; que tous les problèmes découlent d'un grand nombre de causes et qu'il soit inutile d'en chercher les causes principales ; que toutes les occasions se vaillent et qu'il faille les traiter toutes de la même façon.

Nous avons tendance à croire que 50 p. 100 des causes ou intrants entraîneront 50 p. 100 des résultats ou extrants. Il semble naturel, voire démocratique, que les causes et les résultats soient proportionnellement équilibrés. Bien entendu, ils le sont parfois. Mais cette illusion du 50/50 est l'une des plus fausses, des plus néfastes et des mieux enracinées qui soient. Selon le Principe 80/20, lorsque deux ensembles de données, portant sur les causes et les résultats, peuvent être analysés, il est probable que l'analyse fera apparaître un modèle de déséquilibre : 65/35, 70/30, 75/25, 80/20, 95/5, 99,9/0,1 ou n'importe quel autre rapport. Cependant, la somme des deux nombres ne doit pas nécessairement être 100 (voir page 35).

Les tenants du Principe 80/20 affirment également qu'il est probable que nous serons étonnés du déséquilibre lorsque nous prendrons connaissance du rapport réel existant. Quelle que soit l'ampleur du déséquilibre, il est probable qu'il sera supérieur à nos estimations. Des dirigeants d'entreprises soupçonnent que certains clients ou certains produits sont plus

17

rentables que d'autres ; mais lorsque la différence est prouvée, ils sont souvent étonnés, voire sidérés. Des enseignants savent que la plupart de leurs problèmes de discipline ou d'absentéisme sont le fait d'une minorité d'élèves ; mais si les registres sont analysés, il est probable que l'ampleur du déséquilibre dépassera de loin ce qu'ils avaient perçu. Il se peut que nous sentions bien qu'une partie de notre travail est plus productive que le reste, mais, si nous mesurons les intrants et les extrants, la disparité pourrait tout de même nous étonner.

Pourquoi s'intéresser au Principe 80/20 ? Que vous vous en rendiez compte ou non, ce principe s'applique à votre vie, à vos activités sociales et à votre milieu de travail. Une bonne compréhension de ce principe vous donnera une bonne idée de ce qui se passe vraiment dans le monde qui vous entoure.

Le message à retenir du présent ouvrage est que l'utilisation du Principe 80/20 peut améliorer considérablement notre vie quotidienne. Chacun de nous peut devenir plus efficace et plus heureux. Chaque entreprise commerciale peut devenir beaucoup plus rentable. Chaque organisation à but non lucratif peut obtenir des résultats encore plus utiles. Chaque gouvernement peut faire en sorte que son existence profite encore plus à ses citoyens. Il est possible pour chaque individu et chaque institution d'obtenir davantage de ce qui a une valeur positive et moins de ce qui a une valeur négative, avec beaucoup moins d'efforts, de dépenses ou d'investissements.

Un processus de substitution se trouve au cœur de ces progrès. Les ressources dont les effets sont faibles lorsqu'elles sont utilisées à telle ou telle fin ne le sont plus ou le sont moins. Inversement, celles dont les effets sont les plus puissants sont utilisées le plus possible. Chacune des ressources est idéalement mise à contribution là où elle rapporte le plus. Dans la mesure du possible, les ressources faibles sont améliorées de manière qu'elles produisent un effet semblable à celui des ressources plus fortes.

Les entreprises et les marchés recourent avec succès à ce processus depuis des siècles. L'économiste français Jean-Baptiste Say a été le premier, vers 1800, à faire l'apologie de l'« entrepreneur », dont il dit qu'il « transfère les ressources éco-nomiques d'un domaine de faible productivité à un domaine de productivité et de rendement supérieurs ». L'une des impli-cations les plus intéressantes du Principe 80/20 est le fait que les entreprises et marchés soient encore si éloignés des solutions optimales. Par exemple, le Principe veut que 20 p. 100 des pro-duits, clients ou employés engendrent en fait 80 p. 100 des profits. Si cela est vrai — et les enquêtes poussées confirment généralement l'existence d'un tel modèle de déséquilibre —, la situation actuelle est loin d'être efficace ou optimale. En effet, cela signifie que 80 p. 100 des produits, clients ou employés ne contribuent aux profits que dans une maigre proportion de 20 p. 100, que le gaspillage est excessif, que les ressources les plus agissantes de l'entreprise sont entravées par une majorité de ressources beaucoup moins efficaces, et que les profits pour-raient être multipliés si l'entreprise arrivait à vendre un plus grand nombre de ses produits les plus rentables, à embaucher davantage de meilleurs éléments ou à attirer plus de clients qui rapportent (ou bien à convaincre ceux-ci d'acheter davantage de produits à l'entreprise).

Dans une telle situation, on est en droit de se demander pourquoi on continue de vendre les 80 p. 100 de produits qui ne rapportent que 20 p. 100 des profits. Les entreprises se posent rarement ce genre de question, sans doute parce qu'y répondre entraînerait la prise d'une mesure radicale : mettre fin à 80 p. 100 de ses activités ne constitue pas un changement banal.

Les financiers de notre époque nomment « arbitrage » ce que Say appelait le travail de l'entrepreneur. Les marchés financiers internationaux sont prompts à corriger les ano-malies d'évaluation, par exemple entre les taux de change. Mais les entreprises et les individus sont généralement médiocres dans l'exercice de ce genre d'arbitrage ou d'entrepreuneuriat, quand il faut déplacer les ressources d'un domaine où elles rapportent peu à un autre où elles produisent le maximum de résultats, ou encore quand il faut écarter les ressources de peu de valeur pour en acheter de meilleures. La plupart du temps, nous ne nous rendons pas compte à quel point certaines ressources, certes une faible minorité, sont superproductives — celles que Juran appelait les «quelques éléments essentiels» —, tandis que la majorité — les «nombreux éléments utiles» — sont peu productives ou ont bel et bien une valeur négative. Dans toutes les dimensions de la vie, si nous arrivions à distinguer les quelques éléments essentiels des nombreux éléments utiles, et si nous agissions pour redresser la situation, nous pourrions multiplier tout ce qui a de la valeur pour nous.

LE PRINCIPE 80/20 ET LA THÉORIE DU CHAOS

La théorie des probabilités nous enseigne qu'il est pratiquement impossible que toutes les applications du Principe 80/20 se produisent au hasard, par coïncidence. Nous ne pouvons expliquer le principe qu'en avançant une cause plus profonde qui le sous-tend.

Pareto lui-même s'est colleté à ce problème, en tentant d'appliquer une méthodologie constante à l'étude de la société. Il cherchait des «théories qui illustrent des faits d'expérience et d'observation», des modèles récurrents, des lois sociologiques ou des «uniformités» qui expliquent le comportement des individus et de la société.

La sociologie de Pareto n'a pas abouti à une explication convaincante. Il est mort longtemps avant l'émergence de la théorie du chaos, qui présente de grands parallèles avec le Principe 80/20 et qui contribue à l'expliquer.

Le dernier tiers du XXe siècle a été témoin d'une révolution dans la manière dont les scientifiques conçoivent l'univers, révolution qui a renversé la vision du monde rationnelle et mécaniste qui dominait depuis 350 ans. Celle-ci représentait en soi un grand progrès par rapport à la vision mystique du Moyen Âge, fondée sur le hasard. Avec la perspective mécaniste, Dieu a cessé d'être une force irrationnelle et imprévisible pour devenir un ingénieur-horloger beaucoup plus convivial.

La vision du monde qui a eu cours depuis le XVIIe siècle et qui domine encore aujourd'hui, sauf dans les milieux scientifiques évolués, était extrêmement réconfortante et utile. Tous les phénomènes se réduisaient à des relations *linéaires* régulières et prévisibles. Par exemple, *a* cause *b*, *b* cause *c*, et *a* + *c* causent *d*. Grâce à cette manière de voir le monde, n'importe quel élément de l'univers — le fonctionnement du cœur humain, par exemple, ou un quelconque marché individuel — pouvait être analysé séparément, parce que le tout n'était que la somme de ses composants, et vice-versa.

Durant la seconde moitié du XXe siècle, toutefois, il a semblé beaucoup plus juste de considérer le monde comme un organisme en évolution, comme un système complet supérieur à la somme de ses parties, où les relations entre celles-ci sont non linéaires. Les causes sont difficiles à identifier ; il existe entre elles de complexes interdépendances, et la démarcation entre causes et effets est floue. L'ennui avec la pensée linéaire, c'est qu'elle n'est pas toujours applicable, qu'elle est une simplification exagérée de la réalité. L'équilibre est illusoire ou éphémère. L'univers ne tourne pas rond.

Pourtant, la théorie du chaos, malgré son nom, ne dit pas que tout est un fouillis incompréhensible et irrémédiable. Elle nous enseigne plutôt qu'une logique d'auto-organisation se cache derrière le désordre, une *non-linéarité prévisible* — quelque chose que l'économiste Paul Klugman qualifiait d'« effrayant », d'« inquiétant » et de « terriblement exact[9] ». Cette logique est plus difficile à décrire qu'à déceler, et elle n'est pas tout à fait étrangère à la récurrence d'un thème dans une œuvre musicale. Certains modèles caractéristiques se reproduisent, mais avec une variété infinie et imprévisible.

La théorie du chaos et le Principe 80/20 s'éclairent l'un l'autre

Qu'est-ce que la théorie du chaos et les concepts scientifiques apparentés ont à voir avec le Principe 80/20 ? Bien que personne ne semble encore avoir établi de lien, je crois que la réponse à cette question est : bien des choses.

Le principe du déséquilibre

La question de l'*équilibre* — plus justement, du *déséquilibre* — est commune à la théorie du chaos et au Principe 80/20. L'une et l'autre posent (avec beaucoup de preuves empiriques) que l'univers est déséquilibré, que le monde n'est pas linéaire, que la cause et l'effet sont rarement liés de manière égale. L'une et l'autre attachent beaucoup d'importance à l'auto-organisation : certaines forces sont toujours plus puissantes que d'autres et tenteront d'accaparer plus que leur juste part de ressources. La théorie du chaos contribue à expliquer pourquoi et comment se produit ce déséquilibre en faisant apparaître le tracé d'un certain nombre d'évolutions au fil du temps.

L'univers n'a rien d'une ligne droite

Le Principe 80/20, comme la théorie du chaos, se fonde sur le concept de non-linéarité. Une grande partie de ce qui se produit est sans importance et peut être oublié. Mais il existe toujours quelques forces dont l'influence est disproportionnée par rapport à leur nombre. Ce sont ces forces qu'il faut repérer et surveiller. S'il s'agit de forces non souhaitables, il nous faut songer à la manière de les neutraliser. Le Principe 80/20 nous offre un test empirique de non-linéarité des plus puissants applicable à tout système : il suffit de nous demander si 20 p. 100 des causes entraînent 80 p. 100 des résultats. Un phénomène est-il à raison de 80 p. 100 relié à seulement 20 p. 100 d'un autre phénomène ? Voilà une méthode utile pour dépister la non-linéarité, mais encore plus utile pour nous guider dans le repérage des forces démesurément puissantes qui sont à l'œuvre.

Les boucles de rétroaction faussent et perturbent l'équilibre

Le Principe 80/20 est également compatible avec les boucles de rétroaction révélées par la théorie du chaos : des influences initiales minimes s'amplifient considérablement pour produire des résultats tout à fait inattendus mais que l'on peut expliquer après coup. En l'absence de ces boucles, la distribution naturelle du phénomène serait de 50/50 — les causes d'une fréquence donnée entraîneraient des effets de même proportion. Ce n'est qu'en raison des boucles de rétroaction positives et négatives que les causes ne produisent pas des effets proportionnels. Pourtant, il semble également vrai que de puissantes boucles de rétroaction positives ne touchent qu'à une mince minorité de causes. C'est ce qui explique pourquoi cette minorité peut exercer une si grande influence.

Des boucles de rétroaction positives se manifestent dans beaucoup de domaines et expliquent pourquoi les relations entre populations sont généralement d'un rapport 80/20 plutôt que 50/50. Par exemple, les riches deviennent plus riches non seulement grâce à leurs aptitudes supérieures, mais aussi parce que la richesse engendre la richesse. Le même phénomène apparaît dans les étangs de poissons rouges. Même si vous y placez au départ des poissons de taille à peu près égale, ceux qui sont légèrement plus gros que les autres deviendront beaucoup plus gros, parce que, grâce aux minimes avantages initiaux d'une plus forte propulsion et d'une plus grande bouche, ceux-ci pourront capturer et avaler une quantité de nourriture disproportionnée.

Le point charnière

Le concept du point charnière est apparenté à celui de la boucle de rétroaction. Jusqu'à un certain point, une nouvelle force — qu'il s'agisse d'un nouveau produit, d'une nouvelle maladie, d'un nouveau groupe rock ou d'une nouvelle habitude sociale comme le jogging ou la pratique du patin à roues alignées — a de la difficulté à s'imposer. Beaucoup d'efforts n'entraînent que peu de résultats. À ce moment-là, bon nombre de pionniers laissent tomber. Mais si une nouvelle force persiste et arrive à franchir un certain point invisible, le moindre effort supplémentaire peut apporter de grands résultats. C'est ce point invisible que nous appelons le «point charnière».

Ce concept est emprunté à la théorie de l'épidémie. Le point charnière est celui « auquel un phénomène stable — une faible poussée de grippe — peut se transformer en crise de santé publique »[10], à cause du nombre de personnes infectées qui risquent d'en infecter d'autres. Et du fait que le comportement des épidémies est non linéaire et que celles-ci n'évoluent pas comme on s'y attend, « de petits changements — par exemple, une réduction de 40 000 à 30 000 des nouvelles infections — peuvent avoir des effets considérables [...] Tout dépend du moment où les changements sont apportés et de la manière dont ils sont faits. »[11]

Les premiers arrivés seront les mieux servis

La théorie du chaos suppose l'existence de la « sensibilité aux conditions initiales »[12] : ce qui arrive en premier lieu, fût-ce quelque chose de manifestement banal, peut avoir un effet démesuré. Voilà qui fait écho au Principe 80/20 et qui peut l'expliquer. Le principe établit qu'une minorité des causes exerce la majorité des effets. L'une des limites du principe, s'il est considéré isolément, est qu'il est toujours un instantané de ce qui est vrai au moment même (plus précisément, dans un passé très récent par rapport au moment où l'instantané est pris). C'est ici que la sensibilité aux conditions initiales tirée de la théorie du chaos se révèle utile. Une petite avance au départ peut mener à une avance plus importante ou à une position de domination, jusqu'à ce que l'équilibre soit perturbé et qu'une autre petite force exerce alors une influence disproportionnée.

Une entreprise qui, dès l'apparition d'un marché, fournit un produit de 10 p. 100 supérieur à celui de ses concurrentes pourrait bien finir par s'approprier une part de ce marché deux ou trois fois plus importante que les leurs, même si ces dernières fournissent plus tard un meilleur produit que le sien. Au début de l'ère de l'automobile, si 51 p. 100 des automobilistes ou des pays avaient opté pour la conduite à gauche, celle-ci aurait eu tendance à s'imposer chez presque 100 p. 100 des conducteurs. De même, lorsqu'on a commencé à utiliser des horloges rondes, si à peine 51 p. 100 de celles-ci tournaient dans ce que l'on appelle maintenant «le sens des aiguilles d'une montre» plutôt que dans l'autre sens, cette convention a prévalu, même si les aiguilles pourraient très bien tourner dans l'autre sens. En fait, les aiguilles de l'horloge de la cathédrale de Florence tournaient de droite à gauche et son cadran était divisé en 24 heures[13]. Peu après la construction de la cathédrale, en 1442, les autorités et les horlogers ont normalisé l'horloge de 12 heures tournant de gauche à droite, parce que la majorité des horloges étaient ainsi. Pourtant, si 51 p. 100 des horloges avaient été semblables à celle de la cathédrale de Florence, nous nous servirions aujourd'hui d'une horloge de 24 heures tournant dans l'autre sens.

Ces observations sur la sensibilité aux conditions initiales n'illustrent pas parfaitement le Principe 80/20. Les exemples donnés impliquent un *changement dans le temps,* tandis que le Principe 80/20 implique une rupture *statique* des causes *à un moment quelconque donné.* Pourtant, un lien majeur existe entre les deux phénomènes. Chacun montre que l'univers est allergique à l'équilibre. Dans le premier cas, nous sommes témoins d'un éloignement naturel du rapport 50/50 entre phénomènes concurrents. Un rapport 51/49 est fondamentalement instable et tend à devenir un rapport 95/5, 99/1, voire 100/0. L'égalité finit par la prédominance: c'est l'un des messages lancés par la théorie du chaos. Le message du Principe 80/20 s'en distingue tout en en étant complémentaire. Le principe nous dit que, à n'importe quel stade, la majeure partie du phénomène sera expliquée ou causée par la minorité des éléments y participant. Quatre-vingts pour cent des résultats proviennent de 20 p. 100 des causes. Quelques éléments sont essentiels; la plupart ne le sont pas.

Le Principe 80/20 distingue les bons films des mauvais

On trouve dans l'industrie du cinéma l'un des exemples les plus spectaculaires de l'application du Principe 80/20. Deux économistes viennent de mener une recherche sur les revenus

25

et la durée productive de 300 films sortis sur une période de 18 mois[14]. Ils ont constaté que 4 films — soit 1,3 p. 100 du nombre total — ont rapporté 80 p. 100 des revenus totaux au guichet; les 296 films restants — soit 98,7 p. 100 des films étudiés — n'ont représenté que 20 p. 100 des recettes. Ainsi, l'industrie du cinéma, bon exemple de marché libre, obéit à une règle 80/1 qui illustre clairement le principe du déséquilibre.

Ce qui est plus intéressant encore, c'est de se demander pourquoi. Il ressort que les cinéphiles se comportent comme des particules de gaz en mouvement aléatoire. Comme le signale la loi du chaos, les particules de gaz, les balles de tennis de table ou les cinéphiles ont tous un comportement aléatoire, mais dont on peut prévoir le déséquilibre de résultat. Le bouche à oreille, les critiques et les premiers auditoires déterminent si les auditoires suivants seront peu nombreux ou très nombreux; ces derniers auditoires déterminent l'ampleur des suivants, et ainsi de suite. Des films comme *Titanic* ou *La vie est belle* continuent d'attirer les foules, tandis que d'autres films, même coûteux et farcis de vedettes, finissent vite par être projetés dans des salles toujours plus petites, pour ensuite cesser tout à fait de l'être. Le Principe 80/20 est à l'œuvre.

PLAN DU LIVRE

Le chapitre 2 expliquera la manière d'appliquer le Principe 80/20. On y examine la distinction à faire entre l'Analyse 80/20 et la Pensée 80/20, deux méthodes utiles dérivées du Principe 80/20. L'Analyse 80/20 est une méthode quantitative systématique de comparaison des causes et des effets. La Pensée 80/20 est une démarche plus globale, plus intuitive et moins précise, qui comprend les habitudes et des modèles mentaux nous permettant de formuler des hypothèses sur ce que sont les causes majeures de tout élément important de notre vie, d'identifier ces causes et d'améliorer grandement notre position en redéployant nos ressources à la lumière de nos découvertes.

La deuxième partie du livre — La réussite d'une entreprise n'est pas un mystère — fait le sommaire des applications les plus puissantes du Principe 80/20 au monde des affaires. Ces applications ont été mises à l'épreuve et sont considérées comme extrêmement précieuses ; mais, curieusement, la majorité des entreprises n'en tirent pas parti. Il n'y a pas grand-chose d'original dans ce sommaire, mais quiconque souhaite augmenter sa rentabilité, qu'il s'agisse d'une petite ou d'une grande entreprise, y verra un a b c des plus utiles, le premier jamais publié dans un livre.

La troisième partie du livre — Travaillez moins, gagnez plus et profitez davantage de la vie — vous apprendra comment vous pouvez exploiter le Principe 80/20 pour améliorer votre sort sur le plan professionnel comme sur le plan personnel. Il s'agit d'une tentative nouvelle d'appliquer le Principe 80/20 à un nouveau canevas ; cette tentative, bien sûr imparfaite et incomplète à bien des égards, aboutit toutefois à quelques intuitions étonnantes. Par exemple, 80 p. 100 du bonheur ou de l'accomplissement dans la vie de l'individu se produit durant une petite partie de sa vie. On peut généralement en prolonger les pics les plus précieux. On a l'habitude de croire que l'être humain manque de temps. Ma façon d'appliquer le Principe 80/20 me laisse croire le contraire : nous disposons de tout le temps qu'il faut mais le gaspillons de manière honteuse.

La quatrième partie du livre — Crescendo : Progrès rattrapés — associe tous les thèmes abordés et soutient que le Principe 80/20 est le plus grand moteur de progrès ignoré qui soit à notre disposition. Il laisse entrevoir les applications possibles du Principe 80/20 pour le bien public, pour l'enrichissement de l'entreprise et pour le progrès individuel.

POURQUOI LE PRINCIPE 80/20 APPORTE-T-IL DE BONNES NOUVELLES ?

Je veux achever cette introduction sur une note personnelle. Je crois que le Principe 80/20 est rempli de promesses. Certes, il reprend ce qui semble de toute façon être évident : qu'il y a un tragique gaspillage partout, dans le fonctionnement de la nature, dans le monde des affaires, dans la société et dans nos propres vies. Si 80 p. 100 des résultats proviennent de 20 p. 100 des efforts, il est nécessairement logique que la vaste majorité de nos efforts — 80 p. 100 — n'aient que peu d'effets — 20 p. 100.

Paradoxalement, un tel gaspillage peut aussi être porteur de promesses, si nous pouvons exploiter le Principe 80/20 de manière créative, en ne nous contentant pas de repérer l'improductivité et de la critiquer, mais en agissant positivement pour y remédier. Il y a beaucoup de place pour l'amélioration, si l'on réorganise et réoriente la nature et nos propres vies. Améliorer la nature, refuser le *statu quo*, voilà la voie qui mène à tous les progrès : évolutionnistes, scientifiques, sociaux et personnels. Comme l'a si bien dit George Bernard Shaw : « L'homme raisonnable s'adapte au monde ; l'homme déraisonnable s'obstine à essayer d'adapter le monde à lui-même. Tout progrès dépend donc de l'homme déraisonnable.[15] »

Ce qui ressort du Principe 80/20, c'est que l'effet peut non seulement être augmenté mais aussi multiplié, si nous arrivons à rendre les causes à faible productivité aussi productives que les causes à haute productivité. Des expériences concluantes d'application du Principe 80/20 au monde des affaires laissent croire que, avec un peu de créativité et de détermination, on peut obtenir ce bond de valeur.

Deux chemins mènent à ce progrès. L'un consiste à transférer les ressources des utilisations improductives aux utilisations productives, clé de réussite de tous les entrepreneurs au fil des siècles. Il faut trouver un trou rond pour la cheville ronde, un trou carré pour la cheville carrée et un trou adapté à toute autre forme intermédiaire. L'expérience nous porte à croire que chaque ressource a son champ idéal, où elle peut être 10 fois ou 100 fois plus efficace que dans la plupart des autres champs.

L'autre chemin menant au progrès — méthode privilégiée par les scientifiques, médecins, évangélistes, concepteurs informatiques, pédagogues et formateurs — consiste à trouver un moyen de rendre plus efficaces les ressources improductives, même dans leurs applications actuelles, à faire en sorte qu'elles se comportent comme leurs cousines productives, qu'elles imitent, fût-ce en les apprenant par cœur, les ressources très productives.

Il faut repérer les quelques éléments qui fonctionnent à merveille, les cultiver, les nourrir, les multiplier. En même temps, le reste — la majorité des éléments qui se révèlent toujours peu utiles — doit être abandonné ou réduit au minimum.

En rédigeant le présent ouvrage et en observant des milliers d'exemples du Principe 80/20, j'ai senti ma foi se renforcer : ma foi dans le progrès, dans les grands bonds en avant, dans la capacité de l'être humain d'améliorer, individuellement et collectivement, la donne faite par la nature. Joseph Ford commente : « Dieu joue aux dés avec l'univers, mais les dés sont pipés. Notre premier objectif est de découvrir selon quelles règles ils ont été pipés et comment nous pouvons les utiliser à nos propres fins[16]. »

C'est précisément ce que le Principe 80/20 peut nous aider à faire.

2

COMMENT PENSER 80/20

Dans le chapitre premier j'ai expliqué le concept sous-tendant le Principe 80/20. Le présent chapitre sera consacré au fonctionnement pratique du Principe et à ce que celui-ci peut vous apporter. Deux applications du Principe — l'Analyse 80/20 et la Pensée 80/20 — fournissent une philosophie pratique qui vous aidera à mieux comprendre votre vie et à l'améliorer.

DÉFINITION DU PRINCIPE 80/20

Le Principe 80/20 énonce qu'il existe un déséquilibre intrinsèque entre causes et résultats, intrants et extrants, efforts et récompenses. Habituellement, les causes, intrants ou efforts se répartissent en deux catégories:

- la majorité, qui ont peu d'effet;
- la mince minorité, qui ont un effet majeur et dominant.

Habituellement aussi, les résultats, extrants ou récompenses proviennent d'une minorité des causes, intrants ou efforts destinés à produire les résultats, extrants ou récompenses.

La relation entre causes, intrants ou efforts d'une part, et résultats, extrants ou récompenses d'autre part, est dès lors généralement déséquilibrée.

Lorsque ce déséquilibre peut se mesurer arithmétiquement, il correspond à peu près à une relation 80/20 : 80 p. 100 des résultats, extrants ou récompenses proviennent de seulement 20 p. 100 des causes, intrants où efforts. Par exemple, environ 80 p. 100 de l'énergie planétaire est consommée par 15 p. 100 de la population humaine[1]. Quatre-vingts pour cent de la richesse mondiale appartient à 25 p. 100 de la population terrestre[2]. Dans le domaine des soins de santé, «20 p. 100 de la population et/ou 20 p. 100 de ses maladies consommeront 80 p. 100 des ressources[3]».

Les Figures 2 et 3 illustrent ce modèle 80/20. Imaginons qu'une entreprise vende 100 produits et qu'elle se soit rendu compte que ses 20 produits les plus rentables lui rapportent 80 p. 100 de tous ses profits. À la Figure 2, la bande de gauche comprend les 100 produits, chacun occupant un centième de l'espace.

La bande de gauche représente les profits totaux que réalise l'entreprise sur ses 100 produits. Imaginons que les profits provenant du produit le plus rentable soient illustrés dans la bande de droite, à partir du haut. Disons que le produit le plus rentable rapporte 20 p. 100 de tous les profits. La Figure 2 indique donc qu'un seul produit — donc 1 p. 100 de tous les produits —, occupant un centième de la bande de gauche, rapporte 20 p. 100 des profits. La zone ombrée représente cette relation.

Passons ensuite au produit situé au second rang sur l'échelle de rentabilité, puis aux suivants, jusqu'à ce que nous ayons montré les profits des 20 produits les plus rentables; nous pouvons ensuite ombrer la bande de droite selon le pourcentage du profit total que rapportent ces 20 produits. C'est ce que nous voyons sur la Figure 3, où (dans notre exemple fictif) ces 20 produits — 20 p. 100 du nombre total de produits — représentent 80 p. 100 des profits réalisés (zone ombrée). Inversement, dans la zone blanche, nous voyons la contrepartie de cette relation : 80 p. 100 des produits vendus ne rapportent globalement que 20 p. 100 des profits réalisés.

Le rapport 80/20 n'est qu'un point de référence ; la relation véritable pourrait être plus ou moins déséquilibrée que cela. Toutefois, selon le Principe 80/20, la relation sera dans la plupart des cas plus près de 80/20 que de 50/50. Si tous les produits de l'exemple précédent rapportaient le même profit, la relation serait telle qu'illustrée sur la Figure 4.

Ce qui est curieux, et essentiel à retenir, c'est que les analyses, lorsqu'on en fait, font ressortir beaucoup plus souvent le modèle de la Figure 3 que celui de la Figure 4. Dans presque tous les cas, un petit pourcentage du nombre total de produits rapporte un pourcentage disproportionné des profits.

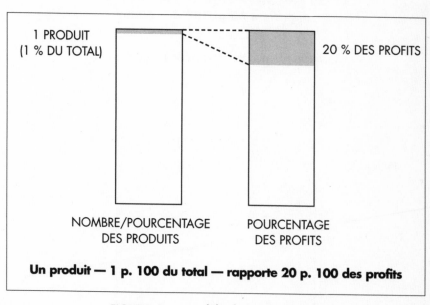

FIGURE 2   Modèle de rapport 20/1

Bien entendu, le rapport exact peut ne pas être 80/20. Le rapport 80/20 est à la fois une métaphore commode et une hypothèse utile, mais il n'est pas le seul modèle possible. Parfois, 80 p. 100 des profits proviennent de 30 p. 100, de 15 p. 100,

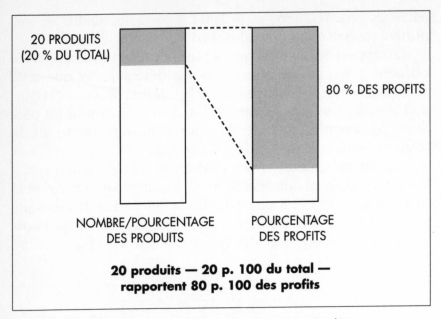

FIGURE 3   Modèle typique de rapport 80/20

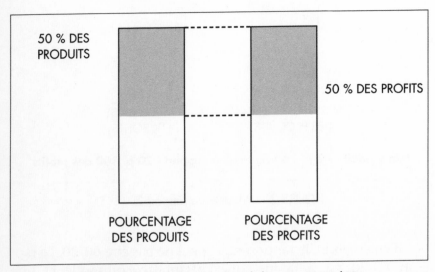

FIGURE 4   Modèle inhabituel de rapport 50/50

voire de 10 p. 100 des produits. En outre, la somme de ces chiffres ne doit pas nécessairement être de 100. Il reste toutefois que la situation est généralement déséquilibrée, et qu'elle correspond à un diagramme beaucoup plus semblable à celui de la Figure 3 qu'à celui de la Figure 4.

Il est sans doute malencontreux que la somme des nombres 80 et 20 soit de 100. Cela donne au résultat un air élégant (comme le seraient des rapports 50/50, 70/30, 99/1 ou bien d'autres combinaisons) et certes facile à retenir. Mais cela fait aussi que plusieurs croient que nous ne traitons qu'un seul ensemble de données, un seul ensemble 100 p. 100. Ce n'est pas le cas. Si 80 p. 100 des gens sont droitiers et 20 p. 100 gauchers, ce n'est pas là une observation de type 80/20. Pour appliquer le Principe 80/20, il vous faut deux ensembles de données, dont la somme est de 100 p. 100, l'une mesurant une quantité variable possédée, manifestée ou causée par les personnes ou choses composant l'autre ensemble de 100 p. 100.

CE QUE LE PRINCIPE 80/20 PEUT FAIRE POUR VOUS

Toutes les personnes que j'ai connues et qui ont pris au sérieux le Principe 80/20 en ont tiré des intuitions utiles, qui ont parfois changé leur vie. Vous devez chercher vos propres applications du Principe : avec un peu d'imagination, vous les trouverez. La troisième partie du présent ouvrage (chapitres 9 à 15) vous guidera dans votre odyssée. Je peux tout de même vous donner quelques exemples personnels.

Comment le Principe 80/20 m'a aidé

Lorsque j'étais nouvel étudiant à Oxford, mon directeur d'études m'a dit de ne jamais aller aux cours. « Il est plus rapide de lire des livres, m'a-t-il expliqué, mais ne lis jamais un livre d'une couverture à l'autre, sauf pour le plaisir. Quand tu travailles, découvre le contenu du livre plus rapidement que tu ne le ferais en le lisant en entier. Lis la conclusion, l'introduction, puis encore une fois la conclusion ; ensuite, parcours brièvement les parties du livre qui t'intéressent. » Ce que mon directeur d'études me disait en fait, c'était qu'on peut trouver 80 p. 100 de la valeur d'un livre dans 20 p. 100 ou moins de ses pages et qu'on peut l'absorber en 20 p. 100 du temps que la plupart de gens consacreraient à sa lecture.

J'ai adopté cette méthode de travail et l'ai appliquée à d'autres domaines. À Oxford, il n'existe pas d'évaluation continue des étudiants ; la mention du diplôme décroché dépend entièrement des examens finaux, administrés à la fin du cours. J'ai découvert en analysant les anciens examens que l'on peut répondre correctement à au moins 80 p. 100 (parfois 100 p. 100) des questions d'un examen en ne connaissant que 20 p. 100 ou moins des sujets censés être couverts par l'examen. Par conséquent, les examinateurs peuvent être beaucoup plus impressionnés par l'étudiant qui en sait long sur relativement peu de sujets que par celui qui en sait pas mal sur beaucoup de sujets. Cette intuition m'a permis de poursuivre mes études plus efficacement. Sans travailler bien fort, j'ai obtenu un diplôme avec mention «Très bien». Je croyais à l'époque que les professeurs d'Oxford étaient faciles à duper. Aujourd'hui, je préfère croire, probablement à tort, qu'ils nous enseignaient le vrai fonctionnement du monde.

Je suis entré chez Shell, où j'ai purgé ma peine dans une affreuse raffinerie. C'était peut-être bien pour mon âme, mais je me suis vite rendu compte que les emplois les mieux payés pour les jeunes sans expérience comme moi se trouvaient dans les services de consultation en gestion. Je suis donc allé à Philadelphie, où j'ai décroché sans peine une maîtrise en administration des affaires à Wharton (en faisant fi de la prétendue expérience d'apprentissage du genre camp d'entraînement que propose Harvard). Je me suis joint à une grande société américaine de consultants qui, dès le départ, m'a versé quatre fois le salaire que j'avais atteint chez Shell. Il ne fait aucun doute que 80 p. 100 de l'argent que pouvaient toucher les jeunes gens de mon âge se concentrait dans 20 p. 100 des emplois.

Puisque trop de mes collègues consultants étaient plus futés que moi, j'ai déménagé dans une autre société américaine de « stratèges ». Je l'ai repérée parce qu'elle prenait de l'expansion plus rapidement que la société qui m'employait, malgré une proportion beaucoup plus faible d'employés véritablement intelligents.

Ce qui compte, ce n'est pas ce que vous faites, mais pour qui vous travaillez

C'est à ce moment-là que je suis tombé sur les nombreux paradoxes du Principe 80/20. Quatre-vingts pour cent de la croissance dans l'industrie de la consultation stratégique — alors, et encore, en pleine expansion — étaient le fait de sociétés qui ne comptaient au total que moins de 20 p. 100 du personnel professionnel engagé dans cette industrie. Et 80 p. 100 des promotions rapides n'étaient possibles que dans une poignée de ces sociétés. Croyez-moi, la compétence n'avait pas grand-chose à voir avec cela. Lorsque j'ai quitté la première société de stratégie pour me joindre à la seconde, j'ai fait monter le niveau moyen d'intelligence des deux.

Ce qui m'intriguait était le fait que mes nouveaux collègues étaient plus efficaces que les anciens. Pourquoi ? Ils ne travaillaient pas plus fort, mais ils respectaient le Principe 80/20 de deux manières essentielles. Premièrement, ils comprenaient que la plupart des entreprises tirent 80 p. 100 de leurs profits de 20 p. 100 de leurs clients. Pour l'industrie de la consultation stratégique, cela signifiait qu'il nous fallait privilégier les gros clients et les clients durables. Les gros clients donnant de gros mandats, la société de consultation peut leur affecter une plus grande proportion de consultants jeunes et moins bien rémunérés. Les relations avec les clients durables créent de la confiance ; il est plus onéreux pour eux de changer de consultants. En outre, ces clients sont généralement peu sensibles aux questions de prix.

Dans la plupart des sociétés de consultation en gestion, le plus excitant est de trouver de nouveaux clients. Chez mon nouvel employeur, les vrais héros étaient ceux qui parvenaient à travailler le plus longtemps possible avec les plus gros clients existants. Ils y arrivaient en cultivant de bonnes relations avec les grands patrons de ces entreprises clientes.

La société de consultation respectait le Principe 80/20 d'une seconde manière clé : elle savait qu'elle obtiendrait 80 p. 100 des résultats possibles en se concentrant sur 20 p. 100 des enjeux, soit les enjeux les plus importants, ces derniers n'étant pas nécessairement les plus intéressants du point de vue du consultant. Mais, tandis que nos concurrents examinaient superficiellement toute une gamme d'enjeux et laissaient au client le soin d'agir (ou de ne pas agir) à partir de leurs recommandations, nous nous acharnions sur les enjeux principaux tant que le client ne se décidait pas à prendre les mesures appropriées. Il en résultait souvent que les profits du client montaient en flèche, comme nos propres budgets de consultation.

Travaillez-vous à enrichir les autres ou à vous enrichir vous-même ?

J'ai vite été convaincu que, pour le consultant et pour son client, le lien entre l'effort et la récompense était, au mieux, très lâche. Mieux valait être au bon endroit au bon moment que d'être malin et de travailler fort. Mieux valait être astucieux et se concentrer sur les résultats plutôt que sur les intrants. Passer à l'action à partir de quelques intuitions clés rapportait les résultats souhaités. L'intelligence et le labeur n'y arrivaient pas. Malheureusement, pendant des années, un sentiment de culpabilité et la nécessité de faire comme mes collègues m'ont empêché de profiter pleinement de la leçon : je travaillais beaucoup trop fort.

À cette époque, la société de consultation en gestion employait plusieurs centaines de spécialistes et une trentaine d'« associés », dont moi-même. Mais 80 p. 100 des profits allaient à un seul homme, le fondateur de la société, même si, numériquement, il représentait moins de 4 p. 100 des associés et moins de 1 p. 100 du personnel de consultation.

Au lieu de continuer à enrichir le fondateur, deux jeunes associés et moi avons lancé notre propre société de consultation en gestion. Nous aussi avons fini par recruter des centaines de consultants. Peu de temps après, même si, à nous trois, nous accomplissions moins de 20 p. 100 du travail rentable de notre société, nous en touchions 80 p. 100 des profits. Cela aussi m'a fait me sentir coupable. Au bout de six ans, j'ai vendu mes parts à mes associés. Comme nous doublions alors nos ventes et nos profits chaque année, j'ai pu en obtenir un bon prix. Peu de temps après, la récession de 1990 a durement frappé l'industrie de la consultation en gestion. Même si je vous conseillerai plus loin de vous débarrasser de tout sentiment de culpabilité, je peux dire que j'ai eu de la chance de me sentir coupable au bon moment. Même ceux qui appliquent le Principe 80/20 ont besoin de la chance ; j'en ai toujours eu plus que ma juste part.

Les revenus des investissements peuvent surpasser de loin les revenus du travail

J'ai investi 20 p. 100 de l'argent reçu de ces parts dans les actions de la société Filofax. Les conseillers en placement étaient horrifiés. À cette époque, je possédais une vingtaine d'actions de sociétés dont les titres étaient cotés en Bourse, mais mon investissement dans Filofax — qui représentait 5 p. 100 du nombre total de mes actions — constituait environ 80 p. 100 de mon portefeuille. Heureusement, ce pourcentage a continué de monter, la valeur des actions de Filofax s'étant multipliée plusieurs fois au cours des trois années suivantes. Lorsque j'en ai vendu une partie, en 1995, elles valaient près de 18 fois ce que je les avais payées.

J'ai fait deux autres gros investissements, l'un dans un nouveau restaurant appelé *Belgo*, l'autre dans MSI, une entreprise hôtelière qui ne possédait aucun hôtel à l'époque. Ensemble, ces trois investissements, au prix coûtant, représentaient environ 20 p. 100 de mon actif net. Mais ils m'ont rapporté plus de 80 p. 100 de tous mes gains de placement subséquents, et ils constituent aujourd'hui 80 p. 100 d'un actif net beaucoup plus important.

39

Comme vous le verrez au chapitre 14, 80 p. 100 de l'augmentation de la richesse attribuable à la plupart des portefeuilles à long terme provient de moins de 20 p. 100 des placements qui les composent. Il est donc essentiel de bien choisir ces 20 p. 100 et d'y concentrer le plus d'investissements possible. Le bon sens voudrait que vous ne placiez pas tous vos œufs dans le même panier. Le bon sens 80/20 consiste à choisir soigneusement le panier, à y placer tous vos œufs, puis à le surveiller attentivement.

COMMENT UTILISER LE PRINCIPE 80/20

Il y a deux manières d'utiliser le Principe 80/20, comme l'illustre la Figure 5.

Traditionnellement, l'utilisation du Principe 80/20 a nécessité l'Analyse 80/20, qui est une méthode quantitative pour établir la relation exacte unissant causes/intrants/efforts et résultats/extrants/récompenses. Cette méthode pose comme hypothèse l'existence d'un rapport 80/20 pour ensuite rassembler les faits et déterminer le rapport réel. Il s'agit d'une démarche empirique qui peut aboutir à n'importe quel résultat, de 50/50 à 99,9/0,1. Si le résultat révèle un déséquilibre marqué entre les intrants et les extrants (disons un rapport 65/35 ou un rapport encore plus déséquilibré), il faut normalement passer à l'action (voir plus loin).

J'appelle Pensée 80/20 une nouvelle manière complémentaire d'utiliser le principe. Vous devez réfléchir sérieusement à l'enjeu qui compte pour vous pour juger si oui ou non le Principe 80/20 est à l'œuvre dans cet enjeu. Vous pouvez ensuite agir à partir de l'intuition ainsi formée. La Pensée 80/20 n'exige pas que vous rassembliez des données ou que vous mettiez l'hypothèse à l'épreuve. Par conséquent, il se peut que la Pensée 80/20 vous induise en erreur — par exemple, il est dangereux de présumer que vous connaissez déjà ce que sont les 20 p. 100 si vous repérez l'existence d'une relation —, mais je vous dirai qu'il est beaucoup moins probable que celle-ci vous induise en erreur que la pensée conventionnelle. La Pensée 80/20 est beaucoup plus accessible et rapide que l'Analyse 80/20, bien que cette dernière soit l'outil de choix lorsque l'enjeu est vital et que vous vous méfiez d'une estimation.

Examinons d'abord l'Analyse 80/20, ensuite la Pensée 80/20.

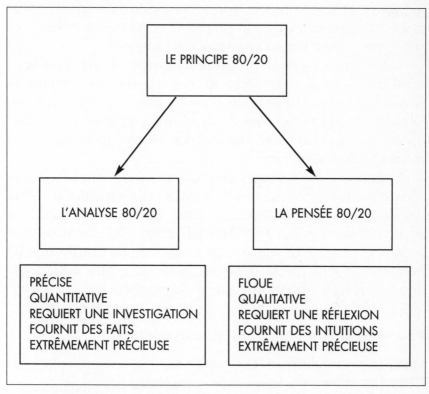

FIGURE 5   Deux manières d'utiliser le Principe 80/20

L'ANALYSE 80/20

L'Analyse 80/20 porte sur la relation existant entre deux ensembles de données comparables. L'un des ensembles est toujours un univers de personnes ou d'objets, dont le nombre est généralement de 100 ou plus et qui peut s'exprimer en pourcentage. L'autre ensemble de données concerne quelque caractéristique intéressante de ces personnes ou objets, laquelle peut être mesurée et elle aussi exprimée en pourcentage.

41

Par exemple, nous pourrions décider d'examiner un groupe de 100 amis, lesquels boivent tous occasionnellement de la bière, et comparer leur consommation durant une semaine donnée.

Jusqu'ici, cette méthode d'analyse est commune à de nombreuses techniques statistiques. Ce qui rend l'Analyse 80/20 unique, c'est que l'on ordonne en ordre décroissant d'importance les données du second ensemble et que l'on fait des comparaisons entre les deux ensembles de données.

Dans notre exemple, nous demanderons à nos 100 amis combien de verres de bière ils ont consommés durant la semaine en question et nous listerons leurs réponses dans un tableau, en ordre décroissant. La Figure 6 indique quels sont les 20 amis qui ont bu le plus de bière et quels sont les 20 qui en ont bu le moins.

L'Analyse 80/20 permet de comparer les pourcentages de deux ensembles de données (les amis et la quantité de bière consommée). En l'occurrence, nous pouvons affirmer que 70 p. 100 de la bière a été bue par 20 p. 100 des amis, soit un rapport 70/20. La Figure 7 est un tableau de distribution de fréquence 80/20 (tableau 80/20, pour faire plus court) qui donne une représentation visuelle des données.

Pourquoi la dénomination d'Analyse 80/20

Lorsque l'on compare ces relations, l'observation la plus fréquente, faite il y a longtemps (sans doute durant les années 1950), était que 80 p. 100 de la quantité mesurée correspondait à 20 p. 100 des personnes ou objets concernés. L'expression 80/20 est devenue le symbole de ce genre de relation déséquilibrée, que le résultat précis obtenu soit ou non de 80/20 (statistiquement, une relation 80/20 est peu probable). La convention 80/20 veut que ce soit des 20 p. 100 supérieurs des causes qu'il s'agisse et non pas des 20 p. 100 inférieurs. L'Analyse 80/20 est le nom que je donne à la méthode selon laquelle le Principe 80/20 a généralement été utilisé jusqu'à présent, c'est-à-dire une méthode quantitative et empirique, pour mesurer les relations possibles entre intrants et extrants.

RANG	NOM	NOMBRE DE VERRES	CUMULATIF
		LES 20 PREMIERS BUVEURS	
1	Charles H.	45	45
2	Richard J.	43	88
3	George K.	42	130
3	Fred F.	42	172
5	Arthur M.	41	213
6	Steve B.	40	253
7	Peter T.	39	292
8	Reg C.	37	329
9	George B.	36	365
9	Bomber J.	36	401
9	Fatty M.	36	437
12	Marian C.	33	470
13	Stewart M.	32	502
14	Cheryl W.	31	533
15	Kevin C.	30	563
15	Nick B.	30	593
15	Ricky M.	30	623
15	Nigel H.	30	653
19	Greg H.	26	679
20	Carol K.	21	700
		LES 20 DERNIERS BUVEURS	
81	Rupert E.	3	973
81	Patrick W.	3	976
81	Anne B.	3	979
81	Jamie R.	3	982
85	Stephanie F.	2	984
85	Carli S.	2	986
87	Roberta F.	1	987
87	Pat B.	1	988
87	James P.	1	989
87	Charles W.	1	990
87	Jon T.	1	991
87	Edward W.	1	992
87	Margo L.	1	993
87	Rosabeth M.	1	994
87	Shirley W.	1	995
87	Greg P.	1	996
87	Gilly C.	1	997
87	Francis H.	1	998
87	David C.	1	999
87	Darleen B.	1	1000

FIGURE 6   Le Principe 80/20 appliqué aux buveurs de bière

Nous pourrions tout aussi bien observer à partir des données recueillies sur nos buveurs de bière que les personnes composant les 20 p. 100 inférieurs n'ont consommé que 30 verres, soit 3 p. 100 du total. Il serait également logique de parler de rapport 3/20, même si cela se fait rarement. L'accent est presque toujours mis sur les plus grands buveurs ou plus grandes causes. Si une brasserie faisait une campagne de promotion ou souhaitait savoir ce que les buveurs de bière pensent de sa gamme de produits, elle aurait tout intérêt à s'adresser aux buveurs formant les 20 p. 100 supérieurs.

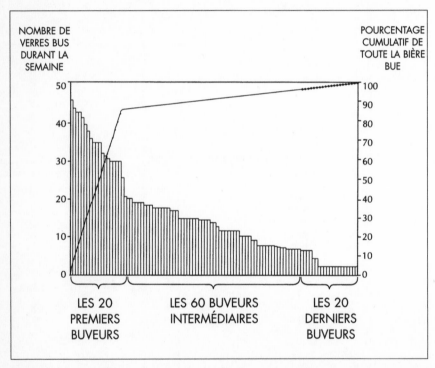

FIGURE 7   Tableau de distribution de fréquence 80/20 des buveurs de bière

Nous pourrions aussi vouloir connaître le pourcentage de nos amis qui correspond à 80 p. 100 de la consommation totale de bière. Dans ce cas, en examinant la partie du tableau qui n'est pas montrée (intermédiaire), nous constaterions que

Mike G., qui occupe le 28e rang avec une consommation de 10 verres, fait passer le total cumulatif de la consommation à 800 verres. Par conséquent, nous pourrions exprimer cette relation sous la forme d'un rapport 80/28 : 80 p. 100 de la consommation totale est le fait de 28 p. 100 des buveurs.

Grâce à cet exemple, il devrait être clair que l'Analyse 80/20 peut mener à toutes sortes de conclusions. Évidemment, celles-ci sont plus intéressantes et potentiellement plus utiles lorsqu'il y a déséquilibre. Si, par exemple, nous avions constaté que chacun des buveurs consommait exactement 8 verres, la brasserie n'aurait pas souhaité utiliser notre groupe à des fins de promotion ou de recherche. Nous aurions eu un rapport 20/20 (20 p. 100 de la bière aurait été consommée par les buveurs composant les 20 p. 100 « supérieurs ») ou un rapport 80/80 (80 p. 100 de la bière aurait été consommée par 80 p. 100 des buveurs).

Les graphiques à bandes illustrent le mieux le rapport 80/20

Visuellement, l'Analyse 80/20 est mieux représentée par un graphique à deux bandes. (Les Figures 2 à 4 en étaient.) La première bande de la Figure 8 représente nos 100 buveurs de bière, chacun occupant un centième de l'espace, dans l'ordre décroissant de leur consommation, les plus gros buveurs se trouvant dans la partie supérieure de la bande. La seconde bande représente la consommation totale de bière de ces 100 personnes. Nous pouvons voir la consommation de bière de n'importe quel pourcentage de buveurs.

La Figure 8 illustre ce que nous avons découvert à partir des Figures 6 et 7 : les buveurs occupant les 20 p. 100 supérieurs ont consommé 70 p. 100 de la quantité totale de bière. Les bandes de la Figure 8 reprennent les données de la Figure 7 et les affichent de haut en bas plutôt que de gauche à droite. Vous pouvez cependant préférer l'une ou l'autre des méthodes, cela n'a aucune importance.

Si nous voulions illustrer le pourcentage de buveurs qui ont consommé 80 p. 100 de la quantité totale de bière, nous recourrions à des graphiques à bandes légèrement différents, comme à la Figure 9, pour montrer le rapport 80/28 : 28 p. 100 des buveurs ont consommé 80 p. 100 de la bière.

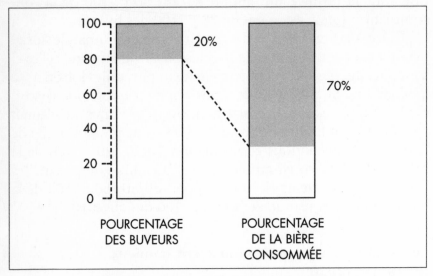

FIGURE 8   Rapports bière/consommation

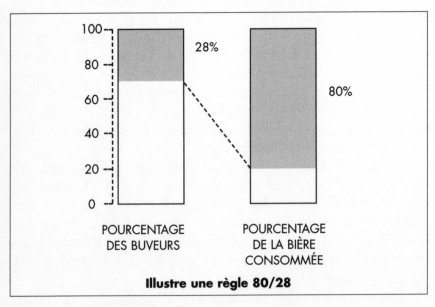

FIGURE 9   Rapport bière/consommation

À quoi sert l'Analyse 80/20 ?

Elle sert généralement à modifier la relation qu'elle décrit... ou à mieux l'exploiter !

L'Analyse 80/20 se révèle utile, notamment lorsque l'on veut concentrer son attention sur les causes principales de la relation, sur les 20 p. 100 d'intrants qui entraînent 80 p. 100 (ou autre proportion) des extrants. Si les personnes composant les 20 p. 100 supérieurs des buveurs consomment 70 p. 100 de la quantité totale de bière, ce sera là le groupe que la brasserie devrait tenter de rejoindre, parce qu'elle voudra que le plus grand nombre possible de ces personnes choisissent la bière qu'elle produit et parce qu'elle voudra peut-être qu'elles augmentent leur consommation. D'un point de vue pratique, il se pourrait bien que la brasserie choisisse d'ignorer les 80 p. 100 de buveurs qui ne consomment que 30 p. 100 de la quantité de bière totale ; cela lui simplifierait grandement la tâche.

De même, l'entreprise qui constate qu'elle tire 80 p. 100 de ses profits de 20 p. 100 de ses clients devrait se servir de cette information pour concentrer ses efforts sur la satisfaction de cette minorité et sur la croissance des ventes faites à celle-ci. Pour l'entreprise, cela est beaucoup plus simple, et plus rentable, que d'accorder une attention égale à toute sa clientèle. Ou bien si l'entreprise se rend compte que 20 p. 100 de ses produits lui rapportent 80 p. 100 de ses profits, elle devrait concentrer ses efforts de vente sur cette minorité.

La même idée sous-tend les applications non commerciales de l'Analyse 80/20. Si vous analysez la satisfaction que vous tirez de toutes vos activités de loisir et constatez que 80 p. 100 de votre plaisir vous est donné par 20 p. 100 de ces activités, qui en ce moment n'occupent que 20 p. 100 de vos heures de loisir, il serait logique que vous augmentiez le temps que vous y consacrez de 20 p. 100 à au moins 80 p. 100.

Prenons le domaine du transport, par exemple : 80 p. 100 des embouteillages se produisent sur 20 p. 100 des routes. Si vous empruntez le même chemin pour vous rendre au travail chaque jour, vous savez qu'environ 80 p. 100 de vos retards sont causés par 20 p. 100 des intersections que vous franchissez.

Une réaction sensée de la part des autorités serait d'accorder une attention particulière à la régulation du flux de circulation aux 20 p. 100 des intersections qui créent des bouchons. Tandis que le coût de la régulation de la circulation à 100 p. 100 des intersections pendant 100 p. 100 de la journée risque d'être trop élevé, les fonds publics seraient utilement dépensés s'ils l'étaient pour la régulation de la circulation à 20 p. 100 des intersections, pendant 20 p. 100 de la journée.

L'Analyse 80/20 se révèle également utile lorsque l'on veut agir sur les 80 p. 100 d'intrants « sous-productifs », qui ne contribuent qu'à 20 p. 100 des extrants. Peut-être peut-on persuader les buveurs de bière occasionnels d'en consommer davantage en leur offrant, par exemple, un produit plus fade. Peut-être pourriez-vous trouver des moyens de tirer plus de plaisir de vos activités de loisir « sous-productives ». Dans le domaine de l'éducation, des systèmes d'enseignement interactifs reproduisent aujourd'hui la technique utilisée par les professeurs d'université qui consiste à adresser les questions au hasard à n'importe quel étudiant, afin de lutter contre le Principe 80/20, selon lequel 80 p. 100 de la participation en classe est le fait de 20 p. 100 des étudiants. Dans les centres commerciaux américains, il a été constaté que les achats faits par les femmes (environ 50 p. 100 de la population) comptent pour 70 p. 100 de la valeur en dollars de tous les achats[4]. Un moyen d'augmenter les 30 p. 100 de ventes faites aux hommes pourrait être de construire des magasins qui leur soient spécifiquement destinés. Même si cette deuxième application de l'Analyse 80/20 est parfois très utile et que l'industrie l'a exploitée avec succès pour améliorer le rendement des usines « sous-productives », elle est généralement plus difficile et offre moins de récompenses que la première application.

N'appliquez pas l'Analyse 80/20 de manière linéaire

Dans notre discussion des utilisations de l'Analyse 80/20, nous devons aborder brièvement ses abus potentiels. Comme tout autre outil simple et efficace, l'Analyse 80/20 risque d'être mal comprise et mal appliquée, et, au lieu d'être le chemin vers une intuition privilégiée, elle risque de servir de justification à une filouterie conventionnelle. Appliquée de manière non appropriée et linéaire, l'Analyse 80/20 peut en outre égarer l'innocent : vous devez rester vigilant pour débusquer tout raisonnement faux.

J'illustrerai ce que j'entends par là au moyen d'un exemple puisé dans ma nouvelle occupation, l'édition. Il est facile de prouver que, la plupart du temps et presque partout, 20 p. 100 des titres représentent 80 p. 100 des livres vendus. Pour ceux qui sont imprégnés du Principe 80/20, ce fait n'a rien d'étonnant. De là à conclure que les librairies devraient réduire leur stock de livres et concentrer leurs moyens sur les best-sellers, il n'y a qu'un pas. Pourtant, fait intéressant, dans la plupart des cas cette réduction de la variété a fait diminuer les profits au lieu de les augmenter.

Voilà qui n'invalide pas pour autant le Principe 80/20, et cela pour deux raisons. Premièrement, ce dont il faut d'abord tenir compte n'est pas la répartition ou distribution des titres vendus, mais bien les souhaits de la clientèle. Si le client se donne la peine de bouquiner chez le libraire, c'est qu'il souhaite y trouver une variété raisonnable d'ouvrages (contrairement à celui qui achète ses livres dans un kiosque ou un supermarché, et qui ne s'attend pas à tout y trouver). Les libraires devraient concentrer leur attention sur les 20 p. 100 de leurs clients qui leur procurent 80 p. 100 de leurs profits, et découvrir ce que ceux-ci souhaitent.

Deuxièmement, il faut retenir que ce qui compte, même au point de vue des livres et non des clients, n'est pas la distribution des ventes — les 20 p. 100 de titres qui représentent 80 p. 100 des ventes —, mais bien la distribution des profits — les 20 p. 100 des titres qui rapportent 80 p. 100 des profits. Très souvent, ces titres ne sont pas les prétendus best-sellers écrits par des auteurs connus. En fait, une étude menée aux États-Unis révèle que « les best-sellers représentent environ 5 p. 100 des ventes totales de livres[5] ». Les vrais best-sellers sont fréquemment des livres qui ne figurent pas sur les palmarès de vente, mais dont on écoule un bon nombre d'exemplaires bon an mal an, souvent avec une marge bénéficiaire élevée. La même étude américaine ajoute : « Le stock de base est composé des livres qui se vendent année après année. Ces livres-là sont le " 80 " de la règle 80/20 et représentent souvent la majeure partie des ventes de livres portant sur un sujet donné. »

Cette illustration est salutaire. Elle n'invalide aucunement l'Analyse 80/20, puisque la question à se poser doit toujours être celle-ci : quels sont les clients/produits qui rapportent 80 p. 100 des profits ? Mais elle révèle le danger qu'il y a à ne pas réfléchir assez clairement à la manière dont l'Analyse est appliquée. Lorsque vous utilisez le Principe 80/20, soyez sélectif et n'hésitez pas à aller à contre-courant. Ne vous laissez pas entraîner à penser que la variable dont tous les autres tiennent compte — en l'occurrence les titres figurant sur la liste des best-sellers — est celle qui compte vraiment. Ce serait de la pensée linéaire. L'intuition la plus précieuse qui découle de l'Analyse 80/20 proviendra toujours de l'examen des relations non linéaires que négligent les autres. En outre, vu que l'Analyse 80/20 se fonde sur un instantané de la situation à un moment donné au lieu de tenir compte de l'évolution au fil du temps, vous devez être conscient que vous obtiendrez une vision inexacte si vous figez par inadvertance la mauvaise image ou une image incomplète.

LA PENSÉE 80/20 ET LES RAISONS QUI LA RENDENT NÉCESSAIRE

L'Analyse 80/20 est extrêmement utile. Mais le commun des mortels n'est pas analyste, et même les analystes n'ont pas le temps d'examiner les données pertinentes chaque fois qu'ils doivent prendre une décision, sinon l'activité planétaire s'arrêterait net. La plupart des grandes décisions n'ont pas été prises après analyse et ne le seront jamais, si intelligents que deviennent nos ordinateurs. Par conséquent, pour que le Principe 80/20 devienne le guide de notre vie quotidienne, nous avons besoin de quelque chose de moins analytique et de plus instantanément accessible que l'Analyse 80/20. Nous avons besoin de la Pensée 80/20.

J'appelle Pensée 80/20 le recours au Principe 80/20 dans la vie quotidienne pour les applications non quantitatives. Comme pour l'Analyse 80/20, nous partons de l'hypothèse de la possibilité d'un déséquilibre entre intrants et extrants; mais, au lieu de rassembler des données et de les analyser, nous nous contentons de les estimer. La Pensée 80/20 requiert — et la pratique nous permet de le faire — que nous repérions les quelques faits vraiment importants qui se produisent, et que nous ignorions la masse de faits d'importance secondaire. Elle nous apprend à distinguer l'essentiel de l'accessoire.

La Pensée 80/20 est trop précieuse pour être réservée aux causes pour lesquelles les données et l'analyse sont parfaites. Pour chaque gramme d'intuition provoqué par des méthodes quantitatives, il doit y en avoir des kilos qui sont dérivés de compréhensions soudaines et d'impressions. C'est pourquoi la Pensée 80/20, certes facilitée par les données, ne doit pas être contrainte par celles-ci.

Pour nous engager dans la Pensée 80/20, nous devons constamment nous demander: quels sont les 20 p. 100 qui mènent aux 80 p. 100? Nous ne devons jamais présumer automatiquement de la réponse à cette question, mais plutôt prendre le temps d'y réfléchir de manière imaginative. Quels sont les quelques intrants/causes essentiels, par opposition à la masse? À quel endroit la mélodie harmonieuse se noie-t-elle dans le bruit de fond?

On utilise ensuite la Pensée 80/20 dans le même but que les résultats de l'Analyse 80/20: pour modifier un comportement et, normalement, pour concentrer son attention sur les 20 p. 100 qui comptent. Vous saurez que la Pensée 80/20 fonctionne lorsqu'elle amplifiera l'efficacité de ce qui vous intéresse. L'action résultant de la Pensée 80/20 devrait vous permettre d'obtenir beaucoup plus de beaucoup moins.

Lorsque nous utilisons le Principe 80/20, nous ne *présumons* pas que ses résultats sont bons ou mauvais, ni que les forces puissantes observées sont nécessairement bonnes. Nous *déterminons* si elles le sont (de notre propre point de vue) et décidons soit de donner à la minorité de forces puissantes un coup de pouce, soit de trouver un moyen de les entraver.

LE PRINCIPE 80/20 MET LA PENSÉE CONVENTIONNELLE SENS DESSUS DESSOUS

L'application du Principe 80/20 implique qu'il nous faut :

- mettre au premier rang la productivité exceptionnelle, au lieu d'intensifier les efforts médiocres ;
- prendre les raccourcis, au lieu de faire tout le chemin ;
- prendre le contrôle de notre vie avec le moins d'efforts possible ;
- être sélectifs plutôt qu'exhaustifs ;
- viser l'excellence dans quelques domaines plutôt qu'une bonne performance en tout ;
- déléguer le plus de choses possibles dans la vie quotidienne — la fiscalité devrait nous inciter à le faire plutôt que de nous en dissuader : recourir au maximum aux services de jardiniers, mécaniciens, décorateurs et autres spécialistes au lieu de tout faire nous-mêmes ;
- choisir notre carrière et nos employeurs avec le plus grand soin et, si possible, employer les autres au lieu d'être nous-mêmes employés ;
- ne faire que ce dans quoi nous excellons et qui nous donne le plus de satisfaction ;
- regarder sous le vernis de la vie pour y découvrir paradoxes et bizarreries ;
- dans tout ce qui est important, concentrer notre travail là où 20 p. 100 de l'effort peut apporter 80 p. 100 des résultats ;
- ralentir, travailler moins et fixer un nombre réduit d'objectifs essentiels que le Principe 80/20 peut nous aider à atteindre, au lieu de sauter sur toutes les occasions qui se présentent ;
- tirer le meilleur parti possible des quelques «périodes de chance» dans notre vie, des moments où nous atteignons des crêtes de créativité et où notre bonne étoile nous garantit la réussite.

Le Principe 80/20 ne connaît pas de limites

Le Principe 80/20 exerce son influence dans tous les domaines d'activité quels qu'ils soient. La plupart des utilisateurs du principe n'appréhendent qu'une fraction de sa portée et de sa puissance. La Pensée 80/20 requiert de vous une créativité et une participation actives. Pour profiter de la Pensée 80/20, vous devez penser 80/20 !

Le moment est bien choisi pour vous lancer. Si vous voulez commencer par des applications pour votre organisation, allez à la deuxième partie du livre, qui décrit la plupart des grandes applications commerciales du Principe 80/20. Si vous vous souhaitez d'abord exploiter le principe pour apporter des améliorations majeures à votre vie, sautez à la troisième partie du livre, où vous trouverez une approche originale pour appliquer le Principe 80/20 au tissu de la vie quotidienne.

LA RÉUSSITE D'UNE ENTREPRISE N'EST PAS UN MYSTÈRE

3

LE CULTE CLANDESTIN

Aujourd'hui nous voyons au moyen d'un miroir,
d'une manière obscure, mais alors nous verrons face
à face; aujourd'hui je connais en partie, mais alors
je connaîtrai à fond.

I CORINTHIENS 13,12

Il est difficile d'évaluer à quel point le Principe 80/20 est déjà connu du monde des affaires. Le présent ouvrage est presque certainement le premier sur le sujet; pourtant, dans mes recherches, j'ai facilement pu trouver plusieurs centaines d'articles faisant référence à l'utilisation du rapport 80/20 par toutes sortes d'entreprises, aux quatre coins du monde. Bon nombre de sociétés et d'individus qui connaissent la réussite ne jurent que par le Principe 80/20; la plupart des titulaires d'une maîtrise en administration des affaires en ont déjà entendu parler.

Pourtant, le Principe 80/20, qui a touché la vie de centaines de millions d'individus, peut-être sans qu'ils s'en rendent compte, reste étrangement à peu près inconnu. Le moment est venu de corriger cette injustice.

LA PREMIÈRE VAGUE 80/20 :
LA RÉVOLUTION QUALITÉ TOTALE

La révolution qualité totale qui a eu cours entre 1950 et 1990 a véritablement transformé la qualité et la valeur des biens de consommation et autres articles. Le mouvement qualité totale a été une croisade menée en vue de fabriquer à faible coût des produits d'une qualité toujours plus grande, en appliquant des techniques statistiques et comportementales. L'objectif, aujourd'hui atteint pour la plupart des produits, était d'en arriver à un taux zéro de produits défectueux. On pourrait affirmer que le mouvement qualité totale a été la principale cause de l'élévation du niveau de vie dans le monde depuis les années 1950.

L'histoire de ce mouvement est fascinante. Ses deux grands messies, Joseph Juran (né en 1904) et W. Edwards Deming (1900-1993), étaient tous deux américains (bien que Juran soit né en Roumanie). Respectivement ingénieur électricien et statisticien, ils ont formulé leurs théories en parallèle après la Deuxième Guerre mondiale, mais ne sont pas parvenus à intéresser les grandes entreprises américaines à leur quête de qualité totale. Juran a publié en 1951 la première édition de son *Quality Control Handbook*, bible du mouvement qualité totale qui a été accueillie froidement. Seul le Japon a manifesté un intérêt sérieux pour les théories de ces deux hommes, qui ont tous deux déménagé dans ce pays au début des années 1950. Grâce à leur travail de pionniers, le Japon, davantage connu pour sa production de camelote, est devenu un géant vigoureux, reconnu pour sa productivité et la haute qualité de ses produits.

Ce n'est qu'au moment où les produits japonais, notamment les motocyclettes et les photocopieurs, ont envahi le marché américain que la plupart des entreprises des États-Unis (et d'autres pays occidentaux) ont commencé à prendre au sérieux le mouvement qualité totale. À partir de 1970, et surtout après 1980, Juran, Deming et leurs disciples ont entrepris une transformation tout aussi réussie des normes de qualité occidentales, laquelle a entraîné une amélioration considérable du niveau et de la constance de la qualité, une réduction

58

spectaculaire du taux de rejet, ainsi qu'une chute sans précédent du coût de fabrication.

Le Principe 80/20 était l'un des éléments clés du mouvement qualité totale. Joseph Juran, son propagandiste le plus enthousiaste, appelait ce principe « le principe de Pareto » ou « la règle des quelques éléments essentiels ». Dans la première édition de son *Quality Control Handbook*, Juran affirme que les « pertes » (c'est-à-dire les biens manufacturés que l'on doit rejeter pour leur qualité médiocre) ne résultent pas d'un grand nombre de causes. Il écrit :

> Plutôt, les pertes sont toujours mal distribuées : un petit pourcentage des caractéristiques de qualité contribuent toujours à un fort pourcentage de la perte de qualité.

Dans la note infrapaginale qui concerne ce passage, on peut lire :

> L'économiste Pareto a découvert que la richesse était distribuée de manière non uniforme de la même manière. On trouve beaucoup d'autres illustrations de cela : distribution du crime parmi les criminels, distribution des accidents parmi les procédés dangereux, etc. Le principe de distribution inégale de Pareto s'applique à la distribution de la richesse et à la distribution des défauts de qualité[1].

Juran a appliqué le Principe 80/20 au contrôle statistique de la qualité. Il s'agit d'identifier les défauts causant une perte de qualité et de les ordonner à partir du plus important — des 20 p. 100 des défauts qui causent 80 p. 100 des problèmes de qualité — au moins important. Juran et Deming ont fini par utiliser de plus en plus l'expression 80/20, incitant les entreprises à diagnostiquer les quelques défauts étant à l'origine de la majorité des problèmes.

Une fois les « quelques causes essentielles » de la non-qualité identifiées, l'effort se concentre sur la résolution de celles-ci, plutôt que sur la résolution simultanée de tous les problèmes susceptibles d'exister.

Avec l'évolution du mouvement qualité totale — qui est passé de l'idée du « contrôle » de la qualité à celle voulant que la qualité soit intégrée dès le départ au produit, par tous les intervenants, puis au concept de la gestion de la qualité totale et à l'utilisation de logiciels de plus en plus raffinés —, l'importance accordée aux techniques 80/20 s'est accentuée, à tel point qu'elles sont aujourd'hui familières à la plupart des spécialistes de la qualité totale. Les quelques citations qui suivent illustrent les applications actuelles du Principe 80/20.

Dans un article publié récemment dans la *National Productivity Review*, Ronald J. Ricardo pose la question suivante :

> Quels sont les écarts de qualité qui ont un effet négatif sur vos clients d'importance stratégique ? Comme dans le cas de bien d'autres problèmes de qualité, la loi de Pareto s'applique ici : si vous comblez les 20 p. 100 d'écarts les plus critiques, vous obtiendrez 80 p. 100 des effets bénéfiques. Ces premiers 80 p. 100 comprennent généralement vos améliorations innovatrices[2].

L'auteur d'un autre article, sur le redressement des entreprises, écrit :

> Analysez chaque processus de votre entreprise et demandez-vous s'il lui ajoute de la valeur ou s'il lui fournit un soutien essentiel. S'il ne fait ni l'un ni l'autre, c'est du gaspillage. Éliminez-le. C'est là une autre façon d'appliquer la règle 80/20 : vous pouvez éliminer 80 p. 100 du gaspillage en ne dépensant que 20 p. 100 de ce qu'il vous en coûterait pour vous débarrasser de 100 p. 100 du gaspillage. Saisissez vite ce moyen rapide de gagner[3].

La Ford Electronics Manufacturing Corporation a utilisé le Principe 80/20 dans un programme de qualité totale qui a remporté le prix Shingo.

> Des programmes juste-à-temps ont été adoptés suivant la règle 80/20 (80 p. 100 de la valeur est répartie sur 20 p. 100 du volume)

et les dépenses les plus élevées font l'objet d'analyses constantes. Le rendement de la main-d'œuvre et des frais généraux a été remplacé par l'analyse, par gamme de produits, du temps de cycle de la fabrication, lequel a pu être réduit de 95 p. 100[4].

On recourt aujourd'hui à de nouveaux programmes informatiques intégrant le Principe 80/20.

> [Avec le ABC DataAnalyzer], on entre ou on importe les données sur la feuille de calcul, puis on choisit entre six types de diagrammes: histogramme, graphique de contrôle, organigramme d'exploitation, diagramme de dispersion, diagramme circulaire et graphique de Pareto.
>
> Le graphique de Pareto, qui intègre la règle 80/20, peut révéler par exemple que, sur 1000 plaintes reçues de clients, environ 800 peuvent être réglées par la correction de 20 p. 100 seulement des causes[5].

Le Principe 80/20 est aussi de plus en plus utilisé dans la conception et la mise au point des produits. Par exemple, dans une analyse de l'usage fait par le Pentagone de la gestion totale de la qualité, on peut lire ceci:

> Les décisions prises très tôt dans le processus de mise au point déterminent la majorité des coûts du cycle de vie du matériel. La règle 80/20 décrit ce résultat, puisque 80 p. 100 de ces coûts sont habituellement fixés après seulement 20 p. 100 du temps de mise au point[6].

On a fait peu de cas des répercussions qu'a eues la révolution qualité totale sur la satisfaction du client et sur la valeur des produits achetés, ainsi que sur la position concurrentielle relative des entreprises et, en réalité, de nations entières, même si ces répercussions ont été vraiment énormes. Le Principe 80/20 a clairement été l'un des «quelques apports essentiels» à la révolution qualité totale. Mais l'influence clandestine du Principe 80/20 ne s'arrête pas là. Il a joué un rôle clé dans une seconde révolution qui s'est combinée à la première pour créer la société de consommation planétaire d'aujourd'hui.

LA SECONDE VAGUE 80/20 : LA RÉVOLUTION DE L'INFORMATION

La révolution de l'information, amorcée dans les années 1960, a déjà transformé les habitudes de travail et changé l'efficacité de larges pans de l'industrie. Elle vient tout juste de commencer à faire plus encore : elle contribue à changer la nature même des organisations qui sont aujourd'hui les forces dominantes de la société. Le Principe 80/20 a été, est, et sera l'accessoire clé de la révolution de l'information, qui aidera celle-ci à déployer et à orienter sa force de manière intelligente.

Sans doute en raison de leur proximité avec le mouvement qualité totale, les spécialistes du traitement et des programmes informatiques connaissent généralement bien le Principe 80/20 et en font grand usage. À en juger par le nombre d'articles portant sur les ordinateurs et sur les logiciels qui font référence au Principe, on peut conclure que la plupart des concepteurs de matériel et de logiciels le comprennent et l'utilisent quotidiennement.

La révolution de l'information a été des plus efficaces lorsqu'elle a appliqué les concepts de sélectivité et de simplicité inhérents au Principe 80/20. Deux directeurs de projets en témoignent :

> Pensez petit. Ne planifiez pas au énième degré dès le premier jour. Le rendement de l'investissement obéit généralement à la règle 80/20 : 80 p. 100 des avantages se trouvent dans les 20 p. 100 les plus simples du système, et les derniers 20 p. 100 d'avantages proviendront des 80 p. 100 les plus complexes du système[7].

La société Apple s'est servie du Principe 80/20 pour mettre au point son organiseur électronique Apple Newton Message Pad.

Les ingénieurs du Newton ont tiré parti d'une version légèrement modifiée [de la règle 80/20]. Ils ont constaté que 0,01 p. 100 du vocabulaire d'un individu lui suffisait pour accomplir 50 p. 100 des opérations exécutables au moyen d'un ordinateur de poche[8].

Le logiciel se substitue de plus en plus souvent au matériel, grâce au Principe 80/20. Les logiciels à jeu d'instructions réduit RISC, inventés en 1994, en sont un bon exemple.

La technologie RISC se fonde sur une variation de la règle 80/20, selon laquelle un logiciel consacre 80 p. 100 de son temps d'activité à l'exécution de 20 p. 100 des instructions possibles. Le processeur RISC [...] optimise la performance de ces 20 p. 100, et réduit la puissance et le coût des puces nécessaires en éliminant les 80 p. 100 restants. La technologie RISC fait avec le logiciel ce que [l'ancienne technologie] CISC faisait avec le matériel[9].

Les concepteurs de logiciels savent que, malgré l'incroyable efficacité de ces derniers, leur fonctionnement obéit à la règle 80/20. L'un de ces concepteurs affirme :

Le monde des affaires obéit depuis longtemps à la règle 80/20. Cela est particulièrement vrai dans le cas d'un logiciel, dont 80 p. 100 des utilisations ne font appel qu'à 20 p. 100 de ses fonctionnalités. Cela signifie que la plupart d'entre nous paient pour des fonctionnalités que nous ne voulons pas ou dont nous n'avons pas besoin. Les concepteurs de logiciels semblent finalement l'avoir compris ; beaucoup d'entre eux parient que les applications modulaires régleront ce problème[10].

La conception d'un logiciel est critique : ses fonctionnalités les plus utilisées doivent être les plus faciles à exploiter. La même approche s'applique aux nouveaux services de bases de données.

Comment les concepteurs de logiciels WordPerfect ou autres y arrivent-ils ? Premièrement, ils trouvent ce que les clients souhaitent faire le plus souvent et comment ils veulent le faire — c'est la vieille règle 80/20 (on utilise 20 p. 100 des fonctionnalités d'un programme 80 p. 100 du temps). Les bons concepteurs rendent ces principales fonctionnalités aussi simples, automatiques et inévitables que possible.

Appliquer cette approche aux services modernes de bases de données implique qu'il faut constamment analyser les premières utilisations qu'en font les clients [...] Combien de fois les clients appellent-ils le service de soutien à la recherche pour savoir quel fichier choisir ou à quel endroit le trouver ? Une meilleure conception pourrait éliminer de tels appels[11].

Où que l'on regarde, les innovations efficaces en informatique — stockage, recherche et traitement des données — se concentrent sur les 20 p. 100 ou moins de besoins principaux.

LA RÉVOLUTION DE L'INFORMATION VA DURER

La révolution de l'information est la force subversive la plus puissante à s'être jamais exercée sur le monde des affaires. Déjà, le phénomène de dévolution du pouvoir de l'information aux individus a donné la connaissance et l'autorité aux travailleurs et techniciens de première ligne, mettant fin au pouvoir et souvent à l'emploi même des cadres moyens, naguère protégés par l'exclusivité de leurs connaissances. La révolution de l'information a aussi physiquement décentralisé les entreprises : le téléphone, le télécopieur, l'ordinateur personnel, le modem, ainsi que la miniaturisation et la mobilité croissantes de ces technologies, ont déjà commencé à miner le pouvoir des sièges sociaux et de ceux qui y trônent, ou plutôt y trônaient. En fin de compte, cette révolution contribuera à la mort de la profession de gestionnaire et permettra aux «exécutants» d'une entreprise de créer beaucoup plus de valeur ajoutée pour leurs clients clés[12]. La valeur de l'information automatisée suit une progression géométrique et évolue beaucoup plus rapidement que nos besoins. La clé permettant d'utiliser efficacement toute cette puissance, aujourd'hui comme demain, se trouve dans la sélectivité, dans l'application du Principe 80/20.

Peter Drucker nous indique la voie à suivre :

Une base de données, si riche soit-elle, ne constitue pas de l'information. Elle n'est que le minerai de l'information [...]. L'information essentielle à l'entreprise est accessible, lorsqu'elle l'est, dans une forme rudimentaire et désorganisée. Ce dont l'entreprise a le plus besoin pour prendre ses décisions — surtout ses décisions d'ordre stratégique —, c'est de données sur ce qui se passe à l'extérieur de ses murs. C'est à l'extérieur de l'entreprise que peuvent se trouver les résultats, les occasions et les menaces[13].

Drucker affirme que nous avons besoin de nouveaux moyens de mesurer la création de la richesse. Ces nouveaux outils, que Ian Godden et moi appelons les « mesures automatisées de la performance[14] », commencent tout juste à être mis au point par certaines entreprises. Mais plus de 80 p. 100 (probablement autour de 99 p. 100) des ressources rendues disponibles par la révolution de l'information servent encore à mieux compter ce que nous comptions auparavant (« à paver par-dessus les bouses de vache ») plutôt qu'à mettre au point et à simplifier des mesures de la vraie création de richesse pour l'entreprise. La minorité des efforts qui tire parti de la révolution de l'information pour inventer un nouveau type d'entreprise aura un effet explosif.

LE PRINCIPE 80/20 RESTE LE SECRET LE MIEUX GARDÉ DU MONDE DES AFFAIRES

Compte tenu de l'importance du Principe 80/20 et du petit nombre de gestionnaires qui le connaissent, on peut dire qu'il demeure encore un secret. Même l'expression 80/20 a mis du temps à s'imposer, et elle y est parvenue sans faire de vagues. Le recours graduel et peu systématique à ce principe fait qu'il est sous-exploité même par ceux qui en reconnaissent la valeur. Ce principe, extrêmement polyvalent, peut s'appliquer utilement à toute industrie ou organisation, à toute fonction au sein de l'organisation et à toute tâche individuelle. Le Principe

80/20 peut être utile au président, aux cadres hiérarchiques, aux spécialistes fonctionnels et aux travailleurs intellectuels, jusqu'au bas de l'échelle, jusqu'à la recrue la plus nouvelle. Et même si les utilisations du Principe 80/20 sont innombrables, un raisonnement unificateur le sous-tend et explique pourquoi il est efficace et si précieux.

POURQUOI LE PRINCIPE 80/20 EST EFFICACE DANS LE MONDE DES AFFAIRES

Dans son application au monde des affaires, le grand objectif du Principe 80/20 est de produire le plus de revenus possibles avec le moins d'actifs et d'efforts possible.

Les économistes classiques du XIXe siècle et du début du XXe ont mis au point une théorie de l'équilibre économique et de l'entreprise qui domine encore la pensée. Selon cette théorie, dans une situation de concurrence parfaite, les entreprises ne réalisent pas de profits considérables, la rentabilité étant nulle ou égale au coût « normal » du capital, ce dernier correspondant généralement à un taux d'intérêt modeste. La théorie est cohérente sur le plan interne, et son seul défaut est d'être inapplicable à quelque activité économique réelle que ce soit, particulièrement aux activités d'une entreprise quelconque.

La théorie 80/20 de l'entreprise

Contrairement à la théorie de la concurrence parfaite, la théorie 80/20 de l'entreprise est à la fois vérifiable (et elle a été vérifiée à maintes reprises) et utile comme guide d'action. Elle se résume à peu près ainsi.

- Dans n'importe quel marché, certains fournisseurs réussiront beaucoup mieux que d'autres à satisfaire les besoins de la clientèle. Ces fournisseurs obtiendront les prix les plus élevés et accapareront la plus grande part du marché.
- Dans n'importe quel marché, certains fournisseurs réussiront beaucoup mieux que d'autres à réduire leurs dépenses

relativement à leurs revenus. Autrement dit, à production ou à revenus équivalents, ces fournisseurs seront moins chers que les autres, ou encore pourront arriver à la même production qu'eux avec des dépenses moindres.

- Certains fournisseurs généreront des surplus plus élevés que les autres. (J'utilise le terme « surplus » plutôt que « profits » parce que ce dernier terme implique le profit accessible aux actionnaires. Par surplus, j'entends les fonds dont on peut se servir pour payer des dividendes aux actionnaires et pour réinvestir dans l'entreprise, au delà des sommes nécessaires au roulement de celle-ci.) Des surplus plus élevés entraîneront un ou plusieurs des effets suivants : (1) un réinvestissement plus grand dans le produit ou le service, donc une valeur supérieure et un attrait supplémentaire pour le client ; (2) un investissement destiné à augmenter la part du marché grâce à un effort accru de vente et de marketing, et grâce à l'acquisition d'autres entreprises ; (3) une meilleure rémunération des employés, laquelle aura pour conséquence de conserver les bons éléments actuels et d'en attirer d'autres ; (4) un plus grand rendement de leur investissement pour les actionnaires, lequel aura tendance à faire monter le prix des actions, à réduire le coût du capital et à faciliter l'investissement ou les acquisitions.

- Au fil du temps, 80 p. 100 du marché finira par être approvisionné par 20 p. 100 ou moins des fournisseurs, qui deviendront normalement plus rentables encore.

À ce stade-ci, il est possible que la structure du marché atteigne un équilibre, mais cet équilibre sera fort différent de celui que privilégiaient les économistes tenants du modèle de concurrence parfaite. Dans une situation d'équilibre 80/20, quelques fournisseurs, les plus gros, offriront aux clients plus de valeur pour leur argent et réaliseront des profits supérieurs à ceux de leurs concurrents plus petits. On peut souvent observer cette situation dans le monde réel, même si la théorie de la concurrence parfaite la tient pour impossible. Notre théorie, plus réaliste, pourrait s'appeler la loi 80/20 de la concurrence.

Le monde réel, toutefois, reste rarement longtemps en état d'équilibre. Tôt ou tard, généralement plus tôt que tard, des changements dans la structure du marché sont causés par les innovations des concurrents.

- Le fournisseur établi et le nouveau fournisseur tenteront tous deux d'innover et d'obtenir une plus grande proportion d'une part petite mais défendable de chaque marché (un « segment du marché »). Ce type de segmentation est possible si l'on offre un produit ou un service plus spécialisé qui convient parfaitement à certains types de clients. Avec le temps, les marchés tendront à comporter de plus en plus de segments.

Dans chacun des segments, la loi 80/20 de la concurrence s'exercera. Les chefs de file de chaque segment spécialisé seront soit des entreprises dont les activités sont concentrées dans ce segment, soit des entreprises généralistes ; dans les deux cas, leur réussite dans chaque segment dépendra de l'obtention des revenus maximaux pour le minimum d'efforts. Dans chaque segment, certaines entreprises excelleront dans cet art et auront ainsi tendance à gagner une part de plus en plus grande du segment.

Une grande entreprise exercera ses activités dans un grand nombre de segments, c'est-à-dire dans un grand nombre de combinaisons produit/client, là où une formule différente est nécessaire pour maximiser les revenus par rapport aux efforts, ou encore là où rivalisent divers concurrents. Dans certains de ces segments, une grande entreprise réalisera des surplus considérables et, dans d'autres, des surplus minimes, voire des pertes. Par conséquent, il deviendra de plus en plus vrai que 80 p. 100 des surplus ou profits seront tirés de 20 p. 100 des segments, de 20 p. 100 des clients et de 20 p. 100 des produits. Les segments les plus rentables seront généralement ceux dans lesquels l'entreprise jouit de la plus grande part du marché et compte le plus grand nombre de clients loyaux (c'est-à-dire de clients de longue date peu susceptibles d'être ravis par les concurrents).

- Dans toute entreprise, comme dans toute entité tributaire de la nature et de l'effort humain, une inégalité entre les intrants et les extrants, un déséquilibre entre l'effort et la récompense, est probable. Vu de l'extérieur, ce déséquilibre se reflète dans le fait que certains marchés, produits et clients sont plus rentables que d'autres et, vu de l'intérieur, dans le fait que certaines ressources — employés, usines, machines ou combinaisons de ces éléments — produisent beaucoup plus de valeur que d'autres par rapport à leur coût. Si une mesure était possible (comme elle l'est pour certaines tâches, comme celles des vendeurs), nous constaterions que certaines personnes sont à l'origine de surplus considérables (la part des revenus qu'elles génèrent est beaucoup plus élevée que la part des coûts qu'elles représentent) et d'autres, de surplus modestes, voire de pertes. Les entreprises qui réalisent les surplus les plus élevés ont aussi tendance à avoir le surplus moyen par employé le plus élevé; mais, dans toutes les entreprises, les vrais surplus générés par les employés sont généralement très inégaux: d'habitude, 80 p. 100 des surplus sont le fait de 20 p. 100 des employés.

- À l'échelon unitaire des ressources dans l'entreprise, par exemple au niveau de l'employé individuel, il est probable que 80 p. 100 de la valeur créée le sera durant une petite partie — environ 20 p. 100 — du temps de travail, durant les moments où un jeu de circonstances, dont les qualités personnelles et la nature particulière du travail, fait en sorte que l'employé a un taux d'efficacité plusieurs fois supérieur à son taux normal.

- Le principe de déséquilibre entre l'effort et le résultat s'applique donc à toutes les dimensions du monde des affaires: marchés, segments de marché, produits, clients, services et employés. C'est ce manque d'équilibre, plutôt qu'un équilibre conceptuel, qui caractérise toute activité économique. Il semble que de petites différences entraînent de lourdes conséquences. Il suffit que la valeur d'un produit soit supérieure de 10 p. 100 à celle des produits concurrents pour que cela entraîne une différence de 50 p. 100 dans les ventes et de 100 p. 100 dans les profits.

Trois implications

La première implication de la théorie 80/20 de l'entreprise est que les entreprises prospères exercent leurs activités dans des marchés où il leur est possible de réaliser les revenus les plus élevés pour le moindre effort. C'est là une vérité à la fois absolue — c'est-à-dire sur le plan des profits en argent — et relative — c'est-à-dire par rapport aux entreprises concurrentes. On ne peut dire qu'une entreprise est prospère si elle ne réalise pas un surplus absolu élevé (en termes traditionnels, un taux de rendement élevé du capital investi), et aussi un surplus qui soit plus élevé que celui de ses concurrentes (marges bénéficiaires plus fortes).

La deuxième implication pratique pour toutes les entreprises est qu'il est toujours possible d'augmenter le surplus économique, généralement dans une large mesure, en ne concentrant son attention que sur les segments de marché et de clientèle qui entraînent actuellement les plus grands surplus. Pour ce faire, il faudra toujours redéployer les ressources dans ces segments, et il faudra normalement réduire l'ampleur globale des ressources et des dépenses (en d'autres mots : moins d'employés et moins d'autres coûts).

Il est vrai que les entreprises atteignent l'échelon supérieur des surplus possibles, ou même s'en approchent, souvent parce que les dirigeants ne sont pas conscients du potentiel de surplus et qu'ils préfèrent diriger de grandes sociétés plutôt que des sociétés exceptionnellement rentables.

Troisième implication : il est possible pour toute entreprise d'accroître l'ampleur des surplus en réduisant le déséquilibre des extrants et récompenses au sein de l'entreprise. Cela se fait en identifiant les éléments de l'entreprise (employés, usines, bureaux de vente, unités de frais généraux, pays) qui rapportent les plus gros surplus et en les consolidant (en leur accordant plus de pouvoir et de ressources); inversement, on repérera les ressources génératrices de surplus faibles ou négatifs, on tentera de provoquer des améliorations spectaculaires et, si celles-ci ne se matérialisent pas, on cessera d'affecter des sommes à ces ressources.

Ces principes constituent une théorie 80/20 de l'entreprise utile; toutefois, ceux-ci ne doivent pas être interprétés de manière trop rigide ni déterministe. Ils marchent parce qu'ils sont le reflet de relations existant dans la nature, laquelle est un mélange complexe d'ordre et de désordre, de régularité et d'irrégularité.

RECHERCHEZ LES INTUITIONS « IRRÉGULIÈRES » DU PRINCIPE 80/20

Il est essentiel d'essayer de saisir la fluidité des relations 80/20 et la force qui en est le moteur, faute de quoi vous interpréterez le Principe 80/20 de manière trop rigide et n'en exploiterez pas le plein potentiel.

Le monde abonde en petites causes qui, combinées, peuvent avoir des conséquences capitales. Songez à du lait dans une casserole : au-delà d'une certaine température, celui-ci change de forme, gonfle et déborde. Un instant vous êtes devant une belle casserole de lait chaud bien calme; l'instant d'après, vous obtenez un merveilleux cappuccino ou, si vous avez une seconde de retard, un gâchis sur votre cuisinière. Le délai est un peu plus long dans le monde des affaires, mais, une année vous pouvez avoir une société IBM excellente et rentable qui domine l'industrie informatique et, peu de temps après, une combinaison de petites causes qui résultent en un géant monolithique aveugle qui se démène pour éviter sa propre destruction.

Les systèmes créatifs se tiennent à l'écart de l'équilibre. La relation cause et effet, intrant et extrant est non linéaire. Généralement, on ne reçoit pas exactement ce qu'on a donné; parfois on reçoit beaucoup moins, parfois beaucoup plus. Des altérations majeures dans une entité commerciale peuvent parfois résulter de causes en apparence insignifiantes. N'importe quand, des individus d'intelligence, de compétence et de dé-vouement comparables peuvent produire des résultats tout à fait incomparables, à cause de petites différences structurelles. On ne peut prédire les événements, même si des modèles prévisibles ont tendance à se répéter.

Sachez reconnaître les périodes de chance

Il est impossible de maîtriser les événements. Il est toutefois possible d'influer sur ceux-ci et, plus important encore, de déceler les irrégularités et d'en tirer parti. L'art d'exploiter le Principe 80/20 consiste à trouver dans quel sens la réalité pro-gresse et à en tirer le maximum.

Imaginez que vous vous trouviez dans un casino en folie, plein de roulettes déséquilibrées. Tous les numéros peuvent rapporter 35 fois la mise, mais certains numéros sortent plus ou moins souvent à des tables différentes. À l'une de ces tables, le numéro 5 sort 1 fois sur 20 ; à une autre, il ne sort que 1 fois sur 50. Si vous misez sur le bon numéro à la bonne table, vous pouvez gagner une fortune. Si, têtu, vous conti-nuez de miser sur le 5 à la table où il ne sort que 1 fois sur 50, vous perdrez tout, quelle que soit la somme dont vous disposiez pour jouer.

Si vous arrivez à identifier « ce » qui rapporte à votre entre-prise plus qu'elle ne dépense, vous pouvez faire monter les enjeux et remporter le gros lot. De même, si vous savez recon-naître « ce » qui lui rapporte beaucoup moins que son investissement, vous pouvez réduire vos pertes.

Dans ce contexte, le « ce » peut être n'importe quoi : produit, marché, client ou type de client, technologie, circuit de distri-bution, service ou division, pays, type d'opération, employé ou type d'employé ou équipe de travail. Le jeu consiste à repérer les quelques endroits où vous réalisez vos surplus les plus importants afin de les maximiser, et à repérer ceux où vous perdez afin de vous en retirer.

On nous a appris à penser sur un modèle de cause à effet, de relation régulière, de rendement moyen, de concurrence parfaite et de résultats prévisibles. Ce modèle ne correspond pas à la réalité. Le monde réel est un magma d'influences, où la frontière entre les causes et les effets est floue, et où des boucles de rétroaction complexes faussent les intrants; où l'équilibre est éphémère et souvent illusoire; où se dessinent des modèles de performance répétée mais irrégulière; où les entreprises ne s'affrontent jamais directement et prospèrent en se différenciant des autres; où une poignée de petits malins arrivent à accaparer un marché et à y réaliser un rendement maximal.

Dans cette perspective, les grandes entreprises sont des coalitions de forces, incroyablement complexes et toujours changeantes; certaines de ces entreprises vont dans le même sens que le courant et s'enrichissent; d'autres vont dans le sens contraire et accumulent les pertes. Tout cela est rendu obscur par notre incapacité à dénouer la réalité et par les effets apaisants, réducteurs (et très déformants) des systèmes de comptabilité. Le Principe 80/20 est applicable partout mais peu appliqué. Ce que l'on nous permet généralement de voir dans une entreprise, c'est l'effet net de tout ce qui s'y produit; cela ne constitue pourtant qu'une partie de l'image complète. Sous la surface, des intrants positifs et négatifs s'opposent et entraînent l'effet observable en surface. Le Principe 80/20 se révèle le plus utile lorsque nous sommes en mesure d'identifier toutes les forces agissant sous la surface, afin de pouvoir enrayer les forces négatives et de donner le maximum de pouvoir aux forces les plus productives.

COMMENT L'ENTREPRISE PEUT RECOURIR AU PRINCIPE 80/20 POUR ACCROÎTRE SES PROFITS

Assez d'histoire, de philosophie et de théorie! Passons maintenant à la pratique. N'importe quelle entreprise peut gagner beaucoup en appliquant le Principe 80/20 dans la pratique. Le moment est venu de vous montrer comment.

Les chapitres 4 à 7 traitent des principaux moyens d'accroître les profits grâce au Principe 80/20. Le chapitre 8 clôt la deuxième partie du livre; vous y trouverez des conseils sur la manière d'intégrer la Pensée 80/20 dans votre vie profession-nelle afin de jouir d'un avantage sur vos collègues tout autant que sur vos concurrents.

Nous commençons au chapitre suivant par l'utilisation la plus importante du Principe 80/20 dans toute entreprise : repérer les endroits où vous réalisez vraiment des profits et, tout aussi essentiel, les endroits où vous perdez vraiment de l'argent. Tous les hommes d'affaires pensent le savoir déjà; presque tous se trompent. S'ils se faisaient une idée juste de ce qui se passe, leur entreprise serait transformée du tout au tout.

4

POURQUOI VOTRE STRATÉGIE
N'EST-ELLE PAS LA BONNE?

Si vous n'avez pas eu recours au Principe 80/20 pour réorienter votre stratégie, il est à peu près certain que celle-ci est loin d'être parfaite. Vous n'avez pas une idée juste et claire de ce qui vous rapporte ou vous fait perdre de l'argent. Il est presque inévitable que vous fassiez trop de choses pour trop de gens.

La stratégie de l'entreprise ne devrait pas se fonder sur une vue d'ensemble superficielle, mais plutôt sur une observation attentive de ce qui se passe sous la surface. Pour arrêter une stratégie utile, vous devez examiner attentivement les divers éléments de votre entreprise, plus particulièrement du point de vue de leur rentabilité.

À moins que votre entreprise ne soit très petite et très simple, il est presque certain que *vous tirez au moins 80 p. 100 de vos profits de 20 p. 100 de vos activités et de 20 p. 100 de vos revenus.* Ce qu'il vous faut savoir, c'est *quels* sont ces 20 p. 100.

OÙ RÉALISEZ-VOUS LE PLUS DE PROFITS ?

Identifiez les éléments de vos affaires qui vous rapportent gros, ceux dont l'effet net est nul et ceux qui vous occasionnent de lourdes pertes. Pour ce faire, nous allons procéder à une Analyse 80/20 des profits :

- par produit ou par groupe/type de produits ;
- par client ou par groupe/type de client ;
- selon tout autre critère d'analyse qui vous semble pertinent dans vos activités et sur lequel vous possédez des données, par exemple : analyse par région ou par circuit de distribution ;
- par segment de concurrence.

Commencez par les *produits*. Votre entreprise dispose certainement de données organisées par produit ou groupe de produits. Pour chacun, examinez les ventes du dernier mois, trimestre ou exercice (choisissez le plus fiable) et calculez la rentabilité après répartition de tous les coûts.

La difficulté ou la facilité de cet exercice dépendra de l'état de votre système d'information de gestion. Vous aurez peut-être en main toute l'information dont vous avez besoin. Si ce n'est pas le cas, vous devrez vous la procurer. Vous disposerez sûrement du montant des ventes par produit ou gamme de produits, et presque sûrement de la marge brute (ventes moins coût des ventes). Vous connaîtrez le total des coûts s'appliquant à toute l'entreprise (tous les coûts indirects). Il vous faudra alors répartir de manière raisonnable les coûts indirects entre les divers groupes de produits.

La répartition la plus rudimentaire se fonde sur le chiffre d'affaires. Une brève réflexion vous convaincra que cette méthode est loin d'être précise. Par exemple, la vente de certains produits requiert beaucoup de temps de la part du vendeur par rapport à leur valeur, et d'autres, beaucoup moins. Certains font l'objet d'une publicité intensive, d'autres pas. Certains sont plus compliqués à fabriquer que d'autres.

Affectez chaque catégorie de coût indirect à chacun des groupes de produits. Faites de même pour tous les coûts, puis examinez les résultats.

Vous constaterez probablement que certains produits, qui ne représentent qu'une faible partie de votre chiffre d'affaires, sont étonnamment rentables, que la plupart des produits le sont modestement, et que d'autres entraînent vraiment des pertes énormes, une fois tous les coûts répartis.

La Figure 10 est un tableau tiré d'une étude que j'ai menée récemment chez un fabricant d'instruments électroniques. La Figure 11 reprend les mêmes données, mais sous forme de graphique. Choisissez la Figure que vous voulez.

Produit	Ventes (en 000 $)	Revenus	Rentabilité des ventes (%)
Groupe de produits A	3 750	1 330	35,5
Groupe de produits B	17 000	5 110	30,1
Groupe de produits C	3 040	610	20,1
Groupe de produits D	12 070	1 880	15,6
Groupe de produits E	44 110	5 290	12,0
Groupe de produits F	30 370	2 990	9,8
Groupe de produits G	5 030	(820)	(16,3)
Groupe de produits H	4 000	(3 010)	(75,3)
Totaux	119 370	13 380	11,2

FIGURE 10   Instruments Électroniques inc. —
Tableau des ventes et profits répartis par groupes de produits

Les deux Figures indiquent que le groupe de produits A ne représente que 3 p. 100 des ventes, mais génère 10 p. 100 des profits. Les groupes de produits A, B et C — 20 p. 100 des ventes — entraînent 53 p. 100 des profits. Ces faits s'illustrent encore plus clairement au moyen d'un tableau 80/20 ou d'un graphique 80/20 (Figures 12 et 13, respectivement).

Nous n'avons pas encore découvert les 20 p. 100 des ventes qui sont à l'origine de 80 p. 100 des profits, mais nous nous

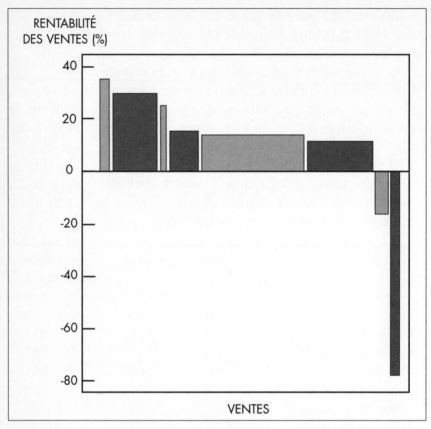

RENTABILITÉ
DES VENTES (%)

VENTES

FIGURE 11   Instruments Électroniques inc. — Graphique des ventes
et profits répartis par groupes de produits

rapprochons du but. Si le rapport n'est pas de 80/20, il est de
67/30 : 30 p. 100 des ventes de produits rapportent 67 p. 100
des profits. Vous songez peut-être déjà aux moyens d'accroître
les ventes des groupes de produits A, B et C. Par exemple, vous
voudrez peut-être reporter sur ces groupes tous les efforts de
vente actuellement dépensés sur les 80 p. 100 restants en
demandant à vos vendeurs de consacrer leur énergie à doubler
les ventes des groupes de produits A, B et C sans se soucier des
autres groupes. S'ils y parvenaient, vos ventes ne croîtraient
que de 20 p. 100, mais vos profits augmenteraient de plus de
50 p. 100.

Produit	Pourcentage des ventes		Pourcentage des profits	
	Groupe	Cumulatif	Groupe	Cumulatif
Groupe de produits A	3,1	3,1	9,9	9,9
Groupe de produits B	14,2	17,3	38,2	48,1
Groupe de produits C	2,6	19,9	4,6	52,7
Groupe de produits D	10,1	30,0	14,1	66,8
Groupe de produits E	37,0	67,0	39,5	106,3
Groupe de produits F	25,4	92,4	22,4	128,7
Groupe de produits G	4,2	96,6	(6,1)	122,6
Groupe de produits H	3,4	100,0	(22,6)	100,0

FIGURE 12   Instruments Électroniques inc. — Tableau 80/20
des groupes de produits

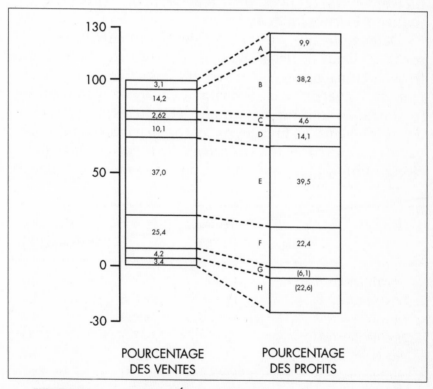

FIGURE 13   Instruments Électroniques inc. — Graphique 80/20
des groupes de produits

Il se peut aussi que vous pensiez à réduire les coûts ou à augmenter le prix de vente des groupes de produits D, E et F, ou encore à renoncer aux groupes de produits G et H.

LA RENTABILITÉ DES CLIENTS

Une fois les produits analysés, jetez un coup d'œil sur votre *clientèle*. Répétez l'analyse, cette fois-ci en examinant les achats totaux de chaque client ou groupe de clients. Certains clients paient des prix élevés mais coûtent cher à servir : ceux-là sont souvent de petits clients. Les très gros clients sont faciles à traiter et achètent de grandes quantités du même produit, mais paient des prix trop faibles. Parfois, ces différences s'équilibrent, mais souvent ce n'est pas le cas. Les Figures 14 et 15 présentent les résultats de l'analyse pour l'entreprise Instruments Électroniques inc.

Définissons nos groupes de clients. Les clients de type A sont des clients de détail qui paient un prix très élevé et pour lesquels la marge bénéficiaire est elle aussi très élevée. Ils coûtent cher à servir, mais la marge bénéficiaire contrebalance largement ce coût supplémentaire. Les clients de type B sont des distributeurs qui font de grosses commandes, qui ne coûtent pas cher à servir et qui acceptent de payer des prix plutôt élevés, surtout parce que leurs achats de composants électro-

Client	Ventes (en 000 $)	Revenus	Rentabilité des ventes (%)
Type de clients A	18 350	7 865	42,9
Type de clients B	11 450	3 916	34,2
Type de clients C	43 100	3 969	9,2
Type de clients D	46 470	(2 370)	(5,1)
Totaux	119 370	13 380	11,2

FIGURE 14   Instruments Électroniques inc. — Tableau des ventes et profits répartis par types de clients

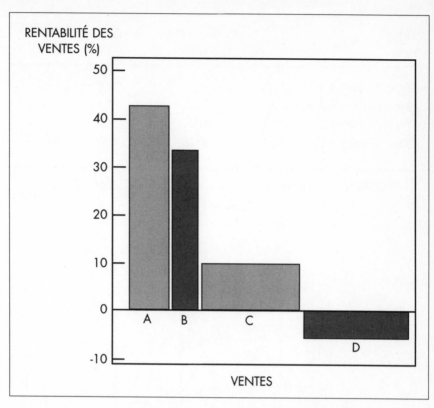

FIGURE 15   Instruments Électroniques inc. — Graphique des ventes
et profits répartis par types de clients

niques ne représentent qu'une fraction minime de leurs achats globaux. Les clients de type C sont des entreprises étrangères qui paient des prix élevés, mais qui coûtent très cher à servir. Les clients de type D sont de grands fabricants qui négocient pour obtenir les prix les plus bas, qui requièrent beaucoup de soutien technique et qui exigent de nombreux « rabais ».

Le tableau 80/20 et le graphique 80/20 des types de clients se trouvent respectivement aux Figures 16 et 17.

Ces données font ressortir une règle 59/15 et une règle 88/25 : la catégorie de clients la plus rentable représente 15 p. 100 des revenus, mais 59 p. 100 des profits. La tranche des 25 p. 100 de clients les plus rentables rapporte 88 p. 100 des profits. Cela s'explique en partie par le fait que les clients les plus

Client	Pourcentage des ventes		Pourcentage des profits	
	Groupe	Cumulatif	Groupe	Cumulatif
Type de clients A	15,4	15,4	58,9	58,9
Type de clients B	9,6	25,0	29,3	88,2
Type de clients C	36,1	61,1	29,6	117,8
Type de clients D	38,9	100,0	(17,8)	100,0

FIGURE 16   Instruments Électroniques inc. — Tableau 80/20
des types de clients

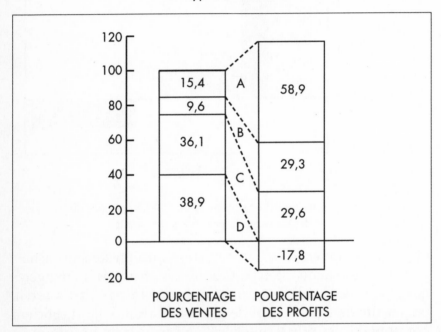

FIGURE 17   Instruments Électroniques inc. — Graphique 80/20
des types de clients

rentables ont tendance à acheter les produits les plus rentables, et qu'ils paient des prix plus élevés comparativement à ce qu'il en coûte de les servir.

L'analyse a débouché sur une campagne fort réussie de prospection de la clientèle des types A et B (clients de détail et distributeurs). Même si l'on tient compte du coût de cette campagne, les résultats ont été très rentables. Les prix imposés aux clients de type C (exportation) ont été sélectivement augmentés, et on a trouvé des moyens de les servir à meilleur compte, notamment en recourant davantage à la vente par téléphone plutôt qu'en personne. Les clients de type D (grands fabricants) ont été abordés individuellement : neuf d'entre eux achetaient 97 p. 100 de tous les biens vendus aux clients de ce type. Dans certains cas, on a commencé à imposer des frais de soutien technique ; dans d'autres, les prix ont été haussés. Trois de ces clients ont été délibérément «perdus» au cours d'une guerre de prix livrée par le concurrent le plus détesté de l'entreprise, lequel subit sans doute aujourd'hui les pertes qu'essuyait Instruments Électroniques inc.!

L'ANALYSE 80/20 APPLIQUÉE À UNE SOCIÉTÉ D'EXPERTS-CONSEILS

Après l'analyse des produits et de la clientèle, choisissez un autre critère qui vous semble particulièrement pertinent pour votre entreprise. Dans le cas précédent du fabricant d'instruments électroniques, nous n'avons pas utilisé d'autres critères d'analyse. Mais, pour illustrer notre propos, considérons le simple critère de répartition des ventes et des profits d'une société d'experts-conseils en gestion stratégique, lequel est illustré aux Figures 18 et 19.

Critère de répartition	Ventes (en 000 $)	Profits	Rentabilité des ventes (%)
Grands projets	35 000	16 000	45,7
Petits projets	135 000	12 825	9,5
Totaux	170 000	28 825	17,0

FIGURE 18   Stratégie inc. — Tableau de la rentabilité relative des grands et des petits clients

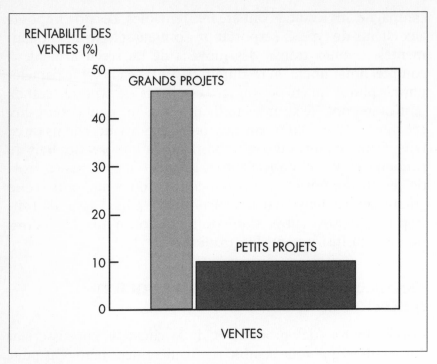

FIGURE 19   Stratégie inc. — Graphique de la rentabilité relative
des grands et des petits clients

Ces Figures font ressortir une règle 56/21 : les grands projets ne représentent que 21 p. 100 du chiffre d'affaires mais
rapportent 56 p. 100 des profits.

Une autre analyse, illustrée dans les Figures 20 et 21, répartit les activités de la société entre les « anciens » clients (plus de
trois ans), les nouveaux (moins de six mois) et les autres.

Ces Figures nous apprennent que 26 p. 100 des activités
de la société lui rapportent 84 p. 100 des profits : règle 84/26.
Ici, le message à saisir est qu'il faut avant tout s'efforcer de
conserver les anciens clients et d'accroître le volume de leurs
achats, puisqu'ils sont les moins sensibles au prix et les plus
économiques à servir. Les nouveaux clients qui ne deviennent
pas d'anciens clients ayant été reconnus comme ceux qui
occasionnent des pertes pour la société, celle-ci a décidé
d'être beaucoup plus sélective dans sa prospection de clien-

tèle : les efforts de vente ont été concentrés sur les clients qui étaient les plus susceptibles de rester fidèles longtemps à la société.

Critère de répartition	Ventes (en 000 $)	Profits	Rentabilité des ventes (%)
Anciens clients	43 500	24 055	55,3
Clients intermédiaires	101 000	12 726	12,6
Nouveaux clients	25 500	(7 956)	31,2
Totaux	170 000	28 825	17,0

FIGURE 20   Stratégie inc. — Tableau de la rentabilité relative des anciens et des nouveaux clients

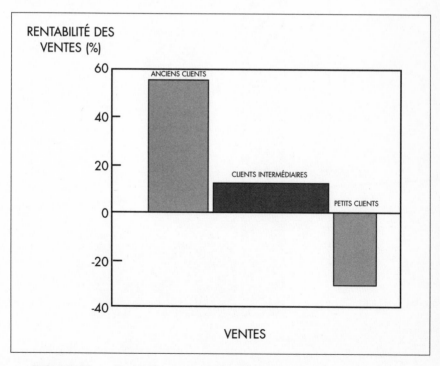

FIGURE 21   Stratégie inc. — Graphique de la rentabilité relative des anciens et des nouveaux clients

Critère de répartition	Ventes (en 000 $)	Profits	Rentabilité des ventes (%)
Fusions et acquisitions	37 600	25 190	67,0
Analyse stratégique	75 800	11 600	15,3
Projets opérationnels	56 600	7 965	14,1
Totaux	170 000	28 825	17,0

FIGURE 22   Stratégie inc. — Tableau de la rentabilité
par types de projets

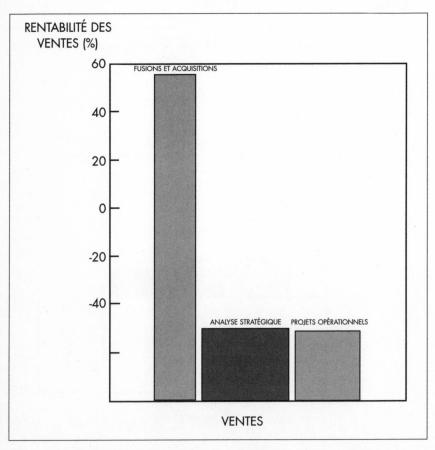

FIGURE 23   Stratégie inc. — Tableau des possibilités
par types de projets

Les Figures 22 et 23 résument une troisième analyse exécutée pour la société, dans laquelle les projets sont répartis entre les fusions et acquisitions (F&A), l'analyse stratégique et les projets opérationnels.

Cette répartition fait apparaître une règle 87/22 : les F&A sont exceptionnellement rentables, rapportant 87 p. 100 des profits pour seulement 22 p. 100 des revenus. La société a donc redoublé d'efforts pour vendre davantage de projets de F&A.

Les projets opérationnels exécutés pour le compte des anciens clients, lorsqu'ils sont analysés séparément, se situent tout juste au seuil de rentabilité, tandis que ceux qui sont exécutés à la demande des nouveaux clients occasionnent de lourdes pertes. La décision a donc été prise de ne pas entreprendre de tels projets pour le compte de ces derniers, et d'augmenter le prix exigé pour ce travail aux anciens clients ou de les inciter à le confier à des sociétés spécialisées dans le domaine.

LA SEGMENTATION : POUR COMPRENDRE ET ACCROÎTRE LA RENTABILITÉ

Le meilleur moyen d'analyser la rentabilité de vos activités commerciales consiste à les répartir en *segments de concurrence*. Tandis que les analyses fondées sur les produits, la clientèle ou sur un autre critère pertinent de répartition de vos activités sont en général extrêmement précieuses, les intuitions les plus utiles surgissent lorsqu'on combine clients et produits en « tranches » que l'on définit par référence à ses concurrents les plus importants. Même si cette tâche est moins compliquée qu'elle le paraît, très peu d'entreprises répartissent leurs activités commerciales de cette façon. Une brève explication s'impose donc.

Qu'est-ce qu'un segment de concurrence ?

Les segments de concurrence correspondent aux parties de vos activités commerciales dans lesquelles vous rivalisez avec des concurrents différents ou avec des dynamiques de concurrence différentes.

Songez à n'importe quel élément de votre entreprise : produit, client, gamme de produits vendue à un type de clients, ou n'importe quel autre critère pertinent pour vous (par exemple, la société d'experts-conseils songera aux projets de fusion et d'acquisitions). Posez-vous ces deux questions simples.

- *Dans cette partie de vos activités commerciales, rivalisez-vous avec un concurrent principal différent de celui des autres parties?*

Dans l'affirmative, cette partie de vos activités commerciales constitue un segment de concurrence (ou segment tout court) distinct.

Si vous faites face à un concurrent spécialisé, votre rentabilité dépendra de l'interaction entre votre produit/ service et le sien. Lequel des deux les consommateurs préfèrent-ils? Où se situe le coût total de la livraison de votre produit ou de la prestation de votre service par rapport à celui de votre concurrent? Votre rentabilité sera déterminée tout autant par votre concurrent que par n'importe quoi d'autre.

Par conséquent, il est judicieux de considérer comme distincte cette partie de vos activités, d'arrêter pour celle-ci une stratégie qui vaincra celle de votre concurrent (ou s'harmonisera à celle-ci). Il est également judicieux d'analyser séparément la rentabilité de cette partie de vos activités : des surprises vous attendent peut-être.

Même si, dans la partie de vos activités que vous analysez, votre concurrent est le même que dans une autre partie (par exemple, votre concurrent est le même pour les produits A et B), vous devez vous poser une autre question.

- *Le rapport entre vos ventes et vos parts de marché respectives est-il le même dans les deux parties de vos activités, ou êtes-vous relativement plus fort que votre concurrent dans l'une et plus faible que lui dans l'autre?*

Par exemple, si votre part du marché est de 20 p. 100 pour le produit A et que celle de votre principal concurrent est de 40 p. 100, ce rapport de 2 à 1 est-il le même pour le produit B? Si votre part du marché est de 15 p. 100 pour le produit B et que celle de votre concurrent est de 10 p. 100 seulement, votre position concurrentielle relative est différente pour les deux produits.

Deux raisons expliquent cette situation. Il se peut que les clients préfèrent votre marque du produit B, mais préfèrent la marque de votre concurrent pour le produit A. Il se peut aussi que votre concurrent ne s'intéresse pas à son produit B. Peut-être êtes-vous efficace et concurrentiel sur le plan du prix dans le cas du produit B et que l'inverse soit vrai pour le produit A. À cette étape de l'analyse, vous n'avez pas besoin de connaître ces raisons. Il vous suffit de comprendre que, devant ce même concurrent, vous avez l'avantage dans un secteur et votre concurrent l'a dans l'autre. Par conséquent, il s'agit de segments distincts, qui présenteront probablement une rentabilité différente.

En tenant compte de vos concurrents, vous trouverez vos critères clés de répartition

Au lieu de vous fonder sur un critère d'analyse conventionnel — sur un produit ou sur la production des divers composants de votre organisation, par exemple —, pensez en fonction des segments de concurrence pour trouver rapidement les critères les plus utiles pour analyser vos activités et la perspective la plus féconde pour votre entreprise.

Chez Instruments Électroniques inc., les dirigeants n'arrivaient pas à s'entendre sur la manière d'analyser leurs activités. Certains étaient d'avis que les produits constituaient le premier critère d'analyse. D'autres estimaient que c'était plutôt la répartition entre clients utilisant des pipelines (en gros, les pétrolières) et clients utilisant un procédé continu (tels ceux de l'industrie alimentaire). Un troisième groupe privilégiait une répartition entre clients nationaux et clients étrangers. Comme chacun voulait fonder l'analyse sur des critères différents, tous plus ou moins valables, c'était l'impasse dans l'organisation de l'entreprise et dans la communication entre ces groupes.

La répartition des activités par segments de concurrence a invalidé les arguments de chacun. La règle est simple : si dans un secteur d'activités vous ne rivalisez pas avec des concurrents différents ou si votre position concurrentielle n'y est pas différente, il ne s'agit pas d'un segment distinct. Nous en sommes vite arrivés à un ensemble clair de segments que tous les dirigeants pouvaient comprendre.

D'abord, il était évident que nos concurrents étaient différents pour la plupart des produits, mais pas pour tous. Dans les cas où nos concurrents étaient les mêmes et où notre position concurrentielle était semblable, nous avons regroupé les produits. Dans la plupart des autres cas, nous avons gardé les produits séparés.

Nous nous sommes ensuite demandé si notre position concurrentielle auprès des clients « pipeline » et des clients « procédé continu » était différente. Pour tous les produits, sauf un, la réponse était non. Mais pour ce produit, le densimètre, nos principaux concurrents étaient différents. Nous avons donc convenu à cet égard de deux segments : densimètres « pipeline » et densimètres « procédé continu ».

Enfin, nous nous sommes demandé si nos concurrents ou notre position concurrentielle étaient différents dans le segment « clients nationaux » et « clients étrangers ». Dans la plupart des cas, la réponse était affirmative. Quand le volume des exportations le justifiait, nous nous sommes posé la même question pour chaque pays : avions-nous en Grande-Bretagne le même concurrent qu'en France ou en Asie ? Chaque fois que les concurrents étaient différents, nous établissions des segments distincts.

Nous nous sommes retrouvés avec un patchwork de 15 grands segments (pour nous faciliter la tâche, nous avons regroupé les segments trop petits), généralement définis en fonction du produit et de la région, mais, dans un cas, en fonction du produit et du type de clients (cas du densimètre, où les segments étaient : densimètre « pipeline » étranger et densimètre « procédé continu » étranger). Pour chaque segment, la position concurrentielle ou le concurrent principal était différent.

Segment	Ventes (en 000 $)	Profits	Rentabilité des ventes (%)
1	2 250	1 030	45,8
2	3 020	1 310	43,4
3	5 370	2 298	42,8
4	2 000	798	39,9
5	1 750	532	30,4
6	17 000	5 110	30,1
7	3 040	610	25,1
8	7 845	1 300	17,0
9	4 224	546	12,9
10	13 000	1 300	10,0
11	21 900	1 927	8,8
12	18 100	779	4,3
13	10 841	(364)	(3,4)
14	5 030	(820)	(15,5)
15	4 000	(3 010)	(75,3)
Totaux	119 370	13 380	11,2

FIGURE 24   Instruments Électroniques inc. — Tableau de rentabilité par segments

Nous avons ensuite analysé la répartition des ventes et des profits entre les segments, comme l'illustrent les Figures 24 et 25.

Pour mettre en relief le déséquilibre entre la répartition des ventes et celle des profits, nous pouvons préparer soit un tableau 80/20 (Figure 26), soit un graphique 80/20 (Figure 27).

Ces figures nous apprennent que les six segments supérieurs ne représentent que 26,3 p. 100 des ventes mais rapportent 82,9 p. 100 des profits: voilà donc une règle 83/26.

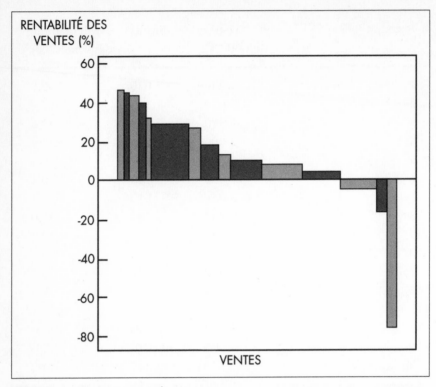

FIGURE 25   Instruments Électroniques inc. — Graphique des possibilités
par segments

Quelles mesures la société a-t-elle prises pour accroître ses profits ?

Les Figures 26 et 27 ont attiré l'attention des dirigeants de la société sur trois types d'activités.

On a d'abord donné au quart le plus rentable des activités, les segments 1 à 6, le premier rang — A — des priorités ; il fallait en stimuler vigoureusement le développement. Plus de 80 p. 100 des profits provenaient de ces segments ; pourtant, la direction n'y consacrait qu'une partie de son temps de gestion proportionnelle au pourcentage du chiffre d'affaires que ceux-ci représentaient. Il a été décidé d'accorder à ces segments les deux tiers du temps de gestion total. L'équipe de vente s'est efforcée de vendre davantage de ces produits aux clients actuels

92

Segment	Pourcentage des ventes		Pourcentage des profits	
	Type	Cumulatif	Type	Cumulatif
1	1,9	1,9	7,7	7,7
2	2,5	4,4	9,8	17,5
3	4,5	8,9	17,2	34,7
4	1,7	10,6	6,0	40,7
5	1,5	12,1	4,0	44,7
6	14,2	26,3	38,2	82,9
7	2,5	28,8	4,6	87,5
8	6,6	35,4	10,0	97,5
9	3,5	38,9	4,1	101,6
10	10,9	49,8	9,7	111,3
11	18,3	68,1	14,4	125,7
12	15,2	83,3	5,8	131,5
13	9,1	92,4	-2,7	128,8
14	4,2	96,6	-6,0	122,6
15	3,4	100,0	-22,6	100,0

FIGURE 26   Instruments Électroniques inc. —
Tableau 80/20 des ventes et des profits par segments

et de trouver de nouveaux clients. La direction a constaté qu'elle pouvait se permettre d'offrir des services supplémentaires ou de réduire légèrement les prix, sans diminuer sensiblement la rentabilité de ces segments.

Le groupe de segments suivant — les segments 7 à 12 — représentait 57 p. 100 des ventes totales et 49 p. 100 des profits ; autrement dit, la rentabilité de ceux-ci était légèrement inférieure à la moyenne. Ces segments ont reçu la priorité B, même s'il était clair que certains (tels les segments 7 et 8) étaient plus intéressants que d'autres (le 11 et le 12). La priorité à accorder à ces segments dépendait également de la réponse donnée aux deux questions posées au début du présent chapitre, c'est-à-dire : le segment est-il ou non un bon marché et la position concurrentielle de l'entreprise y est-elle

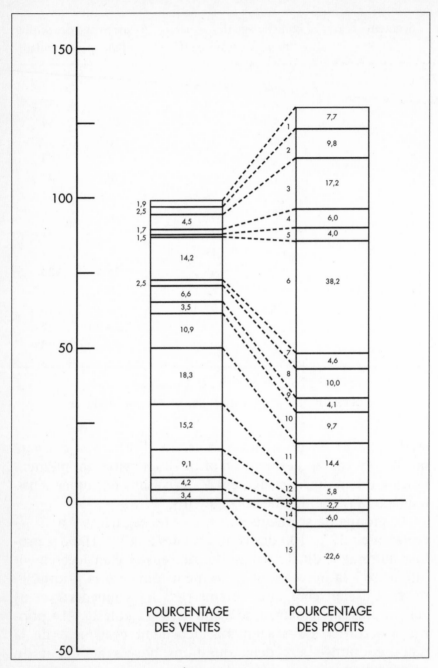

FIGURE 27   Instruments Électroniques inc. — Graphique 80/20
de rentabilité par segments

Priorité	Segments	Pourcentage des profits	Pourcentage	Mesures à prendre
A	1-6	26,3	82,9	Intensifier l'effort
				Allonger le temps de gestion
				Réduire les prix
B	7-12	57,0	48,5	Raccourcir le temps de gestion
				Réduire l'effort de vente
				Hausser certains prix
X	13-15	16,7	(31,4)	Évaluer la viabilité
Totaux		100,0	100,0	

FIGURE 28   Instruments Électroniques inc. —
Résultats de l'Analyse 80/20

bonne ou non? Les réponses à ces questions sont décrites dans la dernière partie du présent chapitre.

À cette étape-là, la direction a décidé de réduire le temps de gestion qu'elle consacrait aux segments de priorité B, de 60 p. 100 à environ 30 p. 100. Elle a également haussé les prix de certains des segments les moins rentables.

Le troisième groupe, qui a reçu la priorité X, comprenait les segments générateurs de pertes 13-15. La décision des mesures à prendre à l'égard de ceux-ci, comme cela avait été le cas pour les segments de priorité B, a été reportée jusqu'à ce que soient mesurées l'attractivité des marchés et la solidité de la position concurrentielle de l'entreprise dans chacun de ces marchés.

Avant de prendre une décision finale pour chacun des segments, toutefois, la direction supérieure de l'entreprise s'est penchée sur deux autres questions qui, outre celle de la rentabilité, sont critiques pour la stratégie.

- Ce segment est-il un marché intéressant ?
- Quelle est la position concurrentielle de l'entreprise dans ce segment ?

La Figure 29 reflète les conclusions finales auxquelles l'entreprise est arrivée en matière de stratégie.

Segment	Marché attractif ?	Position concurrentielle	Rentabilité
1	Oui	Bonne	Très bonne
2	Oui	Bonne	Très bonne
3	Oui	Bonne	Très bonne
4	Oui	Bonne	Très bonne
5	Oui	Bonne	Bonne
6	Oui	Bonne	Bonne
7	Oui	Moyenne	Bonne
8	Oui	Moyenne	Plutôt bonne
9	Oui	Mauvaise	Acceptable
10	Pas beaucoup	Bonne	Acceptable
11	Pas beaucoup	Bonne	Acceptable
12	Non	Moyenne	Médiocre
13	Oui	Croissante	Négative
14	Non	Moyenne	Négative
15	Non	Mauvaise	Négative

FIGURE 29   Instruments Électroniques inc. — Diagnostic stratégique

Quelles mesures ce diagnostic a-t-il entraînées?

Tous les segments de priorité A étaient également des marchés attractifs — ils étaient en pleine croissance et étaient difficiles à pénétrer pour de nouveaux concurrents; il n'y avait aucune menace de technologies rivales; le pouvoir de négociation y était élevé face aux clients et face aux fournisseurs de composants. Par conséquent, presque tous les concurrents déjà entrés dans ces marchés réalisaient de bons profits.

L'entreprise jouissait aussi d'une bonne position concurrentielle dans chacun des segments, c'est-à-dire qu'elle y détenait une grande part du marché et qu'elle en était l'un des trois fournisseurs principaux. Sa technologie était supérieure à la moyenne et son coût de revient inférieur à celui de ses concurrentes.

Puisque ces segments étaient également les plus rentables, l'analyse a confirmé les implications de la comparaison 80/20 des profits. Les segments 1 à 6 ont par conséquent conservé la priorité A, et les efforts ont été concentrés en vue de retenir les clients actuels et d'élargir la part du marché grâce à une augmentation des ventes aux clients actuels et à la prospection.

La stratégie pouvait désormais être raffinée pour certains autres segments de priorité B. Le segment 9 semblait intéressant. La rentabilité y était acceptable, mais pas parce que le marché n'était pas attractif. Au contraire, il l'était fortement, et la plupart des autres concurrents réalisaient de bons profits. Mais l'entreprise ne s'était taillé qu'une faible part du marché et son coût de revient y était plus élevé que celui de ses concurrentes, surtout du fait d'une technologie dépassée.

La mise à jour de cette technologie aurait nécessité des efforts démesurés et entraîné de lourdes dépenses. Il a donc été décidé d'exploiter le segment sans se soucier de la part du marché, en réduisant les efforts consentis pour protéger celle-ci et en augmentant les prix. On s'attendait à ce que ces mesures provoquent une chute des ventes mais aussi, temporairement, une hausse des profits. En réalité, elles ont augmenté les marges bénéficiaires, mais n'ont causé à court terme qu'une faible chute des ventes. Les clients se sont révélés liés eux aussi à l'ancienne technologie; ils pouvaient difficilement changer de fournisseur avant d'adopter la nouvelle technologie. Pour l'entreprise, la rentabilité de ce segment est passée de 12,9 p. 100 à plus de 20 p. 100, même si ses dirigeants étaient conscients qu'il s'agissait là d'une évolution probablement temporaire.

Les segments 10 et 11, où l'entreprise jouissait de la plus grande part du marché, n'étaient pas attractifs. La taille du marché diminuait; l'offre y était supérieure à la demande; les clients tenaient le gros bout du bâton et pouvaient négocier des prix incroyablement bas. Malgré le fait qu'elle était le chef de file dans ce marché, l'entreprise a décidé de ne plus y consacrer d'énergie, et tous les investissements prévus ont été annulés.

La même décision a été prise pour le segment 12, mais pour d'autres raisons. Le marché était encore moins attractif que celui des segments 10 et 11, et l'entreprise n'y jouissait que d'une part moyenne. Tous les nouveaux programmes de marketing, de même que les investissements prévus, ont été annulés.

En ce qui concerne les segments de priorité X, ceux qui occasionnaient des pertes, l'entreprise a constaté que deux de ces trois segments, le 14 et le 15, étaient des marchés vastes mais pas du tout attractifs, dans lesquels sa situation concurrentielle était défavorable. L'entreprise a abandonné ces deux segments; dans l'un de ceux-ci, elle a même vendu une partie de son usine à un concurrent. Elle n'en a pas obtenu un bon prix, mais, au moins, en plus d'arrêter l'hémorragie, elle a touché un peu d'argent, et certains emplois ont été conservés. Dans l'autre segment, elle a mis fin à toutes ses activités.

Le segment 13, lui aussi de priorité X, a connu un autre sort. Même si l'entreprise y essuyait des pertes, il s'agissait d'un marché structurellement attractif; la croissance annuelle était de 10 p. 100, et tous les concurrents y réalisaient d'intéressants profits. En réalité, même si l'entreprise enregistrait des pertes après répartition de tous les coûts, la marge brute réalisée dans le segment était assez élevée. L'ennui, c'est qu'elle n'avait pénétré ce marché que l'année précédente et qu'elle devait consentir d'importants investissements en technologie et d'intenses efforts de vente. Mais sa part du marché croissait et, si elle continuait de progresser au même rythme, l'entreprise pouvait espérer devenir en moins de trois ans l'un des trois premiers fournisseurs du segment. À ce moment-là, le montant plus élevé de ses ventes réduisant ses coûts unitaires, l'entreprise réaliserait des profits élevés. Elle a donc décidé de consacrer plus d'efforts au segment 13 afin d'atteindre le plus tôt possible la taille minimale lui permettant d'y être rentable.

NE TIREZ PAS DE CONCLUSIONS SIMPLISTES DE L'ANALYSE 80/20

Le segment 13 de l'exemple précédent nous aidera à démontrer que l'Analyse 80/20 des profits ne nous donne pas toutes les bonnes réponses. Cette Analyse n'est qu'un instantané de la situation telle qu'elle est à un moment donné ; elle ne peut pas donner une image des forces ou tendances susceptibles de modifier la rentabilité. L'analyse de rentabilité de type 80/20 est une condition nécessaire mais insuffisante à une bonne stratégie.

En revanche, le meilleur moyen de commencer à faire de l'argent est incontestablement de cesser d'en perdre. Notez que, mis à part le segment 13, la seule Analyse 80/20 des profits aurait donné à peu près le bon résultat dans 14 des 15 segments étudiés, qui représentaient plus de 90 p. 100 des revenus. Cela ne signifie pas que l'analyse stratégique s'arrête avec l'Analyse 80/20, mais plutôt qu'elle devrait commencer par cette dernière. Pour trouver des réponses complètes, vous devez évaluer l'attractivité des segments et la position concurrentielle de l'entreprise dans chacun de ces segments. La Figure 30 fait le sommaire des mesures prises par l'entreprise Instruments Électroniques inc.

Segments	Priorité	Caractéristiques	Mesures
1-6	A	Marchés attractifs	Concentration intense de la gestion
		Bonnes parts des marchés	Intensification de l'effort de vente
		Rentabilité élevée	Flexibilité en vue d'accroître les ventes
7-8	B	Marchés attractifs	Conserver sa position
		Position concurrentielle moyenne	Aucune initiative particulière
		Bonne rentabilité	
9	C	Marché attractif	Réduction des coûts et hausse des prix
		Technologie et parts des marchés médiocres	
10-11	C	Marchés non attractifs	Réduction des efforts
		Bonnes parts des marchés	
		Rentabilité acceptable	
12	C	Marché non attractif	Réduction importante des efforts
		Position concurrentielle moyenne	
		Rentabilité médiocre	
13	A	Marché attractif	Élargissement rapide de la part du marché
		Position concurrentielle croissante	
		Rentabilité négative	
14-15	Z	Marchés non attractifs	Vente ou fermeture des installations
		Positions concurrentielles moyenne/médiocre	
		Rentabilité négative	

FIGURE 30   Instruments Électroniques inc. — Mesures prises à la suite de toutes les Analyses 80/20

80/20 : GUIDE VERS LE FUTUR —
TRANSFORMER L'ENTREPRISE

Voilà qui conclut notre analyse stratégique des segments existants, pour lesquels il est préférable de commencer par une
Analyse 80/20 des profits. Comme nous l'avons vu, ces analyses
sont essentielles pour la mise au point d'une stratégie commerciale fondée sur la segmentation. Mais nous sommes loin
d'avoir épuisé tous les moyens d'utiliser le Principe 80/20 en
stratégie. Ce Principe est également inestimable pour prévoir
quels seront les prochains bonds en avant de votre entreprise.

Nous avons tendance à présumer que nos organisations et
nos industries ont à peu près atteint leur performance maximale. Nous croyons que notre monde des affaires est extrêmement concurrentiel et qu'il a atteint une sorte d'équilibre, ou la
phase finale du jeu. Rien n'est plus loin de la vérité !

Mieux vaudrait partir de la prémisse selon laquelle notre
industrie est tout à fait détraquée et qu'elle pourrait être
beaucoup plus efficacement structurée pour mieux répondre
aux besoins des clients. Et, en ce qui concerne votre entreprise, votre ambition devrait être de la transformer au cours
de la prochaine décennie, de sorte que, dans 10 ans, vos collègues se diront en évoquant le passé, l'air piteux : « Je ne peux
pas croire que nous faisions les choses ainsi. Nous devions
être fous ! »

L'innovation, c'est ce qui compte ; elle est indispensable à
quiconque veut jouir d'un avantage futur sur la concurrence.
Nous avons tendance à croire que l'innovation est chose ardue,
mais, grâce à l'utilisation imaginative du Principe 80/20, il
devient à la fois facile et amusant d'innover ! Envisagez, par
exemple, de suivre ces pistes prometteuses.

• Quatre-vingts pour cent des profits réalisés par toutes les
  industries le sont par 20 p. 100 d'entre elles. Dressez la liste
  des industries les plus rentables que vous connaissez —
  industrie pharmaceutique, experts-conseils — et demandez-
  vous pourquoi votre industrie ne peut pas leur ressembler
  davantage.

101

- Quatre-vingts pour cent des profits réalisés dans quelque industrie que ce soit le sont par 20 p. 100 des entreprises en faisant partie. Si votre entreprise n'est pas de celles-là, que font-elles de bon que vous ne faites pas ?
- Quatre-vingts pour cent de la valeur perçue par les clients se rapporte à 20 p. 100 de toutes les activités d'une entreprise. Dans votre cas, que sont ces 20 p. 100 ? Qu'est-ce qui vous empêche de hausser ce pourcentage ? Qu'est-ce qui vous empêche de transformer radicalement pour le mieux ces 20 p. 100 ?
- Quatre-vingts pour cent des activités d'une entreprise produisent moins de 20 p. 100 de ce qui est à l'avantage du client. Que sont ces 80 p. 100 ? Pourquoi ne pas les abolir ? Par exemple, si vous êtes banquier, pourquoi exploiter des succursales ? Si vous fournissez des services, pourquoi ne pas le faire par téléphone ou par ordinateur personnel ? Dans quelles dimensions de vos activités des « moins » pourraient-ils valoir des « plus », comme dans le libre service ? Le client ne pourrait-il pas fournir lui-même une partie des services ?
- Quatre-vingts pour cent des avantages offerts par un produit ou service peuvent être fournis pour 20 p. 100 de son coût. Bon nombre de clients préféreraient acheter un produit plus simple mais meilleur marché. Y a-t-il un concurrent qui fournisse un tel produit dans votre industrie ?
- Quatre-vingts pour cent des profits de quelque industrie que ce soit proviennent de 20 p. 100 de ses clients. Votre entreprise profite-t-elle d'une part disproportionnée de ces clients ? Dans la négative, que pourriez-vous faire pour l'obtenir ?

Pourquoi avez-vous besoin de personnel ?

Quelques exemples de transformation d'industries illustreront notre propos. Ma grand-mère était propriétaire de la petite épicerie du coin. Elle prenait les commandes, préparait les sacs, puis j'allais les livrer à bicyclette. Un jour, un supermarché a ouvert ses portes dans la ville. Les clients devaient faire leur propre marché et rapporter eux-mêmes les provisions à la maison. En échange, le supermarché leur offrait une plus grande variété de produits, de meilleurs prix... et un parking. Les clients de ma grand-mère n'ont pas tardé à affluer au supermarché.

Certaines industries, comme celle de la vente au détail d'essence, ont vite saisi l'avantage du libre service. D'autres, comme celle de la vente de meubles au détail ou celle de la banque, estimaient qu'il ne leur convenait pas. Tous les ans, un nouveau concurrent, comme IKEA dans le commerce des meubles, prouve que le concept du libre service est encore applicable.

La vente au rabais est une autre vieille stratégie de transformation. Offrez moins de choix, moins d'à-côté, moins de service et des prix beaucoup plus bas. Vingt pour cent des produits représentent 80 p. 100 des ventes : ne stockez que ceux-là. J'ai déjà travaillé chez un marchand de vins qui gardait en stock 30 types de bordeaux rouges. Qui avait besoin d'un tel choix ? Le magasin a été repris par une chaîne de distribution au rabais ; aujourd'hui, un entrepôt à vins a ouvert ses portes à quelques rues de là.

Qui aurait cru il y a 50 ans que les consommateurs voudraient de la restauration rapide ? Aujourd'hui, qui se rend compte que le mégarestaurant — facilement accessible, il propose à prix modique un menu limité et prévisible, dans un décor au luxe tapageur, mais vous devez quitter votre table au bout de 90 minutes — sonne le glas du petit restaurant traditionnel exploité par son propriétaire ?

Pourquoi insistons-nous pour confier à du personnel des tâches que des machines peuvent exécuter plus économiquement ? Quand les compagnies aériennes commenceront-elles à utiliser des robots pour servir les passagers ? La plupart des gens préfèrent se faire servir par des êtres humains, mais les machines sont beaucoup plus fiables et coûtent beaucoup moins cher. Les machines pourraient fournir 80 p. 100 des avantages pour 20 p. 100 du coût. Dans certains cas, comme celui des guichets automatiques, elles fournissent un meilleur service, plus rapide, pour une fraction du coût que représente un préposé à la caisse. Au siècle prochain, seuls les vieux schnocks comme moi préféreront traiter avec des humains, et même moi n'en serai pas sûr.

La moquette est-elle chose du passé ?

Je préfère que vous vous en remettiez à votre imagination, mais je vous donne un dernier exemple de cas où le Principe 80/20 a changé le sort d'une entreprise et changera peut-être celui de toute une industrie.

La société Interface Corporation de Géorgie est un fournisseur de moquette dont le chiffre d'affaires atteint les 800 millions de dollars américains. Naguère, elle vendait des moquettes ; aujourd'hui, elle les loue, installant des dalles de moquette plutôt que la moquette traditionnelle. Interface a compris que 20 p. 100 de n'importe quelle moquette subit 80 p. 100 de l'usure. Normalement, quand on remplace la moquette, 80 p. 100 de sa surface est encore en parfait état. Le bail de location mis au point par Interface prévoit une inspection périodique de l'installation et le remplacement des dalles usées ou endommagées. Cette méthode réduit les coûts pour Interface comme pour le client. Une simple observation de type 80/20 a permis de transformer une entreprise et pourrait révolutionner toute une industrie !

CONCLUSION

Selon le Principe 80/20, votre stratégie n'est pas la bonne. Si vous réalisez la majeure partie de vos profits dans un nombre limité d'activités, vous devriez inverser vos habitudes et concentrer vos efforts sur la minorité d'activités qui vous rapportent. Pourtant, ce n'est là qu'une partie de la solution. Derrière la nécessité de bien orienter sa concentration se cache une vérité encore plus importante en matière d'affaires. C'est ce thème que nous aborderons dans le chapitre suivant.

5

SIMPLICITÉ ÉGALE BEAUTÉ

Je vise la simplicité. Si la majorité des gens possèdent peu et que les choses essentielles de la vie coûtent cher (sans parler du luxe auquel tout le monde a droit, à mon avis), c'est que presque tout ce que nous fabriquons est plus compliqué que nécessaire. Nos vêtements, nos aliments, nos meubles — tout pourrait être beaucoup plus simple qu'actuellement et en même temps plus beau.

HENRY FORD[1]

Nous avons vu au chapitre précédent que presque toutes les entreprises peuvent se découper en «tranches» d'activités dont la rentabilité varie largement. Le Principe 80/20 propose une hypothèse de travail extravagante: en général, le cinquième des ventes d'une entreprise lui rapporte les quatre cinquièmes de ses profits. Inversement, les quatre cinquièmes de ses ventes ne lui rapportent que le cinquième de ses profits. Voilà une hypothèse bizarre. Si nous supposons que le chiffre d'affaires d'une telle entreprise est de 100 millions et que ses profits totaux atteignent les 5 millions, pour que le Principe

80/20 soit juste il faudrait que 20 millions de vente rapportent 4 millions de profit, soit une rentabilité de 20 p. 100, tandis que 80 millions de vente n'entraîneraient que 2 millions de profit, soit une rentabilité de 1,25 p. 100 seulement. Cela signifie que le cinquième le plus rentable des ventes l'est 16 fois plus que les quatre cinquièmes restants.

Ce qui est extraordinaire, c'est que, lorsque l'hypothèse est mise à l'épreuve, elle se révèle généralement juste, ou pas très loin de la réalité.

Comment cela peut-il être vrai ? L'intuition nous dit évidemment que certaines tranches d'activités peuvent être beaucoup plus rentables que d'autres. Mais 16 fois plus ? C'est quasiment incroyable. Et il arrive souvent que les présidents d'entreprises qui font analyser la rentabilité de leurs gammes de produits refusent d'emblée de croire les résultats de l'étude. Même après avoir vérifié les hypothèses et refait les calculs, ils restent tout étonnés.

Ensuite, les cadres supérieurs de l'entreprise refusent d'éliminer les 80 p. 100 d'activités non rentables sous le prétexte apparemment raisonnable qu'elles contribuent largement à l'absorption des coûts indirects. Selon eux, l'élimination de ces 80 p. 100 réduirait les profits, puisqu'il est tout simplement impossible d'éliminer aussi 80 p. 100 des coûts indirects en un laps de temps raisonnable.

Devant ces objections, les analystes ou consultants cèdent généralement aux propositions des cadres supérieurs. Seules les activités absurdement non rentables sont éliminées, et bien peu d'efforts sont dirigés vers l'expansion des activités extrêmement rentables.

C'est là un compromis redoutable, fondé sur un malentendu. Peu de gens s'arrêtent un instant pour se demander *pourquoi* les activités non rentables ne le sont pas. Moins encore se demandent s'il est possible, en pratique comme en théorie, de se donner une entreprise regroupant exclusivement les tranches d'activités les plus rentables et d'éliminer 80 p. 100 des coûts indirects.

La vérité est que les activités non rentables le sont à ce point *parce qu'*elles requièrent les coûts indirects et aussi parce que la multiplication des tranches d'activités rend l'organisation extrêmement lourde et compliquée. De même, il est vrai que les activités particulièrement rentables ne requièrent pas de coûts indirects ou n'en requièrent qu'une faible partie. Vous *pourriez* vous donner une entreprise qui ne se consacre qu'à des tranches d'activités rentables, et celle-ci *pourrait* présenter la même rentabilité absolue, si seulement vous en modifiiez l'organisation.

Pourquoi ? Parce que simplicité égale beauté. On dirait que les gens d'affaires aiment la complexité. Aussitôt qu'une entreprise simple commence à prospérer, ses cadres dépensent des quantités folles d'énergie pour la rendre plus complexe. Mais la rentabilité commerciale est allergique à la complexité. À mesure que l'entreprise se complexifie, sa rentabilité décline considérablement. Pas seulement parce qu'elle s'alourdit d'activités inutiles, mais aussi parce que la seule complexification de l'entreprise en déprime le rendement plus sûrement que n'importe quel autre moyen imaginable.

Il s'ensuit que ce processus peut être stoppé et renversé. On peut simplifier une entreprise complexe; et sa rentabilité peut monter en flèche. Tout ce qu'il faut, c'est une bonne compréhension des coûts de la complexité (ou de la valeur de la simplicité) et le courage d'éliminer au moins les quatre cinquièmes des coûts indirects mortels engendrés par la hiérarchie des gestionnaires.

SIMPLICITÉ ÉGALE BEAUTÉ — COMPLEXITÉ ÉGALE LAIDEUR

Ceux parmi nous qui croient au Principe 80/20 ne réussiront jamais à transformer l'industrie avant de pouvoir prouver que simplicité égale beauté et d'expliquer la justesse de cette équation. Tant que les gens ne comprendront pas cela, ils ne seront jamais disposés à renoncer à 80 p. 100 de leurs activités actuelles (et à éliminer 80 p. 100 de leurs coûts indirects).

Il nous faut donc retourner à l'essentiel et corriger la conception généralement répandue à propos des racines de la réussite dans les affaires. Pour ce faire, nous devons nous engager dans la controverse actuelle sur la taille de l'entreprise, à savoir nous demander si elle constitue un facteur positif ou négatif pour celle-ci. En réglant ce différend, nous serons également en mesure de montrer pourquoi simplicité égale beauté.

Une évolution très intéressante, et sans précédent, est en train de se produire dans notre structure industrielle. Depuis la révolution industrielle, les entreprises sont devenues plus grosses et plus diversifiées. Jusqu'à la fin du XIXe siècle, presque toutes les entreprises étaient nationales ou régionales; elles tiraient le gros de leurs revenus de leur pays, et presque toutes ne se livraient qu'à un seul type d'activités. Le XXe siècle a été témoin d'une série de transformations qui ont changé la nature même des entreprises et de notre vie quotidienne. Premièrement, en grande partie grâce à la quête réussie de Henry Ford en vue de «démocratiser» l'automobile, la chaîne d'assemblage s'est répandue, multipliant les revenus de l'entreprise moyenne, créant des masses de biens de consommation vendus sous marque pour la première fois de l'histoire, réduisant radicalement le coût de revient de ces biens, et donnant de plus en plus de puissance aux entreprises les plus grosses. La multinationale est ensuite apparue, prenant d'assaut les Amériques et l'Europe, et plus tard le monde entier. Elle a été suivie par le conglomérat, nouvelle race de société qui refusait de se limiter à un seul type d'activités et qui a rapidement étendu ses tentacules sur bon nombre de secteurs industriels et sur une myriade de produits. Plus tard, on a inventé et raffiné la prise de contrôle hostile, machine alimentée par l'ambition des gestionnaires et huilée par la capacité d'emprunt de la proie, qui a fait gonfler encore plus l'entreprise. Enfin, au cours des 30 dernières années, la détermination des capitaines d'industries, surtout japonais, à devenir les leaders planétaires dans leurs marchés prioritaires et à accaparer la plus grande part du marché possible a constitué la dernière manifestation du culte du gigantisme de l'entreprise.

Pour diverses raisons donc, on a connu durant les 75 premières années du siècle une expansion progressive, apparemment impossible à arrêter, de la taille de l'entreprise et, jusqu'à tout récemment, une diversification croissante des activités des plus grandes entreprises. Mais, depuis deux décennies, cette dernière tendance s'est soudainement arrêtée et inversée. En 1979, les plus grandes sociétés américaines figurant sur la liste de *Fortune 500* représentaient près de 60 p. 100 du produit intérieur brut des États-Unis; au début des années 1990, cette proportion avait chuté à seulement 40 p. 100.

Cela signifie-t-il que petite taille égale beauté?

Non. Ce serait là la mauvaise conclusion à tirer de ce qui précède. La vieille croyance des chefs d'entreprises et des stratégistes selon laquelle la taille de l'entreprise et de la part du marché constituent des atouts est tout à fait juste. Une grande taille permet de répartir sur un plus grand volume de vente les charges fixes, surtout les coûts indirects, lesquels constituent la majorité de tous les coûts (depuis que les usines ont été rendues plus efficaces). La part du marché aide à hausser les prix. L'entreprise la plus populaire, qui jouit de la meilleure réputation, qui met en marché les meilleures marques et qui a les clients les plus loyaux devrait être en mesure d'exiger des prix plus élevés que ceux de ses concurrentes dont la part du marché est moindre.

Pourquoi alors les grandes entreprises perdent-elles des parts du marché au profit de petites entreprises? Et comment se fait-il que dans la réalité, contrairement à la théorie, les avantages que procurent la taille et la part du marché n'entraînent pas une plus forte rentabilité? Pourquoi les entreprises voient-elles souvent leurs ventes monter en flèche, mais voient-elles en même temps décliner la rentabilité de celles-ci ainsi que le rendement des investissements, au lieu de les voir monter comme le prédit la théorie?

Le coût de la complexité

Première réponse à ces questions : à cause du *coût de la complexité*. La difficulté ne vient pas de l'accroissement de la taille, mais de celui de la complexité.

Un accroissement de la taille sans accroissement de complexité réduira toujours les coûts unitaires. Livrer davantage du *même* produit à un client, ou lui fournir davantage du *même* service, fera toujours augmenter les revenus.

Pourtant, l'accroissement de la taille est rarement une augmentation d'éléments identiques. Les clients peuvent rester les mêmes, mais le volume supplémentaire provient habituellement de l'adaptation d'un produit existant, de la fourniture d'un nouveau produit ou de l'ajout de services. Tout cela entraîne de lourds coûts indirects, généralement cachés mais bien réels. Et s'il s'agit de nouveaux clients, la situation s'aggrave. Il faut engager d'importants frais initiaux pour recruter de nouveaux clients, et ceux-ci ont souvent des besoins différents de ceux des clients existants, ce qui augmente encore plus la complexité et le coût.

Les énormes coûts cachés de la complexité interne

Lorsque la nouvelle clientèle est différente de la clientèle existante, ne fût-ce qu'un peu, les coûts ont tendance à grimper de manière disproportionnée par rapport à l'augmentation du volume de ventes. Pourquoi ? Parce que la complexité ralentit les systèmes simples et requiert l'intervention de la direction, qui doit veiller à satisfaire les nouvelles exigences. Le coût des arrêts et redémarrages, le coût de la communication (et des erreurs de communication) entre les employés supplémentaires et, par-dessus tout, le coût des « discontinuités » entre équipes de travail (un travail inachevé attend l'intervention de l'équipe suivante, est repris puis subit plus tard une autre discontinuité) — tous ces coûts-là sont énormes et d'autant plus insidieux qu'ils sont pratiquement invisibles. Si la communication doit relier des divisions, des installations et des pays différents, les conséquences sont plus néfastes encore.

La Figure 31 illustre ce processus. Le concurrent B est plus gros que le concurrent A; pourtant ses coûts sont plus élevés. Pourquoi? Non pas parce que la courbe d'échelle — augmentation du volume correspondant à la réduction des coûts — ne fonctionne pas, mais parce que le concurrent B a obtenu le volume supplémentaire au prix d'une plus grande complexité. L'effet est majeur et beaucoup plus important que ne le laisse croire la différence de coût visible entre les concurrents A et B. La courbe d'échelle fonctionne bien, mais ses avantages sont renversés par le supplément de complexité.

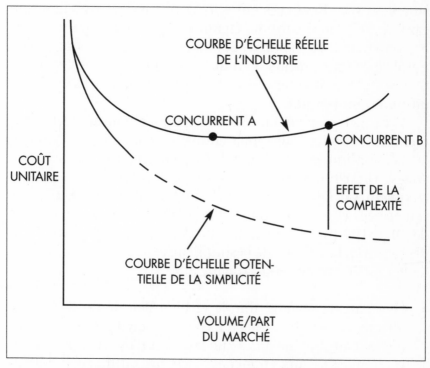

FIGURE 31   Le coût de la complexité

L'AVANTAGE DE LA SIMPLICITÉ EXPLIQUE LE PRINCIPE 80/20

Une bonne compréhension du coût de la complexité nous permet de faire un bond en avant dans le débat sur la taille de l'entreprise. Pour une entreprise, une petite taille n'est pas nécessairement un atout. Toutes choses étant égales par ailleurs, une grande taille est un atout. Mais toutes choses ne sont pas égales. Pour une entreprise, c'est la complexité qui rend laide et coûteuse une taille imposante. Une grande taille peut être un atout, mais la simplicité l'est *toujours*.

Même les spécialistes de la gestion commencent à comprendre, tardivement, la valeur de la simplicité. Une étude menée dernièrement par Gunter Rommel[2] auprès de 39 entreprises allemandes de taille moyenne, a révélé qu'une seule caractéristique distinguait les entreprises florissantes des autres : la simplicité. Les entreprises prospères vendaient une gamme de produits moins étendue, à un moins grand nombre de clients, et s'approvisionnaient chez un moins grand nombre de fournisseurs. L'étude en a conclu qu'une organisation simple était celle qui convenait le mieux à la vente de produits compliqués.

Cette percée mentale aide à expliquer pourquoi et comment les implications apparemment absurdes du Principe 80/20, appliquées à la rentabilité de l'entreprise, peuvent être vraies. Un cinquième des ventes peut rapporter les quatre cinquièmes des profits. La tranche supérieure de 20 p. 100 des ventes peut être 16 fois plus rentable que la tranche inférieure de 20 p. 100 (parfois même, cette dernière tranche entraînera des pertes !). L'avantage de la simplicité explique en grande partie le fonctionnement du Principe 80/20.

- Une part de marché simple et bien définie est beaucoup plus précieuse qu'on ne l'a reconnu jusqu'à présent. Le rendement attribuable à la seule taille est réduit par le coût de la complexité. Aux « tranches d'activités » différentes correspondent généralement des concurrents différents et une position concurrentielle différente. Lorsqu'une entreprise domine dans un créneau soigneusement défini, il est probable qu'elle en tirera plusieurs fois le rendement que lui rapportent les créneaux où elle affronte une concurrente dominante (image inversée).

- Les «tranches d'activités» simples et bien rodées peuvent être étonnamment rentables. La réduction du nombre de produits vendus, de clients et de fournisseurs entraîne généralement l'augmentation des profits, en partie parce que vous pouvez alors vous permettre de concentrer toute votre attention sur vos activités et clients les plus rentables, en partie parce que vous pouvez réduire radicalement le coût de la complexité (coûts indirects et coûts de gestion).

- Le degré de délocalisation des entreprises varie souvent en fonction du produit. La délocalisation constitue un moyen efficace de réduire la complexité et les coûts. La meilleure façon de l'aborder consiste à déterminer le maillon de la chaîne de valeur (recherche et développement-fabrication-distribution-vente-marketing-service) où votre entreprise jouit du plus grand avantage relatif et de délocaliser impitoyablement tous les autres maillons. Cette tactique peut éliminer la majorité des coûts reliés à la complexité et réduire de façon spectaculaire le nombre d'employés, en plus d'accélérer l'arrivée de vos produits sur le marché. Résultat : réduction considérable des coûts et, souvent, augmentation non négligeable des prix.

- La simplicité peut vous permettre d'éliminer toutes les fonctions centrales et les coûts en découlant. Si vous n'exercez qu'un type d'activités, vous n'avez pas besoin d'un siège social, de succursales régionales ni de services fonctionnels. L'abolition du siège social peut avoir un effet stupéfiant sur la rentabilité. Le problème avec les sièges sociaux n'est pas leur coût, mais le fait qu'ils enlèvent l'autorité et l'initiative à ceux qui exécutent le travail et créent de la valeur pour le client. Pour la première fois, les entreprises peuvent centrer leurs activités sur les besoins du client plutôt que sur la hiérarchie des gestionnaires.

  Avant l'abolition du siège social, les différentes «tranches d'activités» suscitent différents degrés de coût et d'interférence de la part du siège social. Les produits et services les plus rentables sont souvent ceux qui sont négligés, qui ne reçoivent pas l'«aide» du siège social. C'est pourquoi, lorsque des Analyses 80/20 de rentabilités sont effectuées, la direction est souvent sidérée d'apprendre que ses domaines d'activités les plus négligés sont aussi les plus rentables. Ce n'est pas par accident. (L'une des conséquences malheureuses de l'Analyse 80/20 est parfois que les gestionnaires se mettent à accorder beaucoup plus d'attention aux activités rentables, avec pour résultat que la rentabilité de celles-là aussi commence à décliner.)

• Enfin, lorsqu'une « tranche d'activités » est simple, elle se trouve probablement plus près du client. Les gestionnaires ont moins l'occasion de nuire. Les clients se sentent davantage écoutés et importants. Et pour ce sentiment, ils sont prêts à payer plus cher. Pour les clients, le sentiment d'être considérés comme importants compte au moins tout autant que celui d'obtenir une bonne valeur pour leur argent. La simplicité permet à la fois d'augmenter les prix et de réduire les coûts.

CONTRIBUTION AUX COÛTS INDIRECTS : LE PLUS PIÈTRE DES PRÉTEXTES POUR NE PAS AGIR

Il arrive souvent que, placés devant les résultats de l'Analyse 80/20, les gestionnaires protestent, objectant qu'ils ne peuvent concentrer toute leur attention sur les segments les plus rentables. Ils font remarquer que les segments peu rentables, voire les segments à rentabilité négative, contribuent à l'absorption des coûts indirects. Voilà le plus piètre des prétextes et le plus intéressé des mécanismes de défense imaginables.

Si vous concentrez votre attention sur les segments les plus rentables, vous pouvez les faire croître à une vitesse étonnante — presque toujours à un rythme annuel approchant, et parfois dépassant, les 20 p. 100. Rappelez-vous que la position concurrentielle initiale est solide, de même que la loyauté des clients ; cette croissance est donc beaucoup plus facile à provoquer que celle de l'ensemble des activités. La nécessité d'exploiter des segments non rentables pour absorber les coûts indirects pourrait se dissiper rapidement.

En vérité, vous n'avez pas besoin d'attendre. « Et si ton œil est pour toi une occasion de chute, arrache-le et jette-le loin de toi...» Arrachez les charges indirectes qui sont pour vous une occasion de chute. Avec un peu de volonté, vous le pourrez. Les segments peu rentables peuvent parfois être vendus, avec ou sans leurs charges indirectes, et peuvent toujours être fermés. (Ignorez les comptables et leurs fameux coûts de sortie ; la plupart de ces coûts ne sont que des chiffres écrits sur du papier, qui ne vous priveront pas d'un seul vrai dollar. Même dans les cas où il y a un vrai coût en vrai argent, le délai de récupération est normalement très bref ; grâce à la valeur de la simplicité, il le sera encore plus que ce que vous diront les ronds-de-cuir.) Une troisième option, souvent la plus payante, consiste à récolter sans peine tout ce que vous pouvez dans le segment, en laissant délibérément s'amenuiser votre part du marché. Vous vous débarrassez des clients et produits non rentables, cessez de soutenir la vente, augmentez les prix et laissez les ventes décliner de 5 à 20 p. 100, tout en faisant des profits intéressants.

ATTAQUEZ-VOUS AUX 20 P. 100 LES PLUS SIMPLES

Ce qui est le plus simple et le plus standardisé est infiniment plus productif et économique que ce qui est complexe. Les messages les plus simples sont les plus attirants et universels pour les collègues, les clients et les fournisseurs. Les structures et schémas de procédé les plus simples sont à la fois les plus attractifs et les plus économiques. Le client qui a accès à votre système commercial — comme dans toutes les formes de libre service — dispose d'un plus vaste choix, économise temps et argent, et vous rapporte davantage.

Essayez de repérer les 20 p. 100 les plus simples, toujours et partout : gammes de produits, procédés, messages de marketing, canaux de vente, designs de produits, méthodes de fabrication, modes de livraison ou mécanismes de rétroaction de la clientèle. Cultivez ces 20 p. 100. Raffinez-les pour les simplifier encore plus. Standardisez la fourniture d'un produit simple ou la prestation d'un service simple sur la base la plus universelle et la plus globale possible. Améliorez le plus possible la qualité et l'uniformité de ces 20 p. 100. Chaque fois qu'une chose commence à se complexifier, simplifiez-la ; si vous ne le pouvez pas, éliminez-la.

RÉDUCTION DE LA COMPLEXITÉ CHEZ CORNING

Comment une entreprise en difficulté peut-elle utiliser le Principe 80/20 pour réduire sa complexité et hausser ses profits ? Une excellente étude de cas nous est fournie par Corning, qui produit des substrats céramiques destinés aux systèmes d'échappement automobiles à Greenville (Ohio) et à Kaiserslautern (Allemagne)[3].

En 1992, les affaires de Corning aux États-Unis allaient mal ; l'année suivante, le marché déclinait aussi considérablement en Allemagne. Au lieu de paniquer, les dirigeants de Corning ont examiné minutieusement la rentabilité de tous leurs produits.

Comme dans la plupart des autres entreprises du monde, les dirigeants de Corning avaient utilisé la méthode du coût de revient standard pour choisir ce qu'ils allaient produire. C'est précisément cette méthode qui fait que le Principe 80/20 est si précieux. En effet, la méthode du coût de revient standard rend la véritable rentabilité d'un produit impossible à connaître, surtout parce qu'elle ne fait pas de distinction entre les produits à haut et à faible volume. Chez Corning, lorsque les coûts variables — heures supplémentaires, formation, modifications de l'équipement, arrêts de production — ont été pleinement imputés, les résultats ont été surprenants.

Prenez deux produits fabriqués à Kaiserslautern : un substrat céramique simple, de forme symétrique, au volume de vente élevé et ici surnommé le R10, et un substrat R5, de forme bizarre, au volume de vente faible. Le coût standard du R5 était de 20 p. 100 supérieur à celui du R10. Mais lorsque tous les efforts d'ingénierie et d'atelier requis par la fabrication du R5 ont été évalués et imputés, le véritable coût du R5 s'est révélé incroyable : il était de 500 000 p. 100 supérieur à celui du R10 !

Pourtant, à la réflexion, ces données étaient crédibles. Le R10 se fabriquait quasiment tout seul. Le R5 requérait la présence d'ingénieurs grassement payés, qui devaient constamment modifier les réglages pour que le substrat reste conforme à la spécification. Par conséquent, si la production se limitait au R10, la présence de beaucoup moins d'ingénieurs serait nécessaires. Des mesures ont été prises. Grâce à l'élimination des produits non rentables, à faible volume, qui contribuaient peu aux revenus et réduisaient les profits, Corning a pu réduire du quart son service d'ingénierie.

Le Principe 50/5

L'analyse faite chez Corning gravitait vers un cousin fort utile du Principe 80/20 : le Principe 50/5. Selon le Principe 50/5, 50 p. 100 des clients, produits, composants et fournisseurs d'une entreprise augmenteront généralement de moins de 5 p. 100 les revenus et profits de celle-ci. L'élimination des 50 p. 100 d'éléments à faible volume (et à rentabilité négative) est la clé de la réduction de la complexité.

Le Principe 50/5 a été efficace chez Corning. Sur les 450 produits fabriqués à Greenville, la moitié rapportaient 96,3 p. 100 des revenus, l'autre moitié n'en rapportant que 3,7 p. 100. Quant à l'usine allemande, selon la période analysée, les 50 p. 100 de produits à faible volume ne constituaient que de 2 à 5 p. 100 des ventes. Dans les deux usines, cette moitié inférieure entraînait des pertes.

Faire plus avec moins

La recherche du volume mène tout droit à l'enfer. Elle conduit aux produits insignifiants et aux clients inintéressants, en plus d'augmenter considérablement la complexité de la gestion. Du fait que cette complexité est intéressante et gratifiante pour les gestionnaires, elle est souvent tolérée ou encouragée jusqu'à ce que l'entreprise n'ait plus les moyens de se la payer. Chez Corning, les activités compliquées et non rentables accaparaient les usines. La solution a été de réduire de moitié le nombre de produits fabriqués. Au lieu de traiter avec un millier de fournisseurs, les achats ont été regroupés chez les 200 d'entre eux où l'entreprise achetait 95 p. 100 de ses matériaux (un Principe 95/20). L'entreprise a été rationalisée et l'organisation horizontale y a été introduite.

En plein effondrement du marché, Corning refusait certaines occasions d'affaires. Cette tactique semblait peut-être aller à l'encontre du but recherché, mais elle a été efficace. La simplification et la réduction des activités ont rapidement restauré les profits. Corning faisait plus avec moins.

LES GESTIONNAIRES ADORENT LA COMPLEXITÉ

C'est le moment de se poser cette question : pourquoi les organisations censées maximiser leur rentabilité deviennent-elles complexes, lorsque cette complexité est destructrice de valeur ?

L'une des premières réponses à cette question est, malheureusement, que les gestionnaires adorent la complexité. Celle-ci est stimulante et constitue un défi à leur savoir-faire ; elle pimente la routine et crée des postes intéressants pour les gestionnaires. Certains croient que la complexité s'installe lorsque tout le monde a le dos tourné. Sans doute, mais elle est aussi entretenue par les gestionnaires, de la même manière qu'elle les entretient, eux. La plupart des organisations, même les plus manifestement commerciales et capitalistes, sont des associations de gestionnaires qui travaillent contre l'intérêt des clients, des actionnaires et du monde extérieur en général. À moins que l'entreprise n'ait à affronter une crise économique, ou qu'elle ait à sa tête un chef hors de l'ordinaire qui privilégie l'intérêt des actionnaires et des clients plutôt que les siens ou ceux de ses gestionnaires, il est pratiquement certain que les activités de gestion prendront une dimension démesurée. L'organisation protège l'intérêt de ses gestionnaires[4].

RÉDUCTION DES COÛTS GRÂCE À LA SIMPLICITÉ

Les affaires, comme la vie en général, ont donc tendance à se complexifier à l'excès. Toutes les organisations, plus particulièrement celles qui sont grandes et complexes, sont fondamentalement inefficaces et gaspilleuses. Elles ne concentrent pas leur énergie là où elles le devraient. Elles ne créent pas de valeur pour leurs clients actuels ou potentiels, et toute activité qui ne vise pas ce but est non productive. Pourtant, la plupart des grandes entreprises s'engagent dans un nombre effarant d'activités coûteuses et improductives.

Tout individu et toute organisation est le produit d'une coalition de forces en constante opposition. Cette guerre se livre entre les « quelques éléments essentiels » et les « nombreux éléments utiles ». Les nombreux éléments utiles expliquent l'inertie et l'inefficacité qui prévalent. Les quelques éléments essentiels provoquent les percées d'efficacité, d'éclat et de parfaite adéquation. La plupart des activités créent peu de valeur et entraînent peu de changement. Quelques rares interventions puissantes ont un impact retentissant. La guerre qui se livre est difficile à observer : c'est la même personne, la même division et la même entreprise qui produit à la fois une masse d'extrants faibles (ou négatifs) et une poignée d'extrants de haute valeur. N'est observable que le résultat global, que la gangue.

Il s'ensuit que dans toute organisation le potentiel de réduction des coûts et de création d'une meilleure valeur pour le client est énorme ; il lui suffit de simplifier ses activités et d'éliminer celles dont la valeur est faible ou négative.

N'oubliez pas ceci :

- la complexité favorise le gaspillage ; la simplicité est essentielle à l'efficacité ;
- la majorité des activités d'une entreprise est inutile, mal pensée, médiocrement dirigée, exécutée dans le gaspillage et très peu pertinente pour les clients ;
- une faible minorité d'activités sera toujours extrêmement efficace et appréciée des clients ; ce n'est probablement pas

celle que vous croyez ; ces activités-là sont enveloppées dans une gangue d'activités peu efficaces ;

- toutes les organisations sont un mélange de forces productives et improductives : personnes, relations, actifs ;
- la performance médiocre est toujours endémique, elle est occultée et secourue par un petit pan d'excellente performance ;
- des améliorations majeures sont toujours possibles, si on fait les choses différemment et si on en fait moins.

Rappelez-vous toujours le Principe 80/20 : si vous analysez les extrants de votre entreprise, il y a de fortes chances que le quart ou le cinquième de vos activités vous rapporte les trois quarts ou les quatre cinquièmes de vos profits. Multipliez ce quart ou ce cinquième. Multipliez l'efficacité du reste ou renoncez-y.

RÉDUCTION DES COÛTS AU MOYEN DU PRINCIPE 80/20

Toutes les techniques efficaces de réduction des coûts se fondent sur trois intuitions de type 80/20 : *simplification,* par l'élimination des activités non rentables ; *concentration,* sur les quelques moteurs clés de l'amélioration ; *comparaison* de la performance. Ces deux derniers éléments méritent une explication.

Soyez sélectif

N'accordez pas à toute chose un effort égal. La réduction des coûts est une démarche coûteuse !

Repérez parmi vos activités celles (probablement 20 p. 100 de l'ensemble) pour lesquelles le potentiel de réduction des coûts est le plus élevé. Concentrez-y 80 p. 100 de vos efforts.

Ne vous enlisez pas dans des microanalyses. Il peut être utile d'appliquer la règle 80/20. Demandez-vous quelles sont les pertes de temps que vous pouvez éliminer, quels sont les 80 p. 100 de délais et de coûts dans vos processus actuels auxquels vous pourriez vous attaquer, et essayez de comprendre comment vous pourriez les éliminer[5].

120

Pour réussir, une entreprise doit mesurer ce qui compte vraiment […] la plupart des entreprises reflètent la règle de Pareto : 80 p. 100 de ce qui compte pour elles est soutenu par 20 p. 100 des coûts […] Par exemple, une étude menée au centre de paiements des comptes de Pacific Bell a conclu que 25 p. 100 du travail effectué par le centre était consacré au traitement de 0,1 p. 100 des paiements reçus des clients. Le tiers des paiements étaient traités deux fois et, occasionnellement, à plus de reprises encore[6].

Durant le processus de réduction des coûts ou d'augmentation de la qualité du produit/service, rappelez-vous avant tout que les coûts n'ont pas tous le même effet sur la satisfaction de la clientèle. Certains coûts sont extraordinairement productifs, mais la plupart ont peu de relation avec ce que le client apprécie, ou même pas du tout. Identifiez, valorisez et multipliez les quelques coûts productifs, et éliminez les autres.

Le recours à l'Analyse 80/20 pour repérer avec précision les domaines à améliorer

L'Analyse 80/20 peut révéler pourquoi tel ou tel problème se produit et peut attirer votre attention sur les domaines clés à améliorer. Prenons un exemple simple : vous dirigez une maison d'édition, et vos coûts de composition sont de 30 p. 100 supérieurs aux coûts budgétés. Votre directeur de production vous dit que mille et une raisons expliquent ce dépassement de coûts : parfois les auteurs remettent leur manuscrit en retard, parfois les correcteurs d'épreuves ou les compilateurs d'index mettent plus longtemps que prévu à terminer leur travail et, dans bien des cas, le livre est plus long qu'il était censé l'être, les tableaux et autres figures doivent être corrigés. Bien entendu, cette liste de causes n'est pas exhaustive.

Vous choisirez une période particulière, disons un trimestre, et surveillerez soigneusement les causes de tous les dépassements de coûts en composition. Vous consignerez la cause principale de chaque dépassement et le coût de ces dépassements.

La Figure 32 affiche le tableau des causes, listées dans l'ordre décroissant de leur fréquence.

	Causes	Nombre	Pourcentage	Pourcentage cumulatif
1	Retard des corrections de l'auteur	45	30,0	30,0
2	Retard du manuscrit de l'auteur	37	24,7	54,7
3	Trop grand nombre de corrections par l'auteur	34	22,7	77,4
4	Correction des figures	13	8,6	86,0
5	Livre plus long que prévu	6	4,0	90,0
6	Retard du correcteur d'épreuves	3	2,0	92,0
7	Retard du compilateur d'index	3	2,0	94,0
8	Réception tardive des autorisations	2	1,3	95,3
9	Erreur informatique de l'infographe	1	0,67	96,0
10	Erreurs dans les corrections de l'infographe	1	0,67	96,6
11	Modification de l'échéancier par l'éditeur	1	0,67	97,3
12	Modification de l'échéancier par le service du marketing	1	0,67	98,0
13	Modification de l'échéancier par l'imprimeur	1	0,67	98,7
14	Incendie à l'atelier de composition	1	0,67	99,3
15	Différend juridique avec l'infographe	1	0,67	100,0
	Totaux	150	100	100

FIGURE 32   Causes des dépassements de coûts en composition

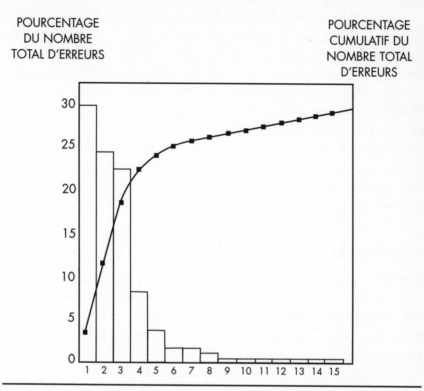

POURCENTAGE DU NOMBRE TOTAL D'ERREURS

POURCENTAGE CUMULATIF DU NOMBRE TOTAL D'ERREURS

FIGURE 33   Graphique 80/20 des causes de dépassements des coûts en composition

La Figure 33 convertit ces renseignements en Graphique 80/20. Pour construire celui-ci, placez les bandes représentant les causes dans l'ordre décroissant de leur importance, inscrivez le nombre des causes sur l'axe vertical gauche et le pourcentage cumulatif des causes sur l'axe vertical droit. Ce simple graphique de données est éloquent.

Grâce à la Figure 33, nous pouvons constater que 3 des 15 causes (soit exactement 20 p. 100) entraînent presque 80 p. 100 des dépassements. La courbe des pourcentages cumulatifs s'aplatit rapidement après les cinq premières causes, indiquant ainsi que l'on est en train d'atteindre les « nombreuses » causes qui ne sont pas « essentielles ».

123

Les trois causes principales sont toutes associées aux auteurs. La maison d'édition pourrait régler ces problèmes en ajoutant aux contrats qu'elle conclut avec eux une disposition les rendant responsables de tous les coûts supplémentaires de composition causés par leurs retards ou corrections excessives. Un simple changement comme celui-là réduirait de 80 p. 100 le nombre de dépassements.

Il est parfois plus utile de construire le Graphique 80/20 en fonction des répercussions financières du problème (ou de la bonne occasion), plutôt qu'en fonction des causes. La méthode à suivre est exactement la même.

Comparez la performance

Selon le Principe 80/20, il y aura toujours quelques domaines très productifs et de nombreux domaines faiblement productifs. Toutes les techniques efficaces de réduction des coûts des trois dernières décennies ont été fondées sur cette intuition (souvent en vertu du Principe 80/20) pour la comparaison de la performance. Des pressions sont alors exercées sur la majorité d'éléments médiocres pour qu'ils atteignent le degré de performance des meilleurs éléments (parfois la performance du 90e rang centile, parfois celle du 75e, généralement entre les deux), faute de quoi ils laisseront la place à d'autres.

Ce n'est pas l'endroit pour citer ces références sur les techniques de réduction des coûts et d'accroissement de la valeur, tels le parangonnage, la meilleure méthode éprouvée ou la réingénierie. Toutes ces techniques sont des expansions systématiques du Principe 80/20, et toutes, si (et c'est un gros « si ») elles sont appliquées implacablement, peuvent accroître la valeur de manière spectaculaire pour le client. Trop souvent, cependant, ces techniques ne deviennent qu'une mode passagère de gestion ou ne sont pas appliquées à l'échelle de l'entreprise. Elles ont beaucoup plus de chances de réussir si on les applique dans le contexte du très simple Principe 80/20, qui devrait être le moteur de toute mesure radicale :

- une minorité d'activités commerciales sont utiles ;
- la valeur livrée au client est rarement mesurée et toujours inégale ;
- les grands bonds en avant requièrent la mesure et la comparaison de la valeur livrée au client et du prix qu'il est prêt à payer pour cette valeur.

CONCLUSION : LE POUVOIR DE LA SIMPLICITÉ

Du fait que l'entreprise est fondamentalement gaspilleuse, et que la complexité et le gaspillage s'entraînent réciproquement, une entreprise simple réussira toujours mieux qu'une entreprise complexe. Vu que la taille est normalement un atout, à complexité égale la grande entreprise réussira mieux que la petite. L'entreprise grande et simple reste la meilleure.

Le moyen de créer quelque chose d'extraordinaire est de créer quelque chose de simple. Quiconque désire sérieusement livrer une plus grande valeur à son client peut facilement y arriver en réduisant la complexité de son entreprise. Toutes les grandes entreprises sont alourdies inutilement : produits, processus, fournisseurs et clients non rentables, et, plus lourds que tout, les gestionnaires. Ce poids inutile ralentit l'évolution du commerce. Le progrès requiert la simplicité ; la simplicité requiert d'être sans merci. C'est ce qui pourrait expliquer le fait que la simplicité est aussi rare que belle.

6

HAMEÇONNER LES BONS CLIENTS

Ceux qui analysent les raisons de leur réussite savent que la règle 80/20 s'applique. Quatre-vingts pour cent de leur croissance, de leur rentabilité et de leur satisfaction proviennent de 20 p. 100 de leurs clients. Les entreprises doivent au moins identifier ces 20 p. 100 supérieurs pour se faire une meilleure idée du client potentiel type qu'elles doivent rechercher pour assurer leur croissance future.

VIN MANAKTALA[1]

Le Principe 80/20 est essentiel si l'on veut faire le bon type de vente et de marketing, et pour tenir compte de ces fonctions dans la stratégie globale de l'entreprise, notamment dans le processus complet de production et de livraison des biens ou de prestation des services. Nous vous montrerons comment utiliser le Principe 80/20 de cette manière. Mais d'abord, nous devons faucher pas mal de broussailles pseudo-intellectuelles en matière d'industrialisation et de marketing. Par exemple, nous entendons souvent dire que nous vivons dans un monde postindustriel, que les entreprises ne doivent pas être axées sur la production, mais plutôt sur le marketing et sur le client. Au mieux, c'est là une demi-vérité. L'explication requiert un bref rappel historique.

Au début, la plupart des entreprises ont concentré leur attention sur leurs marchés — sur leurs clients majeurs — sans trop de réflexion. Le marketing en tant que fonction ou activité distincte n'était pas nécessaire ; pourtant, les petites entreprises veillaient à s'occuper de leurs clients.

La révolution industrielle qui a suivi a créé la grande entreprise, la spécialisation (la fabrique d'épingles d'Adam Smith) et, finalement, la chaîne de production. La grande entreprise avait tendance à subordonner les besoins de ses clients aux exigences de la production de masse à faible coût. Henry Ford disait que ses clients pouvaient se procurer son Modèle T dans « n'importe quelle couleur, pourvu que ce soit le noir ». Jusqu'à la fin des années 1950, partout, la grande entreprise était axée sur la production.

Il est facile aujourd'hui pour le spécialiste en marketing ou l'homme d'affaires de se moquer du caractère rudimentaire de l'approche axée sur la production. En fait, l'approche de Ford était tout simplement la bonne pour son époque ; l'effort destiné à simplifier les biens et à en réduire le prix, tout en les rendant plus attirants, est le fondement de notre riche société de consommation actuelle. Les usines à faible coût de production ont progressivement donné aux consommateurs accès à des catégories de produits qui auraient naguère été inabordables pour eux. Avec la création d'un marché grand public s'est créé un pouvoir d'achat jusque-là inexistant, ce qui a mené à un cercle loin d'être vicieux : réduction des coûts de production, augmentation de la consommation, augmentation du pouvoir d'achat, augmentation des volumes unitaires, diminution des coûts unitaires, augmentation de la consommation... et ainsi de suite, dans une spirale progressive, bien que parfois discontinue.

Vu dans cette perspective, Henry Ford n'était pas un dinosaure axé sur la production : c'était un génie créateur qui a rappelé qu'il fallait être au service du simple citoyen. En 1909, il a déclaré que sa mission était de «démocratiser l'automobile». À cette époque, cet objectif était risible: seuls les riches possédaient des voitures. Mais, bien entendu, le Modèle T produit en série, offert à une fraction du prix des autres voitures, a mis la machine en branle. Pour le meilleur et pour le pire, surtout pour le meilleur, nous jouissons de la «corne d'abondance[2]» que procure le «monde à la Ford».

L'industrialisation et l'innovation grand public ne se sont pas limitées à l'automobile. La production de beaucoup d'articles, du réfrigérateur au disque optique, en passant par le baladeur de Sony, n'aurait pu être décidée sur la base d'études de marché. Personne au XIXe siècle n'aurait voulu de produits surgelés, puisque les congélateurs domestiques n'existaient pas. Toutes les grandes percées, depuis la découverte du feu et l'invention de la roue, ont été des triomphes de production qui ont par la suite créé leurs propres marchés. Il est absurde de dire que nous vivons dans un monde postindustriel. Les services sont aujourd'hui industrialisés de la même manière que l'étaient les biens physiques durant la prétendue période industrielle. La vente au détail, l'agriculture, la production florale, la langue, le divertissement, l'enseignement, le nettoyage, l'hôtellerie et même l'art de la restauration — tout cela relevait exclusivement du domaine du fournisseur individuel de services et était impossible à industrialiser et à exporter. Aujourd'hui, ces secteurs d'activités connaissent une industrialisation rapide et, dans certains cas, une mondialisation[3].

Durant les années 1960, on a redécouvert le marketing, et, durant les années 1990, le client

La réussite de l'approche axée sur la production, laquelle met l'accent sur le produit, sur l'expansion de la production et sur la réduction des coûts, a fini par en souligner les lacunes mêmes. Au début des années 1960, des professeurs d'études commerciales comme Theodore Levitt ont incité les gestionnaires à axer leur travail sur le marketing. Dans son article légendaire sur la «myopie du marketing», publié en 1960 dans le *Harvard Business Review,* Levitt encourage l'industrie à se définir en fonction de la «satisfaction des clients» plutôt que de la «production de biens». Ce nouvel évangile a galvanisé l'industrie. Les industriels se sont mis en quatre pour gagner le cœur et l'esprit de leurs clients; une branche relativement nouvelle des études commerciales, l'étude de marché, a été perfectionnée dans le but de déterminer les nouveaux produits que les clients désiraient. Le marketing est devenu le sujet de prédilection dans les écoles de commerce; les spécialistes en marketing ont supplanté les spécialistes en production dans la nouvelle génération de PDG. Le marché grand public était mort. La segmentation des produits et la segmentation de la clientèle sont devenues les mots d'ordre des industriels avisés. Plus récemment, durant les années 1980 et 1990, la satisfaction du client, la production et le service axés sur le client, le bonheur du client et l'obsession du client sont devenus les points de mire avoués des entreprises les plus éclairées et les plus prospères.

L'approche axée sur le client est à la fois bonne et dangereuse

Il est absolument indiqué d'être axé sur le marketing et centré sur le client. Toutefois, cette approche peut avoir des effets secondaires dangereux et potentiellement létaux. Si la gamme de produits est élargie dans trop de nouveaux domaines, ou si l'obsession du client conduit à la recherche croissante de clients insignifiants, les coûts unitaires croîtront, et la rentabilité chutera. L'élargissement de la gamme de produits entraîne une hausse marquée des coûts indirects, à cause du coût de la complexité. Les coûts de fabrication ont été à ce point réduits qu'ils ne comptent plus pour grand-chose dans la valeur ajoutée totale créée par l'entreprise; ils représentent habituellement moins de 10 p. 100 du prix de vente d'un produit. La vaste majorité des coûts d'une entreprise naissent ailleurs que dans l'usine, et peuvent devenir mortels si la gamme de produits est trop large.

De même, la recherche effrénée d'un trop grand nombre de clients peut faire grimper les coûts de marketing et de vente, ainsi que les coûts de logistique et, ce qui est le plus dangereux, elle risque de réduire les prix de vente actuels, non seulement pour les nouveaux clients, mais aussi pour les anciens.

Le Principe 80/20 est essentiel ici. Il peut fournir une synthèse de l'approche axée sur la production et de l'approche axée sur le marketing, qui fera en sorte que vous braquiez votre attention sur la part rentable du marketing et de l'approche centrée sur le client (et non sur la part non rentable de l'approche centrée sur le client, comme on le fait trop fréquemment de nos jours).

L'ÉVANGILE 80/20 DU MARKETING

Les marchés et les clients sur lesquels toute entreprise devrait se concentrer doivent être les bons (habituellement une petite minorité de ceux qu'elle possède). La théorie conventionnelle de l'entreprise axée sur le marketing et centrée sur le client n'est généralement juste qu'à 20 p. 100. Voici les trois règles d'or :

- Le service du marketing et l'entreprise tout entière doivent concentrer leurs efforts en vue de fournir un produit/service extraordinaire dans le cas des 20 p. 100 de la gamme de produits actuelle qui rapportent 80 p. 100 des profits par rapport au coût de revient complet.
- Le service du marketing et l'entreprise tout entière doivent consacrer une attention exceptionnelle et constante aux 20 p. 100 des clients qui rapportent 80 p. 100 des ventes ou des profits, afin de conserver ces clients et d'accroître leurs achats.
- Il n'y a pas de conflit réel entre production et marketing. Votre marketing ne réussira que si ce que vous mettez en marché est différent et, pour vos clients cibles, soit impossible à acheter ailleurs, soit offert par vous dans une combinaison produit/service/prix représentant une bien meilleure

valeur que ce qu'ils peuvent obtenir ailleurs. Il est peu probable que ces conditions s'appliqueront à plus de 20 p. 100 de votre gamme de produits actuelle ; et il est probable que vous tirerez de ces 20 p. 100 plus de 80 p. 100 de vos vrais profits. Et si ces conditions ne s'appliquent à aucune de vos gammes de produits, votre seul espoir est d'innover. À ce moment-là, le spécialiste du marketing créatif doit être axé sur le produit. Toute innovation repose nécessairement sur le produit. Impossible d'innover sans un nouveau produit ou service.

Soyez axé sur le marketing dans les quelques bons segments de produits ou de marché

Les produits qui représentent 20 p. 100 de vos revenus entraînent probablement 80 p. 100 de vos profits, si vous tenez compte de tous les coûts, dont les coûts indirects, associés à chacun des produits. Il est encore plus probable que 20 p. 100 de vos produits vous rapporteront 80 p. 100 de vos profits. Bill Roach, acheteur de produits de beauté pour le détaillant Raley's de Sacramento, en Californie, déclare :

> Quatre-vingts pour cent de votre profit provient de 20 p. 100 de vos produits. La question que doit se poser le détaillant est celle-ci : quelle partie des 80 p. 100 [de cosmétiques] puis-je éliminer [sans perdre de prestige aux yeux de la clientèle de cosmétiques ?] [...] Posez la question aux franchiseurs de produits cosmétiques ; ils vous diront que vous risquez gros si vous le faites. Posez-la aux détaillants, ils vous répondront que vous pouvez en éliminer[4].

La voie logique à suivre est d'élargir la surface consacrée aux 20 p. 100 des rouges à lèvres les plus vendus et les plus rentables, et d'éliminer les produits qui se vendent peu. Le détaillant peut lancer en magasin une campagne de promotion des 20 p. 100 d'articles les plus rentables, en collaboration avec les fournisseurs de ces produits. Remarquez qu'il semblera toujours y avoir de bonnes raisons de conserver les 80 p. 100 de produits non rentables, en l'occurrence, la crainte de perdre du « prestige » en offrant une gamme moins large de produits. Ces prétextes reposent sur l'étrange notion voulant que les consommateurs aiment voir une grande variété de produits qu'ils n'ont nullement l'intention d'acheter et qui détournent leur attention de ceux qu'ils souhaitent se procurer. Chaque fois que cette notion a été mise à l'épreuve, dans 99 p. 100 des cas l'élimination des produits insignifiants a fait croître les profits sans nuire le moindrement à la perception du client.

Un fabricant de «produits de beauté» pour l'automobile — cires, polis, accessoires de nettoyage — vendait ses produits par l'intermédiaire des lave-autos. Théoriquement, cela était logique, puisque les propriétaires de lave-autos réaliseraient des bénéfices différentiels pour chaque vente de ces produits rien qu'en les stockant sur un présentoir, et dans un endroit qui, autrement, ne leur rapporterait rien. Le fabricant souhaitait qu'ils présentent ces produits dans un endroit de premier choix et qu'ils fassent l'effort de les vendre.

L'entreprise du fabricant a été rachetée. La nouvelle direction a effectué une analyse poussée des ventes et constaté que «la règle 80/20 classique s'appliquait : 80 p. 100 des revenus de l'entreprise provenaient de 20 p. 100 de ses points de vente au détail[5]». Lorsque le nouveau PDG s'est présenté dans 50 des lave-autos qui vendaient peu de ses produits, il s'est rendu compte que ses présentoirs étaient cachés dans des coins ou dans d'autres endroits peu visibles, qu'ils étaient en piteux état et souvent à moitié vides.

Le PDG a harangué les propriétaires de lave-autos qui ne vendaient pas beaucoup de ses produits. Il leur a enjoint de corriger la situation et de mieux gérer son matériel de présentation. Cela n'a servi à rien. Ce PDG aurait mieux fait de concentrer son attention sur les 20 p. 100 supérieurs de ses points de vente. Que faisaient-ils donc de si efficace ? Pourraient-ils en faire davantage ? Qu'avaient-ils en commun ? Comment trouver d'autres points de vente du genre ? Puisque les lave-autos les plus rentables pour son entreprise étaient exploités par de grandes chaînes spécialisées, il aurait dû cultiver ces points de vente-là plutôt que d'essayer de fouetter le rendement des lave-autos à propriétaire unique.

Soyez centré sur la clientèle,
mais seulement pour quelques clients

Il est tout aussi essentiel de concentrer son attention sur les quelques clients qui sont les meilleurs que sur les quelques produits qui sont les plus rentables. Bon nombre de spécialistes en marketing ont appris cette leçon. Citons quelques cas, par exemple, dans le secteur des télécommunications.

> Dirigez votre attention vers le point où existe une menace concurrentielle réelle. Dans la plupart des cas, la règle 80/20 s'applique encore : 80 p. 100 des revenus proviennent de 20 p. 100 des clients. Sachez qui sont vos clients qui génèrent pour vous le plus de revenus et assurez-vous de satisfaire leurs besoins[6].

Puis, dans le domaine de la gestion des contrats...

> Rappelez-vous la vieille règle 80/20. Restez en contact étroit avec les 20 p. 100 de vos clients qui vous donnent 80 p. 100 de vos ventes. Tous les dimanches soir, passez en revue vos dossiers de gestion des contrats : rédigez une petite lettre, envoyez une carte ou inscrivez dans votre agenda que vous devez donner un coup de fil à tous ceux avec qui vous n'avez pas eu de contact depuis trop longtemps[7].

Depuis 1994, American Express a organisé de nombreuses campagnes destinées à renforcer sa position auprès des marchands et des clients qui génèrent le plus fort volume d'opérations par carte Amex. Carlos Viera, directeur des ventes d'American Express dans le sud de la Floride, explique :

> C'est encore la vieille règle 80/20 : vous tirez le gros de vos affaires de 20 p. 100 de votre marché. C'est une campagne de relations publiques destinée à inciter le public à dîner davantage au restaurant[8].

Pour réussir son marketing, il faut concentrer ses efforts sur le nombre relativement petit de clients qui sont les plus actifs dans la consommation de vos produits ou services. Quelques clients achètent beaucoup, tandis qu'un grand nombre de clients achètent très peu. Vous pouvez ignorer ces derniers. C'est le groupe principal de clients qui compte : ceux qui consomment beaucoup et fréquemment. Par exemple, la société Emmis Broadcasting, propriétaire des stations radiophoniques WQHT et WRKS, a mené et réussi des campagnes de marketing concentrées sur son auditoire principal, afin d'augmenter son temps d'écoute.

> Au lieu d'écouter leur station préférée 12 heures par semaine, ils l'écoutent maintenant 25 heures [...] pour toutes nos stations, nous mettons l'accent sur la règle 80/20 de consommation [...] nous obtenons chacun des auditeurs de notre public cible, et leur arrachons tous les quarts d'heure possibles[9].

Il est beaucoup plus facile pour vous de concentrer votre attention sur 20 p. 100 de vos clients que sur tous. Votre entreprise ne peut pas être centrée sur tous ses clients. Mais bichonner le 20 p. 100 de clients essentiels est possible et extrêmement rentable.

Quatre étapes pour lier ses clients essentiels

Premièrement, vous ne pouvez cibler le 20 p. 100 de clients clés avant de savoir qui ils sont. Les entreprises dont le nombre de clients est limité y arriveront en évaluant chacun d'eux. Celles qui vendent à des dizaines de milliers ou à des millions de consommateurs doivent elles aussi savoir qui sont leurs clients clés (il peut s'agir de canaux de distribution) et connaître le profil du consommateur aux achats importants et fréquents.

Deuxièmement, vous devez fournir à ces clients clés un service exceptionnel, voire vraiment extraordinaire. Pour créer la supercompagnie d'assurance du futur, selon le consultant Dan Sullivan, « vous tisseriez des relations avec 20 clients, et feriez la tournée de ceux-ci avec du service. Pas du service ordinaire, pas du bon service. Du service stupéfiant. Vous auriez toujours une longueur d'avance sur leurs besoins et, s'ils manifestaient un besoin nouveau, vous réagiriez et vous lanceriez aussi rapidement qu'une équipe d'intervention d'urgence[10]». Le secret consiste à fournir un service surprenant, qui dépasse de loin ce qui est attendu de vous et ce qui constitue la norme dans votre industrie. Cette tactique a sans doute un prix à court terme, mais elle rapportera gros à long terme.

Troisièmement, mettez au point vos nouveaux produits et services exclusivement en fonction de ce 20 p. 100 de clients clés. Lorsque vous tentez d'élargir votre part du marché, essayez avant tout d'augmenter vos ventes à vos clients clés actuels. Ce n'est pas simplement l'habileté en vente qui est requise. Il ne s'agit pas non plus de leur vendre davantage de produits existants, même si les programmes destinés aux acheteurs fréquents entraînent presque toujours des ventes supplémentaires et augmentent les profits à court comme à long terme. Le plus important, c'est d'apporter des améliorations aux produits existants, ou d'en créer de nouveaux, pour répondre aux souhaits de vos clients clés et, si possible, de le faire en collaboration avec eux. L'innovation doit reposer sur la relation établie avec ce groupe de clients.

Enfin, votre objectif doit être de conserver pour toujours vos clients clés, qui constituent pour vous un capital. Si vous en perdez un, c'est votre rentabilité qui écope. Il s'ensuit que les efforts extraordinaires consentis pour conserver vos clients clés, efforts qui peuvent sembler réduire votre rentabilité, vont nécessairement l'augmenter sur une période de temps conséquente. Un service exceptionnel peut même accroître votre rentabilité à court terme en incitant vos clients clés à acheter davantage. Mais la rentabilité n'est qu'un bulletin de notes, qui donne une mesure «après coup» de la santé de l'entreprise. La vraie mesure de la santé d'une entreprise réside dans la solidité, la profondeur et la durée de sa relation avec ses clients clés. Dans tous les cas, la loyauté du client est le moteur de la rentabilité. Si vous commencez à perdre des clients clés, le sol se dérobera sous vos pieds, quels que soient vos efforts pour maquiller vos bénéfices à court terme. Si vos clients clés vous désertent, vendez votre entreprise le plus vite possible ou congédiez-en la direction — congédiez-vous vous-même si vous en êtes le patron —, et prenez toutes les mesures nécessaires, draconiennes s'il le faut, pour récupérer vos clients clés perdus ou au moins pour stopper l'hémorragie. En revanche, si vos clients clés sont heureux, l'expansion à long terme de votre entreprise est assurée.

Bien servir le 20 p. 100 de clients clés doit devenir une obsession dans toute l'entreprise

Seule la concentration sur le 20 p. 100 de clients clés peut faire du marketing le processus central de l'entreprise. Nous avons amorcé cette section en examinant le passage de l'entreprise axée sur la production à l'entreprise axée sur le marketing. Nous avons ensuite observé que les prétendus excès de l'approche fondée sur le marketing résultaient de la concentration sur 100 p. 100 des clients plutôt que sur 20 p. 100 seulement. En ce qui concerne le 20 p. 100 de clients clés, aucun excès ne pourrait être excessif. Vous pourriez leur consacrer toute votre énergie et toutes vos ressources, vous seriez quand même assuré d'obtenir d'eux un excellent rendement.

Votre organisation ne peut pas se concentrer sur la totalité de sa clientèle, seulement sur 20 p. 100 de celle-ci. Cette concentration sur les clients clés est la tâche principale de tout responsable du marketing. Mais ce type de marketing est également la tâche principale de tout le personnel de l'entreprise. Le client constatera les efforts, visibles et invisibles, de tout le personnel de l'entreprise et jugera cette dernière en conséquence. En ce sens, le Principe 80/20 ouvre une voie nouvelle. Il est au centre du marketing, il place le marketing au centre de l'entreprise, mais il fait aussi du marketing la tâche principale de tout le personnel de l'entreprise. Et le marketing, pour tout le personnel de l'entreprise, doit signifier que chacun s'efforce de toujours combler davantage le 20 p. 100 de clients clés.

LA VENTE

La vente est cousine du marketing; c'est l'activité de première ligne destinée à transmettre des informations aux clients et, ce qui est tout aussi essentiel, à les écouter. La Pensée 80/20, comme nous le verrons bientôt, est tout aussi capitale pour la vente que pour le marketing.

Le secret d'une performance supérieure dans la vente consiste à cesser de penser aux moyennes et à adopter la Pensée 80/20. La moyenne des ventes est un concept trompeur. Certains vendeurs touchent plus de 100 000 dollars l'an, tandis que beaucoup d'autres gagnent à peine plus que le salaire minimum. La moyenne des ventes ne signifie rien pour ces gens, ni pour leurs employeurs.

Prenez n'importe quel groupe de vente et effectuez une Analyse 80/20. Il y a fort à parier que vous constaterez un déséquilibre dans la relation ventes/vendeurs. La plupart des études concluent que le 20 p. 100 de vendeurs supérieurs sont à l'origine de 70 à 80 p. 100 du total des ventes[11]. Ceux qui ne sont pas conscients de l'omniprésence des relations 80/20 dans la vie seront peut-être étonnés par ces conclusions. Mais pour quiconque connaît la musique, cette relation permettra d'augmenter les profits, et vite. À court terme, les profits dépendent davantage des ventes que de toute autre variable. Pourquoi le Principe 80/20 s'applique-t-il aux ventes et que devons-nous faire?

Deux ensembles de raisons font que le rapport ventes/vendeurs varie à ce point. Le premier se rapporte à de pures questions de rendement personnel; le second, à des questions structurelles de concentration sur le client.

Performance du vendeur

Supposons que les résultats de votre analyse soient semblables à ceux de l'exemple précédent, et que 20 p. 100 de vos vendeurs produisent 73 p. 100 de vos ventes. Que devriez-vous faire?

L'impératif évident mais souvent négligé est de *vous accrocher à vos vendeurs performants*. Ne suivez pas le vieil adage selon lequel lorsque tout va bien vous ne devez rien faire. Assurez-vous plutôt que tout continue d'aller bien. À défaut de rester en contact intime avec vos clients, vous pouvez le faire avec vos vendeurs. Faites en sorte qu'ils demeurent satisfaits, ce que l'argent seul ne peut pas entraîner.

Deuxièmement, *embauchez d'autres vendeurs du même type*. Cela ne signifie pas nécessairement des recrues possédant les mêmes qualifications. La personnalité et l'attitude comptent. Rassemblez vos étoiles de la vente dans une même pièce et essayez de déterminer leurs points communs. Mieux encore, demandez-leur de vous aider à recruter des vendeurs de leur genre.

Troisièmement, *repérez les périodes où vos vendeurs étoiles ont conclu le plus de ventes et déterminez ce qu'ils ont fait de différent durant ces périodes*. Le Principe 80/20 s'applique au temps aussi bien qu'aux personnes : 80 p. 100 des ventes de chacune de vos étoiles ont sans doute consommé 20 p. 100 de leur temps de travail. Essayez de repérer les prétendues périodes de chance et de trouver pourquoi elles se sont produites. Un commentateur explique :

> Si vous travaillez dans la vente, pensez aux plus formidables périodes de chance que vous ayez connues. Que faisiez-vous de différent cette semaine-là ? Je ne sais pas si les joueurs de baseball ou les vendeurs sont plus superstitieux que les autres [...], mais ceux d'entre eux qui réussissent ont tendance à analyser les conditions qui existaient durant leur période de chance et à faire le maximum pour éviter qu'elles ne changent. Contrairement au joueur de baseball toutefois, si vous travaillez dans la vente et que vous vivez une période de chance, changez quand même de slip[12].

Quatrièmement, *faites en sorte que chacun adopte les méthodes qui présentent le rapport extrants-intrants le plus élevé*. Parfois ce sera la publicité, d'autres fois les visites personnelles, les campagnes postales, ou encore les sollicitations téléphoniques.

Faites davantage de ce qui se révèle être une exploitation optimale des ressources temps et argent. Vous pourriez procéder à une analyse, mais une simple observation de la répartition du temps de travail de vos meilleurs vendeurs sera plus économique.

Cinquièmement, *remplacez l'équipe efficace dans un domaine par l'équipe inefficace d'un autre domaine.* Il s'agit d'une expérience : vous découvrirez vite si l'équipe gagnante peut surmonter les difficultés structurelles et vice-versa. Si l'équipe gagnante arrive à résoudre les problèmes de son nouveau domaine, mais que l'autre équipe piétine, demandez à l'équipe gagnante ce que vous devriez faire. Peut-être faut-il partager ces équipes entre les deux domaines. L'un de mes clients connaissait un succès incroyable dans ses ventes à l'étranger, mais son équipe nationale, démotivée, voyait fondre sa part de marché. Je lui ai proposé d'inverser les équipes. Le PDG hésitait parce que les membres de son équipe internationale étaient polyglottes et que cet atout serait gaspillé dans la vente nationale. Il a fini par accepter d'arracher un jeune membre à son équipe internationale, a congédié le directeur des ventes nationales et l'a remplacé par le jeune homme. La part du marché national a soudainement cessé de diminuer pour commencer à augmenter. Bien entendu, toutes les histoires ne se terminent pas aussi bien, mais, dans le domaine de la vente, il reste généralement vrai que l'échec entraîne l'échec et que le succès engendre le succès.

Enfin, *que penser de la formation des vendeurs ?* « Vaut-il la peine d'investir dans la formation des 80 p. 100 de vendeurs les moins bons de l'équipe pour améliorer leur rendement, ou est-ce du gaspillage du fait que bon nombre d'entre eux n'arriveront jamais à rien malgré la formation[13] ? » Comme en toute autre chose, demandez-vous ce que le Principe 80/20 implique comme réponse à cette question. Quant à moi, je réponds ceci :

- Ne formez que ceux dont vous êtes raisonnablement certain qu'ils ont l'intention de rester avec vous pendant plusieurs années encore.

- Faites-les former par vos meilleurs vendeurs ; récompensez ces derniers en fonction du rendement ultérieur des vendeurs qu'ils ont formés.
- Investissez surtout dans la formation de ceux de vos vendeurs qui ont amélioré leur rendement après le premier programme de formation. Repérez les 20 p. 100 de vos vendeurs en formation qui sont les meilleurs et consacrez-leur 80 p. 100 de vos investissements en perfectionnement. Cessez de former les 50 p. 100 inférieurs, à moins qu'il soit évident que cet effort soit rentable.

Dans nombre de cas, les écarts de performance entre vendeurs sont attribuables à une simple différence dans l'habileté à vendre, mais il arrive souvent que ce ne soit pas le cas. Les facteurs structurels en cause peuvent eux aussi être examinés dans une perspective 80/20.

Pour vendre, il ne suffit pas de posséder de bonnes techniques de vente

L'Analyse 80/20 peut faire ressortir des causes structurelles qui vont bien au-delà de la compétence individuelle. Il est souvent plus facile et plus prometteur sur le plan des résultats de travailler sur ces facteurs structurels que sur le mérite individuel. Tout dépend de la nature des produits vendus et des clients.

> Prenons l'équipe de vente. Nous constatons, par exemple, que 20 p. 100 de nos vendeurs concluent 73 p. 100 de nos ventes, que 16 p. 100 de nos produits composent 80 p. 100 des ventes, et que 77 p. 100 de nos ventes sont faites à 22 p. 100 de nos clients [...]
>
> Un examen plus poussé révèle que le vendeur Black compte 100 clients actifs, et que c'est avec 20 d'entre eux qu'il conclut 80 p. 100 de ses ventes. Dans le cas du vendeur Green, dont le territoire couvre 100 districts, 80 p. 100 des clients sont concentrés dans 24 districts seulement. Quant à White, il vend 30 produits différents, dont 6 représentent 81 p. 100 de ses ventes[14].

Dans la section portant sur le marketing, nous avons déjà mis en relief l'application du Principe 80/20 aux produits et aux clients. Par conséquent, le directeur des ventes devrait suivre ces quelques règles.

- Concentrez les efforts de tous les membres de l'équipe de vente sur les 20 p. 100 de produits qui entraînent 80 p. 100 des ventes. Veillez à ce que les produits les plus rentables rapportent quatre fois plus au vendeur que les produits moins rentables. L'équipe de vente doit être récompensée pour la vente des produits les plus rentables, et non pas le contraire.
- Concentrez les efforts de l'équipe de vente sur les 20 p. 100 de clients qui entraînent 80 p. 100 des ventes et 80 p. 100 des profits. Apprenez aux vendeurs à attribuer une cote de priorité à leurs clients en fonction des ventes et des profits que ceux-ci vous rapportent. Insistez pour qu'ils consacrent 80 p. 100 de leurs heures de travail aux 20 p. 100 de meilleurs clients, même s'ils le font au détriment de clients moins importants.

  Le fait de consacrer plus de temps à la minorité de clients à haut volume d'achat fera réaliser plus de ventes au vendeur. S'il ne lui est plus possible de vendre davantage de produits existants, l'équipe s'efforcera de fournir un service exceptionnel, afin de conserver la clientèle actuelle, et de déterminer les nouveaux produits susceptibles de plaire au noyau de clients majeurs.
- Regroupez les clients qui achètent le plus et ceux qui sont les plus rentables sous la responsabilité d'un seul vendeur ou d'une seule équipe, sans tenir compte de la géographie. Établissez davantage de clients nationaux et moins de clients régionaux.

  La définition du client national se limitait naguère à une entreprise dont l'acheteur était chargé de l'acquisition d'un produit pour toutes les succursales ou divisions de l'entreprise, où qu'elles se trouvent. Il est logique qu'un directeur national des ventes s'occupe d'un acheteur majeur. Mais il faut que les gros clients soient traités en clients nationaux par une seule personne ou équipe, même lorsque ceux-ci ont de nombreux acheteurs locaux. Rich Chiarello, vice-président principal des ventes nationales chez Computer Associates International, commente :

Nous tirons 80 p. 100 de nos revenus de 20 p. 100 de nos clients. Évidemment, nous allons traiter ceux-là comme s'ils étaient des clients nationaux. Je me fiche que notre vendeur ait à parcourir tout le pays en avion. C'est lui qui est chargé du client ; il va repérer les employés clés de ce client et mettre au point un plan pour leur vendre nos produits.

- Réduisez vos frais en utilisant le téléphone avec les clients mineurs. L'équipe de vente se plaint souvent que les compressions budgétaires ou la concentration sur les clients majeurs entraînent la création de territoires de vente trop vastes pour qu'elle puisse s'y occuper de tous les clients. La solution de dernier recours est de renoncer à certains clients. Une meilleure solution consiste à regrouper les 80 p. 100 de clients mineurs et à instaurer un système téléphonique de vente et de commande. Ce système permettra d'offrir le service plus efficacement et beaucoup plus économiquement que ne le pourraient les visites personnelles.

- Enfin, demandez à votre équipe de vente de renouer avec les anciens gros clients, soit par visite personnelle, soit par téléphone.

C'est une technique de vente étonnamment efficace... et étonnamment négligée. Il est probable qu'un ancien client satisfait achètera de nouveau chez vous. Bill Bain, fondateur de la société de consultation stratégique Bain & Company, vendait autrefois des Bibles de porte à porte dans le Sud profond des États-Unis. Il raconte avoir vécu une période de vaches maigres, durant laquelle il ne vendait rien, jusqu'au moment où une évidence aveuglante l'a frappé. Il est retourné chez sa dernière cliente qui lui avait acheté une Bible, et lui en a vendu une autre ! Un certain Nicholas Barsan, immigrant de Roumanie devenu l'un des plus grands agents immobiliers des États-Unis, applique cette même technique. Il gagne annuellement plus d'un million de dollars en commissions, dont le tiers provient de ventes à des clients qui ont fait des affaires avec lui. Barsan frappe aux mêmes portes et demande aux propriétaires (ses anciens clients) s'ils sont disposés à vendre leur maison.

Tirer le maximum de ces influences structurelles de type 80/20 peut transformer vos vendeurs médiocres en bons vendeurs, et vos bons vendeurs en vendeurs étoiles. Les répercussions sur vos profits nets d'une amélioration de votre équipe de vente sont immédiates. Plus important encore est l'effet à long terme sur la part du marché, et sur la satisfaction de la clientèle de voir une équipe de vente énergique et assurée, déterminée à donner ce qu'il y a de mieux à son groupe de clients clés, tout en restant à l'écoute de leurs besoins réels.

LES QUELQUES CLIENTS ESSENTIELS

Certains clients sont vitaux pour la santé de l'entreprise. La plupart ne le sont pas. Certains efforts de vente sont merveilleusement productifs ; la plupart sont inefficaces ; certains vous font perdre de l'argent.

Concentrez vos efforts de marketing et de vente dans les domaines où vous pouvez offrir à une minorité de clients potentiels quelque chose d'unique ou d'une valeur supérieure à ce qu'ils peuvent obtenir ailleurs, tant et aussi longtemps que cela augmente votre rentabilité. Toute entreprise prospère tire sa réussite de ce principe simple et simplificateur.

7

LES 10 PRINCIPALES APPLICATIONS COMMERCIALES DU PRINCIPE 80/20

La polyvalence du Principe 80/20 ne connaît pas de limite : on peut l'appliquer à presque toutes les fonctions pour susciter des améliorations stratégiques ou financières. Par conséquent, mes 10 principales applications du Principe, énumérées dans la Figure 34, représentent inévitablement un choix arbitraire. Pour confectionner cette liste, je me suis demandé dans quelle mesure le monde des affaires appliquait déjà le Principe, tout en tenant compte de mon opinion personnelle sur sa valeur potentielle encore sous-exploitée.

J'ai traité dans les chapitres précédents de mes six principales applications : en stratégie aux chapitres 4 et 5, en qualité et en technologie de l'information au chapitre 3, en réduction des coûts et en amélioration du service au chapitre 5, en marketing et en vente au chapitre 6. Le présent chapitre résume les quatre autres applications du Principe 80/20 qui figurent sur mon palmarès.

1 Stratégie

2 Qualité

3 Réduction des coûts et amélioration du service

4 Marketing

5 Vente

6 Technologie de l'information

7 Prise et analyse de décision

8 Gestion des stocks

9 Gestion de projet

10 Négociation

FIGURE 34   Les 10 principales applications commerciales
du Principe 80/20

PRISE ET ANALYSE DE DÉCISION

Le commerce requiert des décisions fréquentes, rapides et ce, souvent sans qu'on sache si elles sont bonnes ou mauvaises. Depuis 1950, l'entreprise a de plus en plus été aidée (ou entravée) par des spécialistes en science de la gestion et par des analystes — formés dans des écoles de commerce, des cabinets de comptables et des sociétés de consultation — qui peuvent faire jouer à l'analyse (nécessitant souvent une vaste et coûteuse collecte de données) un rôle dans presque n'importe quelle décision. L'industrie de l'analyse est probablement celle qui a connu la plus forte croissance aux États-Unis depuis une cinquantaine d'années ; elle a contribué à certains des plus grands triomphes américains, notamment à l'alunissage d'astronautes et à la précision des bombardements durant la guerre du Golfe.

La grande entreprise anglo-saxonne a poussé l'analyse trop loin

L'analyse a toutefois eu ses inconvénients : la multiplication de services fonctionnels dans les sièges sociaux que l'on commence à peine à démanteler ; l'engouement pour des théories de gestion mises à la mode par des consultants par trop intéressés; la tendance obsessionnelle du marché boursier à s'appuyer sur des analyses toujours plus compliquées du bénéfice à court terme, même si celles-ci ne donnent qu'une image fragmentaire de la valeur réelle d'une entreprise; et la mise au second plan de la confiance intuitive dans une bonne partie du monde des affaires. Cette dernière a plongé les chefs des grandes entreprises occidentales dans un état de «paralysie». L'analyse a remplacé la vision, tout comme les analystes ont chassé les visionnaires des bureaux des PDG.

Bref, l'excès, même d'une bonne chose, est un défaut, et il ne fait aucun doute que les États-Unis et la Grande-Bretagne sont témoins d'un étrange déséquilibre: il y a beaucoup trop d'analyse dans le secteur privé, et beaucoup trop peu dans le secteur public. Nos grandes entreprises ont besoin de moins d'analyse, mais d'une analyse plus utile.

Le Principe 80/20 est analytique, mais il place l'analyse là où il se doit

Rappelez-vous les éléments fondamentaux du Principe 80/20.

- La prémisse des «quelques éléments essentiels» et des «nombreux éléments utiles»: seules quelques causes conduiront à des résultats importants.
- La plupart des efforts ne produisent pas les résultats qu'ils visent.
- Tout ne se joue pas en surface: des forces souterraines sont à l'œuvre.
- Il est généralement trop compliqué et trop fastidieux (et aussi trop inutile) d'essayer de comprendre ce qui se passe. Il suffit de savoir si quelque chose marche ou non, et dans le second cas, de modifier la combinaison des éléments jusqu'à ce que ça marche; on conserve ensuite cette combinaison jusqu'à ce qu'elle cesse de marcher.
- La plupart des bons résultats sont attribuables à une minorité de forces extrêmement productives; inversement,

147

la plupart des résultats médiocres sont causés par une minorité de forces extrêmement destructrices.

- La plupart des activités, individuelles ou collectives, sont une perte de temps et ne contribuent pas matériellement à l'atteinte des résultats désirés.

Cinq règles pour la prise de décision fondée sur le Principe 80/20

Première règle : *il y a peu de décisions qui soient très importantes*. Avant de décider quoi que ce soit, imaginez que deux corbeilles se trouvent devant vous — comme de redoutables corbeilles à courrier —; l'une porte la mention « Décisions importantes », l'autre « Décisions insignifiantes ». Triez mentalement les décisions, en vous rappelant qu'environ 1 sur 20 doit être placée dans la corbeille des décisions importantes. Ne vous rongez pas les sangs pour les décisions insignifiantes et ne vous livrez surtout pas à des analyses coûteuses en temps et en argent. Si possible, déléguez-les toutes. Si cela est impossible, prenez la décision qui a 51 p. 100 des chances d'être la bonne. Si vous ne pouvez le faire rapidement, décidez à pile ou face.

Deuxième règle : *les décisions les plus importantes sont souvent celles qui se prennent d'elles-mêmes*, parce que les points tournants n'ont pas été reconnus. Par exemple, vos meilleurs vendeurs vous quittent parce que vous n'avez pas été assez proche d'eux pour remarquer qu'ils étaient mécontents et pour remédier à la situation. Ou bien vos concurrents mettent au point un nouveau produit (comme les concurrents d'IBM l'ont fait avec l'ordinateur personnel) que vous estimez mal conçu et vous croyez qu'il ne se vendra pas. Ou bien vous perdez votre position concurrentielle dans un marché sans vous en rendre compte, parce que les canaux de distribution ont changé. Ou bien vous inventez un nouveau produit sensationnel qui connaît un succès modeste, mais un concurrent inonde le marché d'une imitation de votre produit et gagne des millions. Ou encore, le petit génie qui n'a l'air de rien et qui travaille dans votre service de recherche et de développement vous quitte pour fonder Microsoft.

Lorsque cela se produit, aucune collecte de données ni aucune analyse ne vous aideront à prendre conscience du problème ou de la belle occasion qui s'offre à vous. C'est d'intuition et de perspicacité dont vous avez besoin; vous devez poser les bonnes questions, plutôt que de recevoir les bonnes réponses aux mauvaises questions. Le seul moyen d'avoir une chance raisonnable de percevoir les points tournants critiques est d'écarter toutes vos données et analyses pendant une journée, chaque mois, et de poser les questions suivantes.

- Quels occasions et problèmes inconnus susceptibles d'avoir des répercussions majeures ont surgi sans que j'en sois conscient?
- Qu'est-ce qui fonctionne très bien et qui ne le devait pas, ou que nous n'avions pas prévu? Que fournissons-nous par inadvertance aux clients que ceux-ci semblent, pour une raison ou une autre, apprécier grandement?
- Y a-t-il quelque chose qui cloche et dont nous croyons connaître les raisons, mais à propos de quoi nous nous trompons peut-être royalement?
- Puisque quelque chose de majeur se produit toujours sous la surface, sans que quiconque s'en rende compte, de quoi s'agit-il cette fois-ci?

La troisième règle de la prise de décision 80/20 est réservée aux décisions d'importance: *rassemblez 80 p. 100 des données et exécutez 80 p. 100 des analyses pertinentes durant la première tranche de 20 p. 100 du temps dont vous disposez, puis prenez une décision 100 fois sur 100 et passez décisivement à l'action comme si vous étiez sûr à 100 p. 100 de prendre la bonne décision.* Si vous avez besoin d'un outil mnémotechnique pour vous en souvenir, appelez cette règle la règle 80/20/100/100 de la prise de décision.

Quatrième règle: *si le plan d'action que vous avez arrêté est inefficace, changez-en le plus tôt possible.* Le marché dans son sens le plus large — ce qui est efficace dans la pratique — est un indicateur infiniment plus fiable que des piles d'analyses. Par conséquent, ne craignez pas d'expérimenter, et ne vous accrochez pas à des solutions perdantes. Ne luttez pas contre le marché.

Enfin, *lorsque quelque chose marche bien, doublez et triplez votre mise*. Vous ignorez peut-être les raisons qui font que cela fonctionne bien, mais allez-y tout de même à fond de train tandis que les forces de l'univers jouent en votre faveur. Les investisseurs de capitaux à risque le savent bien. La plupart des investissements de leur portefeuille déçoivent leurs attentes, mais ils sont rachetés par une poignée d'investissements extra-ordinaires qui rapportent des rendements dépassant l'entendement. Lorsqu'une entreprise donne toujours un rendement inférieur aux prévisions, soyez certain qu'elle n'ira jamais nulle part. Mais avec une entreprise qui dépasse constamment le rendement attendu, vous avez au moins une bonne chance de voir ce rendement multiplié par 10 ou par 100. Face à ce choix, la plupart des gens se contentent d'une croissance modeste. Ceux qui sautent sur l'occasion s'enrichissent.

GESTION DES STOCKS

Nous avons vu au chapitre 5 que la simplicité requiert une gamme de produits limitée. La gestion des stocks est une autre fonction clé qui doit obéir au Principe 80/20. Une bonne gestion, fondée sur le principe, est essentielle à la rentabilité, en plus de permettre de vérifier si l'entreprise est sur la voie de la simplicité ou sur celle de la complexité.

Presque toutes les entreprises ont des stocks trop importants, parce qu'elles vendent de trop nombreux produits et de trop nombreuses variantes de chacun. Les stocks se mesurent en unités de gestion des stocks (UGS), où une unité correspond à chaque variante.

Les stocks obéissent presque invariablement à une quelconque règle de répartition de type 80/20: environ 80 p. 100 des stocks sont constitués d'articles qui représentent 20 p. 100

du volume des ventes ou des revenus. Cela signifie que les stocks à rotation lente coûtent très cher à maintenir et qu'ils se composent probablement d'articles non rentables. Voici deux exemples récents d'analyse des stocks.

> Après analyse des données, la règle 80/20 de Pareto s'est avérée juste : 20 p. 100 des UGS prélevés comptaient pour 75 p. 100 du volume quotidien. Il s'agissait généralement de prélèvements de cartons pleins, en général de plusieurs cartons par UGS. Les 80 p. 100 de prélèvements restants ne représentaient que 25 p. 100 du volume quotidien. Chacun de ces prélèvements ne se composait que de quelques articles par UGS, par jour[1].

Ces 20 p. 100 de prélèvements étaient très rentables, et les 80 p. 100 restants étaient non rentables. Un autre exemple provient d'un entrepôt dont le directeur avait décidé d'installer un système de gestion informatisé. Avant de le faire, le directeur voulait savoir en premier lieu s'il entreposait les bons stocks.

> Une étude préliminaire a révélé que la règle 80/20 était mal adaptée. Au lieu d'avoir 20 p. 100 d'UGS représentant 80 p. 100 des activités de l'entrepôt, nous en avions 0,5 p. 100 (soit 144 UGS) qui représentaient 70 p. 100 de ces activités[2].

Bien que j'ignore tout de leurs produits, il y a fort à parier que ces 0,5 p. 100 de UGS par volume sont considérablement plus rentables que les 99,5 p. 100 restants.

Un autre exemple, celui de Filofax, compte beaucoup pour moi, parce la solution que j'y ai apportée m'a fait gagner gros. Mon associé de l'époque, Robin Field, raconte.

> Tandis que le style et les caractéristiques des produits Filofax étaient restés les mêmes [à la fin des années 1980], la gamme de produits s'était multipliée sans fin. Le même classeur à anneaux était offert dans une variété étourdissante de formats et de cuirs exotiques. Vous n'aviez qu'à nommer une bête, et Filofax s'empressait de

commander des milliers de classeurs fabriqués de son cuir, qu'elle ajoutait fièrement à son catalogue et à ses stocks. Je ne sais pas ce qu'est l'acrochorde de Java, mais j'ai hérité d'une énorme quantité de sa peau en 1990.

De même, il suffisait de nommer un sujet — bridge, échecs, photographie, ornithologie, planche à voile — pour que Filofax fasse dessiner des pages de couvertures spéciales et en fasse imprimer des milliers pour ses stocks [...]

Il a résulté de tout cela, bien entendu, d'immenses stocks sans valeur, un fardeau administratif d'une complexité insurmontable, et une confusion totale chez nos détaillants[3].

Même si une bonne gestion des stocks est capitale, elle se résume à quatre règles clés. La première — réduisez radicalement les produits non rentables — a été abordée dans le chapitre 3.

Pour un nombre donné de produits, vous devez réduire le nombre de variantes, en commençant par les articles à rotation lente. Éliminez-les tout simplement de votre gamme, comme l'a fait Filofax. N'écoutez pas ceux qui vous disent que ces articles sont nécessaires ; s'ils l'étaient, leur rotation ne serait pas si lente.

Essayez d'exporter le problème et le coût de la gestion des stocks vers d'autres maillons de la chaîne de valeur — vers vos fournisseurs ou vos clients. Idéalement, vos stocks ne devraient jamais se trouver dans vos établissements. Grâce à l'informatique, c'est de plus en plus possible, et cela peut contribuer à améliorer la qualité du service tout en réduisant les coûts.

Enfin, si vous devez garder une certaine quantité de stock, bon nombre de tactiques d'exploitation du Principe 80/20 vous aideront à réduire vos coûts et à accélérer le processus de prélèvement et d'emballage.

La règle 80/20 est fiable dans de nombreuses applications, c'est-à-dire qu'environ 80 p. 100 des activités ne concernent qu'environ 20 p. 100 des stocks. Les aires d'entreposage divisées en fonction du format et du poids [...] peuvent désormais être également divisées, par numéro d'article, en zones de faible et de haute activité. En général, les articles qui se vendent bien doivent être entreposés à hauteur d'épaule ou de hanche, afin de limiter le nombre de mouvements des préposés et de réduire leur fatigue[4].

Gestion des stocks de l'avenir

Malgré ses connotations — blouses sombres et tablettes poussiéreuses —, la gestion des stocks est une discipline intéressante, en évolution rapide. Les « stocks virtuels », rendus possibles par le traitement en direct des commandes et devenus de plus en plus courants, permettent de réduire les coûts tout en améliorant le service aux distributeurs et clients. Des innovateurs, tel Baxter International, fabricant de fournitures pour hôpitaux, connaissent un grand succès grâce à leur système de gestion des stocks « intimement lié » à leurs clients. Dans tous les cas, la concentration est le moteur des progrès accomplis : la concentration sur les clients les plus importants, sur une gamme de produits simple, à gestion et à livraison simplifiées.

Le Principe 80/20 est également prisé dans un autre secteur majeur de la création de valeur au sein de l'entreprise : celui de la gestion de projet.

GESTION DE PROJET

On qualifie les structures administratives d'inadéquates et pire encore. Elles détruisent plus de valeur qu'elles n'en créent. Le projet constitue un bon moyen de contourner ces structures, afin de créer plus de valeur pour les clients appréciés. La plupart des membres les plus énergiques de l'entreprise, du PDG au simple commis, n'ont pas véritablement un seul travail : ils mènent plutôt un certain nombre de projets.

La gestion de projet est une drôle de tâche. D'une part, qui dit projet dit équipe ; il s'agit d'un arrangement coopératif et non hiérarchique. D'autre part, les membres de l'équipe ne savent pas complètement ce qu'ils doivent faire, du fait que le projet requiert de l'innovation et des réarrangements ponctuels. L'art du gestionnaire de projet consiste à concentrer l'effort de tous les membres de l'équipe sur les quelques éléments qui sont essentiels.

Simplifiez l'objectif

D'abord, simplifiez la tâche. Un projet n'est pas vraiment un projet unique, mais presque invariablement un ensemble de projets. Le projet peut avoir un thème central et une série de thèmes satellites. Ou encore, il peut couvrir trois ou quatre thèmes principaux. Réfléchissez à tout projet que vous connaissez bien et vous comprendrez ce que je veux dire.

Les projets obéissent à la loi de la complexité organisationnelle. Plus le projet a d'objectifs, plus l'effort nécessaire pour le réaliser de manière satisfaisante croît, et cela, de manière non pas proportionnelle mais géométrique.

Quatre-vingts pour cent de la valeur de tout projet sera le résultat de 20 p. 100 des activités; les 80 p. 100 d'activités qui restent sont rendues nécessaires par une complexité inutile. Par conséquent, ne vous lancez pas dans un projet avant de l'avoir réduit à un objectif simple. Larguez l'inutile.

Imposez un échéancier impossible

En fixant un échéancier impossible à respecter, vous vous assurerez que l'équipe n'exécutera que les tâches qui sont véritablement utiles.

Placés devant un échéancier impossible, [les membres de l'équipe] repéreront et mettront en œuvre les 20 p. 100 d'obligations qui rapporteront 80 p. 100 des avantages recherchés. C'est l'ajout d'éléments non essentiels mais souhaitables qui transforme les projets sains en projets catastrophiques[5].

Imposez des cibles qui exigent de gros efforts d'imagination. Les situations désespérées inspirent des solutions créatives. Exigez un prototype dans les quatre semaines. Demandez un projet-pilote opérationnel dans les trois mois. Ainsi, votre équipe de mise au point sera obligée d'appliquer la règle 80/20 et d'obtenir des résultats. Prenez des risques calculés[6].

Planifiez avant d'agir

Plus le temps alloué à un projet est court, plus il faut en consacrer à le planifier et à le considérer dans tous ses détails. Lorsque j'étais associé dans la société de consultation en gestion Bain & Company, nous avons prouvé de façon concluante que les projets les mieux gérés que nous ayons entrepris — ceux qui avaient le plus satisfait le client et le consultant, qui avaient entraîné le moins de pertes de temps et rapporté les marges les plus intéressantes — étaient ceux pour lesquels le rapport entre le temps de planification et le temps d'exécution était le plus élevé.

Durant la phase de planification, dressez la liste de tous les problèmes critiques que vous voulez résoudre. (S'il y en a plus de sept, éliminez les moins importants.) Posez des hypothèses sur ce que peuvent être les solutions, même si ce ne sont que des conjectures (mais devinez ces solutions du mieux que vous pouvez). Déterminez la nature de l'information qui doit être rassemblée ou des processus qui doivent être achevés pour valider ou invalider vos hypothèses. Décidez de qui fera quoi et quand. À intervalles rapprochés, modifiez votre plan à la lumière de ce que vous avez appris de nouveau et en fonction des divergences par rapport à vos hypothèses de départ.

La phase de conception précède la phase de mise en œuvre

Surtout dans le cas où votre projet implique la conception d'un produit ou d'un service, assurez-vous d'avoir trouvé les meilleures solutions de la phase de conception avant de passer à celle de la mise en œuvre. Selon une autre règle 80/20, 20 p. 100 des problèmes présentés par un projet de conception entraînent 80 p. 100 des coûts ou des dépassements de coûts, et 80 p. 100 de ces problèmes critiques surgissent durant la phase de conception ; ils sont extrêmement coûteux à corriger après coup et ils nécessitent parfois de nombreuses reprises, voire un réoutillage.

NÉGOCIATION

La négociation est la dernière de mes 10 principales applications commerciales du Principe 80/20. Même si la négociation a été très souvent étudiée, le Principe 80/20 y apporte deux règles qui peuvent être vitales.

Parmi les éléments d'une négociation, il y en a peu qui comptent vraiment

Vingt pour cent ou moins des points litigieux représentent plus de 80 p. 100 de la valeur du « territoire » contesté. On pourrait croire que ce fait est évident pour les deux parties, mais les gens aiment marquer des points, fussent-ils sans importance. De même, ils réagissent positivement aux concessions, même les plus insignifiantes.

Par conséquent, très tôt dans la négociation, dressez une longue liste d'exigences et de points fallacieux, et faites-les paraître aussi importants que possible pour vous. Ces exigences, toutefois, doivent être fondamentalement déraisonnables ou du moins il doit être impossible qu'elles fassent l'objet de concessions de la part de l'autre partie (si ce n'est pas le cas, l'autre partie marquera des points en se montrant flexible et en cédant). Ensuite, durant les dernières étapes de la négociation, vous pouvez céder sur des points insignifiants pour vous en échange d'une part plus grande des points vraiment importants que celle qui serait équitable.

Par exemple, imaginez que vous négociez avec un fournisseur unique le prix de 100 pièces qui entrent dans la fabrication de l'un de vos produits clés. Quatre-vingts pour cent du coût de tout produit provient de 20 p. 100 de ses composants. Vous ne devriez vous préoccuper que du prix de ces 20 pièces. Mais si vous acceptez de payer le prix demandé pour les 80 autres pièces trop tôt dans la négociation, vous perdrez de précieuses cartes. Par conséquent, inventez des raisons qui font que le prix de certaines de ces 80 pièces insignifiantes est important pour vous, peut-être en gonflant le nombre de pièces que vous consommerez.

N'agissez pas trop vite

Il a souvent été observé que la plupart des négociations traversent une phase de «guerre simulée» et ne commencent vraiment pour de bon qu'à l'approche de l'échéance.

> Il semble également vrai que, compte tenu de la pression incroyable que le temps exerce sur une négociation, 80 p. 100 des concessions [...] sont accordées durant les derniers 20 p. 100 du temps alloué. Si les exigences sont présentées trop tôt, aucune des parties ne sera disposée à céder, et toute la négociation risque de s'effondrer. Mais si des exigences ou problèmes supplémentaires surgissent durant les derniers 20 p. 100 du temps alloué à la négociation, les deux parties se montreront plus souples[7].

Les impatients font de mauvais négociateurs.

Comment obtenir une augmentation de salaire

Orten Skinner donne un exemple intéressant de la manière d'exploiter le Principe 80/20.

> Quatre-vingts pour cent des concessions seront accordées durant les derniers 20 p. 100 du temps alloué à la négociation. Si votre rendez-vous pris pour solliciter une augmentation de salaire qui se fait attendre est prévu pour 9 h du matin, et que vous savez que votre supérieur a un autre rendez-vous à 10 h, attendez-vous à ce que le moment critique de la négociation soit à peu près à 9 h 50. Ajustez-vous en conséquence. Exposez vos exigences assez tardivement pour que votre supérieur soit obligé de trouver un compromis acceptable[8].

AU-DELÀ DE MON PALMARÈS

Vous aurez compris déjà que le Principe 80/20 s'applique un peu partout, malgré nos divisions arbitraires de la réalité. Les intuitions dérivent de la réalité vivante qui se cache derrière les individus, derrière les entreprises et derrière le monde dans lequel celles-ci travaillent. Si le Principe 80/20 se fait sentir partout, c'est qu'il est le reflet des forces profondes qui régissent notre existence. Le moment est venu de rattacher tous ces fils.

8

VOTRE RÉUSSITE DÉPEND DES « QUELQUES ÉLÉMENTS ESSENTIELS »

Le Principe 80/20 comporte un radar et un pilote automatique. Son radar nous aide à repérer les occasions favorables et les dangers. Son pilote automatique nous permet de voler dans notre espace d'activité, et de communiquer avec nos clients et avec quiconque d'autre compte, en sachant que nous restons maîtres de notre destinée. La logique sous-tendant le Principe 80/20 requiert que nous saisissions et intériorisions quelques règles toutes simples; dès lors, nous pourrons facilement « penser 80/20 » et « agir 80/20 » dans toutes nos démarches.

Quelques éléments sont toujours beaucoup plus importants que la plupart des autres

Cet énoncé, invariablement juste, est pourtant difficile à croire au départ. Sauf si nous disposons de données ou de la Pensée 80/20 pour nous guider, la plupart des éléments nous semblent toujours plus importants que les quelques-uns qui le sont en réalité. Même si nous acceptons ce fait en théorie, il est difficile de passer à l'étape suivante, celle de l'action concentrée. Dans votre esprit, gardez les « quelques éléments essentiels » au premier plan. Et continuez de vérifier si vous accordez plus de temps et d'efforts aux quelques éléments essentiels plutôt qu'aux nombreux éléments utiles.

Le progrès implique que nous déplacions les ressources des activités à faible valeur aux activités à valeur élevée

Comme le fait l'entrepreneur, les marchés libres retirent les ressources des domaines d'activités à faible productivité pour les déployer dans ceux dont la productivité et le rendement sont élevés. Mais ni les entrepreneurs ni les marchés, et encore moins les bureaucraties hypercomplexes des gouvernements et entreprises modernes, ne le font de manière suffisamment efficace. D'énormes zones de gaspillage subsistent, dans lesquelles 80 p. 100 des ressources ne produisent que 20 p. 100 de la valeur. Voilà qui crée constamment des occasions d'arbitrage pour les véritables entrepreneurs. On sous-estime toujours le champ d'application de l'arbitrage entrepreneurial.

Quelques personnes créent presque toute la valeur

Les individus les plus efficaces — c'est-à-dire ceux qui conviennent le mieux aux tâches qu'ils exécutent et qui font ce qui rapporte le plus — produisent d'énormes surplus, généralement de beaucoup supérieurs à ce qu'il leur est permis de prendre. Normalement, ces personnes sont peu nombreuses. La majorité des individus créent à peine plus que ce qu'ils prennent. Une minorité importante (souvent la majorité) prend davantage que ce qu'elle apporte. La mauvaise répartition des ressources est encore plus dramatique dans les entreprises les plus grandes et les plus diversifiées.

Toute grande entreprise gérée constitue en réalité une conspiration organisée pour mal répartir les récompenses. Plus l'entreprise est grande et complexe, plus la conspiration est vaste et réussie. Ceux qui travaillent dans des entreprises ou qui transigent avec elles savent que quelques employés sont inestimables.

Ceux-ci apportent aux entreprises beaucoup plus de valeur qu'ils ne leur en coûtent. Beaucoup d'employés sont des fardeaux qui coûtent plus cher qu'ils ne rapportent. Certains, sans doute de 10 à 20 p. 100 du personnel, enlèvent de la valeur à l'entreprise, même si on ne tient pas compte de leur rémunération.

Bon nombre de raisons expliquent cette situation : la difficulté de mesurer le vrai rendement ; la ruse politique ou autre des cadres supérieurs ; la tendance irrépressible à favoriser les individus que l'on préfère ; la notion ridicule mais répandue selon laquelle le rôle joué devrait compter autant sinon plus que le rendement de l'individu ; et la tendance humaine vers l'égalitarisme, souvent renforcée par le désir légitime de favoriser le travail d'équipe. Le gaspillage et l'inutilité surgissent là où se croisent la complexité et la démocratie.

Dernièrement, j'ai donné des conseils au directeur d'une banque d'investissement sur la manière de diviser son énorme enveloppe budgétaire des primes. Mon client est un riche self-made-man, dont le principal plaisir, et la source de la réussite, est de repérer et d'exploiter les imperfections du marché. Il croit passionnément au marché. Il sait également que deux employés, sur les centaines qui ont droit à une part de l'enveloppe des primes, ont rapporté plus de la moitié des revenus du dernier exercice de sa division ; dans son genre d'entreprise, les calculs sont faciles à faire. Mais, lorsque je lui ai suggéré de donner plus de la moitié de l'enveloppe des primes à ces deux employés, il a été atterré. Plus tard, nous avons étudié le cas de l'un des cadres, dont nous savions tous deux qu'il soustrayait de la valeur à l'entreprise au lieu de lui en ajouter (mais qui était un homme charmant, d'une extrême finesse politique au sein de la banque). J'ai proposé que la banque ne lui accorde pas de prime. Mon client, qui n'avait pas envisagé cela, m'a répondu : « Tu sais, Richard, j'ai déjà réduit sa prime au quart de ce qu'elle était l'an passé ; je n'ose pas aller plus loin. » Pourtant, dans ce cas précis, ce cadre non rentable aurait dû payer la banque pour avoir le droit d'y travailler. Heureusement, le directeur a pris le taureau par les cornes, et la prime du cadre a été réduite à zéro. Celui-ci s'est trouvé un autre emploi, où il crée un peu de valeur pour son employeur.

Les systèmes comptables sont l'ennemi des récompenses justes, parce qu'ils ne manquent jamais de brouiller les cartes, de rendre difficile le repérage des activités qui rapportent vraiment. C'est pourquoi, la faiblesse humaine mise à part, le déséquilibre entre la performance et la récompense est plus marqué dans les entreprises grandes et complexes que dans les petites. L'entrepreneur qui dirige quatre employés sait très bien qui rapporte à son entreprise, et combien, sans avoir à décortiquer l'état des résultats. Le PDG d'une grande entreprise doit se fier à des données comptables trompeuses et au filtre que constitue le directeur des ressources humaines (expression épouvantable!); rien de surprenant, donc, que dans les grandes entreprises les employés étoiles reçoivent moins qu'ils ne le devraient, et que la masse des gestionnaires médiocres finissent par récolter plus qu'ils ne méritent.

Les marges bénéficiaires varient largement

Les marges bénéficiaires — entre la valeur et le coût, entre l'effort et la récompense — sont toujours très variables. Les activités à marge élevée ne constituent qu'une faible partie du total des activités, mais rapportent la plus grande part des bénéfices totaux. Si nous n'intervenions pas dans la répartition naturelle des ressources, ces déséquilibres deviendraient encore plus marqués. Mais nous nous enfouissons la tête dans le sable (les systèmes comptables fournissent de vastes plages à cette fin) et refusons de reconnaître la réalité: la majorité de nos activités et de celles de nos entreprises valent beaucoup moins que la petite minorité d'activités à marge élevée.

Les ressources sont toujours mal réparties

Nous allouons trop de ressources aux activités à faible marge bénéficiaire et trop peu aux activités à marge élevée. Pourtant, malgré nous, ces dernières continuent de se développer tandis que les premières n'arrivent pas à décoller. Si des ressources se libèrent, grâce à la marge de manœuvre créée par les activités à marge bénéficiaire élevée, les activités à faible marge en consommeront davantage, et plus de ressources continueront d'entraîner des surplus à réinvestir faibles, nuls ou négatifs.

Nous ne cessons de nous étonner du rendement des activités les meilleures et du temps qu'il faut pour que les autres activités commencent à rapporter. Généralement, ces dernières ne le feront jamais. Nous mettons toujours trop de temps à le comprendre et seule une intervention externe, une crise par exemple, ou un consultant en gestion, nous poussera à faire ce que nous aurions dû faire depuis longtemps.

La réussite est sous-estimée et peu appréciée

La réussite est sous-évaluée, mal reconnue et peu exploitée. Elle est souvent considérée comme le fruit du hasard ou d'une période de chance. Mais la chance, comme les accidents, n'arrive pas : elle est causée. Nous appelons «chance» la réussite que nous ne pouvons expliquer. Derrière la chance se cache toujours un mécanisme extrêmement efficace, qui produit des surplus même si nous ne nous en rendons pas compte. Parce que nous n'arrivons pas à croire en notre «chance», nous négligeons de la faire fructifier et de profiter des cercles vertueux de création de valeur.

L'équilibre est illusoire

Rien ne dure toujours. Rien n'est jamais en équilibre. L'innovation est la seule constante. L'innovation est toujours combattue, souvent retardée, mais rarement étouffée. L'innovation qui réussit est infiniment plus productive que le *statu quo*; il faut bien qu'elle le soit pour venir à bout de celui-ci. Au-delà d'un certain point, le dynamisme de l'innovation efficace devient irrésistible. La réussite d'un individu, d'une entreprise ou d'un pays se trouve non pas dans l'innovation, ni même dans la création d'une innovation commercialisable, mais dans la reconnaissance du moment auquel l'innovation est sur le point de devenir irrésistible et dans l'exploitation maximale de ce moment.

Le changement est nécessaire à la survie. Le changement positif requiert une intuition de ce qui est le plus efficace et une concentration sur la manière gagnante.

Les plus grandes choses commencent par être petites

Enfin, quelque chose de gros a toujours été petit au départ. Les petites causes, les petits produits, les petites entreprises, les petits marchés, les petits systèmes — tout cela est souvent le point de départ de quelque chose de gros. Pourtant, on ne le reconnaît pas suffisamment. La plupart du temps, notre attention est braquée sur la masse des choses déjà existantes et non pas sur la tendance qui transparaît dans les petits phénomènes. Généralement, nous ne remarquons une chose qu'une fois qu'elle est déjà grosse et que sa décroissance est déjà amorcée. La fortune revient aux rares individus qui se raccrochent à la croissance lorsqu'elle ne fait que commencer et qu'elle est en pleine accélération. Même ceux qui connaissent la croissance en saisissent rarement l'importance ou le potentiel d'enrichissement.

CESSEZ DE PENSER 50/50

Nous avons besoin d'une réadaptation complète pour cesser de penser 50/50 et commencer à penser 80/20. Voici quelques pistes à suivre dans ce sens.

- Pensez déséquilibre. Supposez que 20 p. 100 égalent 80 p. 100, et vice-versa.
- Attendez-vous à l'inattendu. Supposez que 20 p. 100 mènent à 80 p. 100, et vice-versa.
- Supposez qu'en tout — votre temps, votre organisation, votre marché et toute personne ou entreprise avec laquelle vous entrez en relation — la part de qualité est de 20 p. 100 : son essence, son pouvoir ou sa valeur ne constitue qu'une

petite part du tout, enfouie dans une gangue de médiocrité. Recherchez ces précieux 20 p. 100.

- Recherchez la part invisible, souterraine des 20 p. 100. Elle est là; trouvez-la. Elle se manifeste par des réussites inattendues. Si une activité commerciale prospère au-delà de vos espérances, c'est qu'elle fait partie des 20 p. 100 — vous pouvez en tirer encore plus.

- Attendez-vous à ce que les 20 p. 100 de demain ne soient pas les mêmes que les 20 p. 100 d'aujourd'hui. Où est le germe, la graine des 20 p. 100 de demain? Où est le 1 p. 100 qui deviendra 20 p. 100 et qui vaudra 80 p. 100? Où sont les 3 p. 100 qui, l'an passé, étaient 1 p. 100?

- Apprenez à repousser mentalement les 80 p. 100 — la réponse facile, la réalité qui saute aux yeux, la masse évidente, le titulaire actuel d'un poste, la croyance populaire, le consensus d'opinion. Rien de tout cela n'est ce qu'il paraît être ni ne vaut grand-chose. Ces 80 p. 100 sont comme de gros écrans qui vous empêchent de distinguer les 20 p. 100. Regardez derrière, dessous, au-dessus, au-delà, à travers. Ignorez-les; prétendez qu'ils n'existent pas. Retirez vos œillères pour mieux repérer les 20 p. 100 cachés.

Les psychologues nous apprennent qu'une action appropriée peut modifier nos pensées et attitudes et que l'inverse est vrai aussi. Le meilleur moyen de commencer à penser 80/20 est de commencer à agir 80/20, tout comme le meilleur moyen d'agir 80/20 est de penser 80/20. Essayez de faire les deux simultanément. Voici quelques conseils sur la manière d'agir 80/20.

- Chaque fois que vous repérez une activité des 20 p. 100, plongez-y, immergez-vous en elle, devenez-en l'expert, l'adorateur, le grand-prêtre, le partenaire, le créateur, le propagandiste et l'allié indispensable. Tirez-en le meilleur. Si ce meilleur dépasse ce que vous imaginiez, redoublez d'imagination.

165

- Déployez toutes vos ressources — talent, argent, amis, alliés commerciaux, pouvoir de persuasion, crédit, entreprise... tout ce que vous avez ou pouvez dérober — pour saisir, amplifier et exploiter les 20 p. 100 que vous avez repérés.
- Alliez-vous à d'autres, mais seulement à des individus de type 20 p. 100, et seulement aux 20 p. 100 d'entre eux qui sont des alliés puissants. Cherchez ensuite à allier votre alliance à d'autres alliances de type 20 p. 100.
- Tirez parti de l'arbitrage 80/20. Chaque fois que vous le pouvez, déplacez les ressources des activités de type 80 p. 100 vers celles de type 20 p. 100. L'avantage en résultant sera énorme, vu l'effet de levier financier de cet arbitrage. Vous utilisez quelque chose de peu de valeur pour produire autre chose de grande valeur, et gagnez ainsi sur les deux plans.

Les deux principaux véhicules de l'arbitrage 80/20 sont les individus et l'argent, ou les éléments d'actif qui représentent de l'argent ou qui sont convertibles en argent.

Déplacez les individus de type 20 p. 100 (dont vous-même) des activités de type 80 p. 100 vers celles de type 20 p. 100.

Déplacez l'argent des activités de type 80 p. 100 vers celles de type 20 p. 100. Si possible, et si cela n'est pas trop risqué, exploitez l'effet de levier financier durant ce processus. Si vous êtes vraiment en train de déplacer l'argent des activités de type 80 p. 100 vers les activités de type 20 p. 100, le risque couru sera bien moindre qu'on le croit généralement. Il y a deux moyens de bénéficier de l'effet de levier financier. Le premier consiste à emprunter ; le second, à utiliser l'argent des autres (ADA) sous forme de « participation » dans l'entreprise plutôt que sous forme de dette. L'ADA utilisé pour financer les activités de type 80 p. 100 est dangereux ; il entraîne la dépendance et les regrets. L'ADA finançant les activités de type 20 p. 100 crée une situation où tout le monde gagne et où vous êtes, justement, le plus grand gagnant.

- Innovez : créez de nouvelles activités de type 20 p. 100. Volez des idées de type 20 p. 100 à d'autres personnes, produits, industries, domaines intellectuels ou pays, et appliquez-les dans votre propre jardin.

- Éliminez implacablement les activités de type 80 p. 100. Elles grugent le temps que vous devriez consacrer aux activités de type 20 p. 100. Les alliés de type 80 p. 100 encombrent l'espace que devraient occuper les alliés de type 20 p. 100. Les éléments d'actifs de type 80 p. 100 tarissent la source de fonds pour ceux de type 20 p. 100. Les relations commerciales de type 80 p. 100 font passer au second rang celles de type 20 p. 100. Vous ne pouvez dépenser sur les 20 p. 100 de projets de type 20 p. 100 l'énergie mentale que vous gaspillez sur les activités de type 80 p. 100. Inutile d'allonger la liste ; vous aurez compris que toutes les ressources sont limitées et qu'elles doivent être déployées là où elles rapportent le plus.

C'est tout cela, penser 80/20 et agir 80/20. Ceux qui ignorent le Principe 80/20 sont condamnés à obtenir des rendements moyens ; ceux qui l'exploitent sont promis à une réussite exceptionnelle.

LA TROISIÈME PARTIE DU LIVRE

C'est prouvé : le Principe 80/20 s'est révélé précieux dans le monde des affaires et a contribué à la réussite stupéfiante de certaines entreprises en Occident et en Asie. Même ceux qui ne s'intéressent pas aux affaires, ou qui ignorent le Principe 80/20, ont profité des progrès réalisés par la minorité dont ce n'est pas le cas.

Le Principe 80/20 est un principe de vie et non d'affaires. Il est issu de la théorie économique. Il est efficace dans les affaires parce qu'il est le reflet de la manière dont fonctionne le monde, et non parce qu'il y aurait dans les affaires quelque chose qui convienne particulièrement à l'application du principe. Dans toute situation, le Principe 80/20 est soit vrai, soit faux ; chaque fois qu'il a été mis à l'épreuve, dans le monde des affaires ou ailleurs, il s'est révélé efficace. Le fait est qu'il a été mis à l'épreuve beaucoup plus souvent dans l'entreprise commerciale qu'ailleurs.

Il est grand temps de libérer toute la puissance du Principe 80/20 et de l'appliquer ailleurs que dans l'entreprise. Le capitalisme et l'entreprise sont des éléments importants et intéressants de la vie, mais ce ne sont fondamentalement que des méthodes, que le contenant de la vie et non pas le contenu. Le plus précieux de tout, c'est la vie intérieure et la vie extérieure des individus, les relations personnelles, ainsi que les interactions et valeurs de la société.

Dans la troisième partie du présent ouvrage, nous tenterons d'appliquer le Principe 80/20 à notre propre vie, à la réussite et au bonheur. Dans la quatrième partie, nous verrons comment le Principe est intrinsèquement relié aux progrès de la civilisation et de la société. Le contenu des troisième et quatrième parties est de nature plus spéculative et moins confirmée que ce que nous avons vu jusqu'à présent, mais potentiellement plus important. Le lecteur est prié de collaborer à l'expédition vers l'inconnu que nous sommes sur le point d'entreprendre.

TROISIÈME PARTIE

TRAVAILLEZ MOINS, GAGNEZ PLUS ET PROFITEZ DAVANTAGE DE LA VIE

9

LA LIBERTÉ

Le Principe 80/20, comme la vérité, peut vous libérer. Vous pouvez travailler moins, tout en gagnant plus et en profitant davantage de la vie. Comment ? En vous livrant sérieusement à la Pensée 80/20. Vous y acquerrez quelques intuitions clés, lesquelles, si vous passez à l'action, pourraient transformer votre vie.

Tout cela peut se produire en dehors des religions, des idéologies et de tout autre point de vue imposé de l'extérieur. Ce qu'il y a de beau dans la Pensée 80/20, c'est qu'elle est pragmatique, qu'elle naît de l'intérieur et qu'elle est centrée sur l'individu.

Il y a toutefois une petite obligation qui vous est imposée : c'est *vous* qui devez penser. Vous devez adapter et développer le contenu du présent ouvrage en fonction de vos propres fins. Cela ne vous sera probablement pas trop difficile.

Les intuitions issues de la Pensée 80/20 sont peu nombreuses mais extrêmement puissantes. Elles ne s'appliqueront peut-être pas toutes à vous ; par conséquent, si vous constatez que votre expérience est différente, sautez plus loin, jusqu'à l'intuition qui fait écho à votre propre situation.

DEVENEZ UN PENSEUR 80/20, EN COMMENÇANT PAR VOTRE PROPRE VIE

Mon but n'est pas de débiter les intuitions de la Pensée 80/20 et de vous demander de les adapter à votre propre vie. Il est beaucoup plus ambitieux que cela. Je veux que vous saisissiez parfaitement la nature de la Pensée 80/20 pour que vous puissiez trouver vos propres intuitions, de nature particulière ou générale, qui ne m'ont pas traversé l'esprit. Je veux vous enrôler dans l'armée des penseurs 80/20 et amplifier la Pensée 80/20 qui se déchaîne dans le monde.

Les caractéristiques de la Pensée 80/20 sont nombreuses : elle est réfléchie, non conventionnelle, hédoniste, stratégique et non linéaire ; elle allie l'ambition extrême (dans le sens où l'on veut améliorer les choses) à une attitude assurée et détendue. La Pensée 80/20 est constamment à l'affût d'hypothèses et d'intuitions de type 80/20. Quelques explications vous permettront de comprendre la Pensée 80/20 et de savoir si vous êtes ou non sur la bonne voie.

LA PENSÉE 80/20 EST RÉFLÉCHIE

La Pensée 80/20 a pour but de susciter l'action qui provoquera des améliorations marquées dans votre vie et dans celle des autres. Le type d'action souhaité requiert une intuition exceptionnelle. L'intuition nécessite la réflexion et l'introspection, et parfois la collecte de données, exercice auquel nous nous livrerons modérément, dans la mesure où il a rapport avec votre propre vie. Souvent, l'intuition surgit de la pure réflexion, sans apport explicite d'information. Le cerveau dispose déjà de beaucoup plus d'information que nous ne pouvons l'imaginer.

La Pensée 80/20 diffère du type de pensée qui a cours aujourd'hui, laquelle est généralement précipitée, opportuniste, linéaire (par exemple, *x* est bon ou mauvais, quelle en est la cause ?) et « marginaliste ». Dans notre monde actuel, le type de pensée prédominant est intimement lié à l'action immédiate ; dès lors, celle-ci est considérablement appauvrie. L'action chasse la pensée. Notre objectif, à vous et à moi, en tant que penseurs 80/20, est de mettre l'action de côté, de réfléchir calmement, d'extraire quelques précieuses intuitions, puis d'agir — sélectivement, sur un front étroit et par rapport à quelques objectifs seulement; décisivement et de manière impressionnante, afin de produire des résultats extraordinaires avec le moins possible d'énergie et de ressources.

LA PENSÉE 80/20 EST NON CONVENTIONNELLE

La Pensée 80/20 permet de savoir quand la croyance populaire est fausse, ce qu'elle est plus souvent qu'autrement. Pour progresser, il faut repérer la sous-optimisation et le gaspillage inhérents à la vie, en commençant dans notre vie quotidienne, puis y remédier. Pour ce faire, la croyance populaire n'est d'aucune utilité, au contraire. C'est elle qui entraîne le gaspillage et la sous-optimisation. Le pouvoir du Principe 80/20 réside dans la manière différente de faire les choses en faisant fi de la croyance populaire. Pour y arriver, vous devez réfléchir et trouver pourquoi la plupart des gens ne font pas les choses de la bonne manière ou n'exploitent qu'une fraction de leur potentiel. Si vos intuitions sont conventionnelles, c'est que vous ne pensez pas 80/20.

LA PENSÉE 80/20 EST HÉDONISTE

La Pensée 80/20 recherche le plaisir. Elle croit que la vie est là pour être savourée, et que la réussite dérive de l'intérêt, de la joie et du désir d'un bonheur futur. Cela peut sembler ne faire aucun doute, mais la plupart des individus ne s'attachent pas à faire les choses toutes simples qui les mèneraient au bonheur, même lorsqu'ils les connaissent.

La plupart des êtres humains tombent dans un ou plusieurs des pièges suivants. Ils passent beaucoup de temps avec des personnes qu'ils aiment peu. Ils occupent un emploi qui ne les enthousiasme pas. Ils gaspillent le gros de leurs «temps libres» (soit dit en passant, c'est là un concept antihédoniste) à des activités dont ils tirent peu de plaisir. L'inverse est également vrai. Ils ne passent pas le gros de leur temps avec les gens qu'ils aiment le plus ; ils ne poursuivent pas la carrière qui les tente le plus ; ils ne consacrent pas la majorité de leurs temps libres aux activités qu'ils préfèrent. La plupart des êtres humains ne sont pas optimistes, et même ceux qui le sont ne prennent pas la peine de fignoler un plan pour rendre meilleure leur vie future.

Tout cela est curieux. On pourrait dire que c'est le triomphe de l'expérience sur l'espoir, sauf que l'« expérience » est un construct (c'est-à-dire un modèle imaginé pour expliquer certains phénomènes, pour les rattacher à un facteur causal inobservable) généralement davantage fondé sur notre perception de la réalité extérieure que sur la réalité objective. Il serait plus juste de dire que c'est le triomphe du sentiment de culpabilité sur la joie, de la génétique sur l'intelligence, ou de la prédestination sur le choix, et, dans un sens très réel, de la mort sur la vie.

Pour beaucoup, le mot « hédonisme » sous-entend égoïsme, indifférence aux autres et manque d'ambition. Ils se trompent. L'hédonisme est en fait essentiel à l'entraide et à la réussite. Essayer d'accomplir quelque chose de valable sans y prendre plaisir est très difficile et mène toujours au gaspillage. S'il y avait plus d'hédonistes sur terre, le monde serait meilleur et plus riche dans tous les sens du terme.

LA PENSÉE 80/20 CROIT AU PROGRÈS

Depuis 3000 ans, il n'y a jamais eu consensus sur l'existence du progrès ; on s'est toujours demandé s'il se dessine dans l'histoire de l'univers et de l'humanité une courbe irrégulière ascendante ou quelque chose de moins prometteur. Parmi ceux qui ne croient pas au progrès, on compte Hésiode (milieu du VIIIe siècle av. J.-C.), Platon (v. 427 - v. 348 av. J.-C.), Aristote (384 - 322 av. J.-C.), Sénèque (v. 4 av. J.-C. - 65), Horace (65 - 8 av. J.-C), saint Augustin (354 - 430), et la plupart des philosophes et savants contemporains. Dans le camp de ceux qui croient au progrès se trouvent presque toutes les grandes figures du Siècle des lumières (fin du XVIIe siècle et XVIIIe siècle), tels Fontenelle et Condorcet, ainsi que la majorité des penseurs et savants du XIXe siècle, dont Darwin et Marx. Le capitaine de l'équipe portant les couleurs du progrès est sûrement Edward Gibbon (1737 - 1794), historien anglais singulier, qui écrit dans son *Histoire de la décadence et de la chute de l'Empire romain :*

> Nous ne pouvons être certains du sommet auquel peut aspirer l'espèce humaine dans sa marche vers la perfection [...] Nous pouvons donc nous ranger sans crainte à l'attrayante opinion voulant que chaque âge du monde ait augmenté, et augmente encore, la vraie richesse, le bonheur, la connaissance, et peut-être la vertu, de la race humaine.

De nos jours, les preuves tendant à nier l'existence du progrès sont beaucoup plus convaincantes qu'à l'époque de Gibbon. Mais celles qui tendent à la prouver le sont aussi. Le débat ne pourra jamais se résoudre empiriquement. La croyance au progrès doit être un acte de foi. Le progrès est un devoir[1]. Si nous ne croyions pas en la possibilité du progrès, nous ne pourrions jamais améliorer notre univers. Le monde des affaires l'a compris. Dans l'ensemble, le monde des affaires, de concert avec la science, nous a fourni la preuve la plus convaincante de la possibilité du progrès. Au moment où nous avons découvert que les ressources naturelles n'étaient pas inépuisables, les affaires et la science nous ont donné de nouvelles ressources non naturelles inépuisables : l'espace économique, la puce électronique et les technologies médiatrices[2]. Mais pour offrir ses plus grands bienfaits, le progrès ne doit pas se limiter aux mondes de la science, de la technologie et des affaires. Il nous faut appliquer le progrès à la qualité de notre propre vie, individuelle et collective.

La Pensée 80/20 est fondamentalement optimiste parce que, paradoxalement, elle révèle un état de la situation de beaucoup inférieur à ce qu'il devrait être. Vingt pour cent seulement des ressources sont vraiment nécessaires à la réussite. Le reste ne contribue que très faiblement à l'effort global. Par conséquent, raffermissez ces 20 p. 100, réduisez les 80 p. 100 à un niveau raisonnable, et vous multiplierez les extrants. Le progrès peut vous faire monter plusieurs marches du grand escalier. Et même lorsque vous aurez atteint ce nouveau palier, le rapport intrants/extrants étant encore de 80/20, vous pourrez continuer votre ascension.

Les progrès réalisés dans les affaires et dans les sciences prouvent la validité du Principe 80/20. Construisez un ordinateur qui effectue les calculs à une vitesse de plusieurs fois supérieure à celle de toute machine antérieure. Exigez qu'il soit plus petit, plus rapide et plus économique. Beaucoup plus. Répétez le cycle. Répétez-le plusieurs fois. Un tel progrès est sans limite. Appliquez maintenant la même idée à d'autres dimensions de la vie. Si nous croyons au Principe 80/20, il nous aidera à le faire. Il se peut même que nous finissions par prouver qu'Edward Gibbon avait raison : que la vraie richesse, le bonheur, la connaissance, et peut-être la vertu, peuvent être constamment augmentés.

LA PENSÉE 80/20 EST STRATÉGIQUE

Être stratégique, c'est concentrer notre attention sur ce qui est important, sur les quelques objectifs qui peuvent nous donner un avantage relatif, sur ce qui l'est pour nous et non pour les autres, ainsi qu'élaborer et mettre en œuvre un plan d'action avec détermination et ténacité.

LA PENSÉE 80/20 EST NON LINÉAIRE

La pensée traditionnelle est enfermée dans un modèle mental puissant, mais parfois impropre et destructeur. Elle est linéaire : x entraîne y, y cause z, et b est la conséquence inévitable de a. Tu m'as fait de la peine parce que tu étais en retard. À cause de mon manque d'instruction, j'ai un travail sans avenir. J'ai réussi parce que je suis très intelligent. Hitler a provoqué la Deuxième Guerre mondiale. Mon entreprise ne peut croître parce que l'industrie est en déclin. Le chômage est le prix à payer pour un faible taux d'inflation. Les taxes et impôts élevés sont nécessaires pour que l'on prenne soin des pauvres, des malades et des personnes âgées. Et ainsi de suite.

Toutes ces affirmations sont des exemples de pensée linéaire. Celle-ci est attirante parce qu'elle est simple et directe. Malheureusement, elle constitue une piètre description du monde et ne peut nous préparer à changer celui-ci. Les scientifiques et les historiens ont abandonné depuis longtemps la pensée linéaire. Pourquoi vous y accrocheriez-vous ?

La Pensée 80/20 vous offre un radeau de sauvetage. Rien ne résulte d'une cause unique. Rien n'est inévitable. Rien n'est jamais en équilibre ni immuable. Aucun état des choses indésirable ne doit nécessairement être enduré. Rien de souhaitable n'est nécessairement impossible à obtenir. Peu de gens connaissent vraiment la cause réelle de quoi que ce soit de bien ou de mauvais. Des causes peuvent avoir beaucoup d'effet, sans être particulièrement perceptibles ni même considérables. L'équilibre d'une situation peut être grandement modifié par une action mineure. Seules quelques décisions comptent vraiment, et celles-là sont capitales. On a toujours le choix.

La Pensée 80/20 échappe à la logique linéaire en faisant appel à l'expérience, à l'introspection et à l'imagination. Si vous êtes malheureux, ne vous préoccupez pas de la cause immédiate. Songez aux moments où vous avez été heureux et manœuvrez pour vous retrouver dans des situations analogues. Si votre carrière est dans une impasse, ne perdez pas vainement votre temps à rechercher des améliorations marginales : plus grosse voiture de fonction, plus grand bureau, titre plus ronflant, horaire de travail allégé ou supérieur plus compréhensif. Réfléchissez aux quelques réussites les plus importantes de votre vie et recherchez-en davantage de la même sorte, au besoin en changeant d'emploi, voire de carrière. Ne cherchez pas les causes, surtout pas les causes d'échec. Imaginez, puis créez les conditions qui vous rendront à la fois heureux et productif.

LA PENSÉE 80/20 ALLIE L'AMBITION EXTRÊME À UNE ATTITUDE ASSURÉE ET DÉTENDUE

Nous avons été conditionnés à penser que les grandes ambitions vont de pair avec l'hyperactivité, les longues heures de travail, un caractère impitoyable, le sacrifice de soi et des autres pour la cause, et le bourdonnement continu de l'abeille... bref, la foire d'empoigne. Nous payons chèrement cette association d'idées. Cette combinaison n'est ni souhaitable ni nécessaire.

Une combinaison combien plus attirante, et au moins également possible, est celle de l'ambition extrême et de l'attitude assurée, détendue et civilisée. C'est là l'idéal 80/20, lequel repose néanmoins sur des bases empiriques solides. La plupart des grandes réussites sont le fruit d'une combinaison de l'application assidue et de l'intuition soudaine. Pensez à Archimède flottant dans sa baignoire, ou à Newton assis sous son pommier. Leurs intuitions capitales ne leur seraient jamais venues si le premier n'avait pas été occupé à réfléchir au déplacement, et le second, à la gravité. Ils ne les auraient pas eues non plus si Archimède avait été cloué à son bureau ou si Newton avait été accaparé par la direction d'une équipe de scientifiques.

Le gros de ce que nous accomplissons dans la vie, et qui a de l'importance pour nous et pour les autres, se produit durant une très faible partie de notre vie active. La Pensée 80/20 et la simple observation le prouvent clairement. Nous disposons de plus de temps que nous en avons besoin. Nous nous abaissons, faute d'ambition, et aussi en présumant que l'ambition implique frénésie et tohu-bohu. L'intuition et l'action sélective sont les moteurs de la réussite. La petite voix du calme joue un plus grand rôle dans notre vie que nous sommes prêts à le reconnaître. L'intuition surgit lorsque nous sommes détendus et que nous nous sentons bien dans notre peau. L'intuition requiert du temps — et de temps, contrairement à la croyance populaire, on ne manque pas.

INTUITIONS 80/20 APPLICABLES À L'INDIVIDU

Dans la suite de la troisième partie, nous examinerons des intuitions applicables à votre vie personnelle, dont voici un échantillon. Il vous suffit d'agir en réaction à quelques-unes d'entre elles pour améliorer grandement la qualité de votre vie.

- Quatre-vingts pour cent de notre réussite et de notre bonheur se produisent durant 20 p. 100 de notre temps, et nous pouvons élargir considérablement ces crêtes.
- Notre vie est profondément touchée, en bien et en mal, par une poignée d'événements et de décisions. Ces décisions sont souvent prises par défaut et non par choix conscient : nous laissons les choses nous arriver au lieu de façonner notre propre vie. Nous pouvons améliorer notre vie de manière spectaculaire en sachant reconnaître les points tournants et en prenant les décisions qui nous rendront heureux et productifs.
- Quelques causes clés provoquent les événements, et celles-ci ne sont pas toujours les plus évidentes. Si nous arrivons à identifier les causes clés et à les isoler, nous pouvons souvent exercer plus d'influence sur celles-ci que nous le croyons possible.
- Tout le monde peut accomplir quelque chose de valable. On n'y arrive pas en faisant des efforts, mais en trouvant préalablement quelle est la chose appropriée à accomplir. Vous êtes beaucoup plus productif dans certains domaines que dans d'autres, mais vous diluez votre efficacité en vous éparpillant dans des domaines où votre habileté relative est inférieure.
- Il y aura toujours des gagnants et des perdants, et ces derniers seront toujours plus nombreux que les premiers. Vous pouvez être un gagnant si vous choisissez la bonne compétition, la bonne équipe et la bonne méthode. Vous avez plus de chances de gagner si vous pipez les dés en votre faveur (légitimement et honnêtement) que si vous vous efforcez d'améliorer votre performance. Vous avez

plus de chances de gagner là où vous avez déjà gagné dans le passé. Vous avez plus de chances de gagner si vous vous montrez sélectif dans le choix des courses auxquelles vous participez.

- Nous connaissons la plupart de nos échecs dans des courses qui nous ont été imposées, et la plupart de nos réussites dans des courses que nous avons nous-mêmes choisies. Nous perdons la plupart des courses parce que nous participons à trop de courses que nous n'avons pas choisies.

- Peu de gens prennent vraiment les objectifs au sérieux. Ils consentent des efforts moyens dans d'innombrables domaines, au lieu de concentrer réflexion et efforts dans quelques domaines vitaux. Les individus qui réussissent le mieux sont aussi sélectifs que déterminés.

- La plupart des gens consacrent la majorité de leur temps à des activités à faible valeur pour eux et pour les autres. Le penseur 80/20 évite ce piège et peut atteindre un plus grand nombre d'objectifs à valeur élevée sans fournir davantage d'efforts.

- L'une des décisions les plus importantes qu'on puisse prendre dans la vie est celle du choix de ses alliés. Rien ou presque n'est possible sans alliés. La plupart des gens ne choisissent pas soigneusement leurs alliés ou ne les choisissent pas du tout. Leurs alliés sont là comme par accident. Ça, c'est laisser les choses nous arriver. La plupart des gens n'ont pas les bons alliés. En outre, la plupart en ont trop et ne les utilisent pas adéquatement. Le penseur 80/20 se choisit judicieusement quelques alliés et tisse ses alliances avec soin afin d'atteindre des objectifs précis.

- Un cas extrême de mauvais choix d'alliés se produit lorsqu'on jette son dévolu sur le mauvais compagnon de vie. La plupart des gens ont trop d'amis et ne bénéficient pas d'un cercle d'intimes sélectionnés. Nombreux sont ceux qui n'ont pas choisi le bon partenaire de vie; plus nombreux encore sont ceux qui traitent de manière inadéquate le bon partenaire qu'ils ont choisi.

- L'argent bien utilisé peut être une source d'occasions de passer à un style de vie meilleur. Rares sont ceux qui savent comment multiplier l'argent, mais le penseur 80/20 devrait être en mesure de le faire. Tant que l'argent reste subordonné au style de vie et au bonheur, son pouvoir ne saurait être néfaste.

- Rares sont ceux qui consacrent assez de réflexion et de temps à la culture de leur propre bonheur. Les gens visent des objectifs indirects, comme l'argent et les promotions, souvent difficiles à atteindre et qui, une fois obtenus, se révèlent souvent être de médiocres sources de bonheur. Non seulement l'argent ne fait pas le bonheur, mais il n'y ressemble pas du tout. L'argent non dépensé peut être investi et, par la magie de l'intérêt composé, il se multipliera. Mais le bonheur non dépensé aujourd'hui ne rapportera pas plus de bonheur demain. Le bonheur, comme l'esprit, s'atrophie si on ne le stimule pas. Le penseur 80/20 sait d'où vient son bonheur et le recherche consciemment, avec intelligence et enthousiasme. Il se sert du bonheur d'aujourd'hui pour construire et intensifier son bonheur de demain.

LE TEMPS NOUS ATTEND DANS LES COULISSES

Le meilleur point de départ pour commencer à «penser 80/20» quant à la réussite et au bonheur est une réflexion sur le temps. Notre société évalue mal la qualité et le rôle du temps. Nombreux sont ceux qui l'ont compris intuitivement, et des centaines de milliers de cadres supérieurs débordés ont cherché à s'affranchir par le biais de la gestion du temps. Mais ces derniers ne font que bricoler leur emploi du temps. C'est notre attitude même face au temps qui doit se transformer. Nous n'avons pas besoin de la gestion du temps, mais d'une révolution du temps !

10

LA RÉVOLUTION DU TEMPS

Mais derrière moi j'entends toujours venir
Le chariot ailé du temps qui se précipite ;
Et là-bas, devant nous tous s'étendent
Les déserts infinis de l'éternité.

ANDREW MARVELL[1]

Presque tout le monde, des individus les plus affairés aux individus les plus oisifs, a besoin d'une révolution du temps. Ce n'est pas que nous manquions de temps, ni que nous en ayons trop. Ce qui fait problème, et qui représente aussi une occasion à saisir, c'est notre manière de traiter le temps, voire la manière dont nous l'appréhendons. La révolution du temps constitue le moyen le plus rapide de faire un pas de géant en direction du bonheur et de l'efficacité.

LE PRINCIPE 80/20 ET LA RÉVOLUTION DU TEMPS

Le Principe 80/20, appliqué à notre utilisation du temps, pose les hypothèses suivantes.

- La majorité des réussites majeures d'un individu — la majeure partie de la valeur ajoutée par quelqu'un sur le plan professionnel, intellectuel, artistique, culturel ou athlétique — sont réalisées durant une partie relativement mineure du temps dont il dispose. Il existe un profond déséquilibre entre ce qui est créé et le temps consacré à le créer, que ce temps se mesure en jours, en semaines, en mois, en années ou en vies entières.
- De même, les périodes de bonheur de l'individu sont très limitées dans le temps. Si l'on pouvait mesurer le bonheur avec précision, on constaterait qu'il n'existe que durant une partie relativement mineure du temps total dont dispose l'individu, que la période mesurée soit un jour, une semaine, un mois, une année ou la vie entière.

Nous pouvons formuler autrement les deux affirmations précédentes, avec une précision fallacieuse mais plus de punch, au moyen de la sténographie 80/20.

- Quatre-vingts pour cent de la réussite est obtenue durant 20 p. 100 du temps consacré à l'obtenir ; inversement, 80 p. 100 du temps consacré à la recherche de résultats n'entraîne que 20 p. 100 de la valeur des résultats.
- Quatre-vingts pour cent du bonheur est vécu durant 20 p. 100 de la vie ; 80 p. 100 du temps vécu ne contribue qu'à 20 p. 100 du bonheur de la vie.

N'oubliez pas qu'il s'agit là d'hypothèses que vous vérifierez à l'aune de votre expérience, et non de vérités évidentes ou de résultats de recherches exhaustives.

Dans les cas où ces hypothèses se révèlent justes (elles le sont dans la majorité des cas où je les ai mises à l'épreuve), elles ont quatre implications plutôt surprenantes.

- La majorité de ce que nous faisons a peu de valeur.
- Certains fragments minuscules de notre temps sont beaucoup plus précieux que tout le reste de notre temps.

- Si nous pouvons faire quelque chose en la matière, ce doit être quelque chose de radical : inutile de chercher à bricoler et à rafistoler, ou d'essayer d'utiliser notre temps un peu plus efficacement.
- Si nous utilisons efficacement 20 p. 100 de notre temps seulement, nous n'en manquerons jamais !

Passez quelques minutes ou quelques heures à vous demander si le Principe 80/20 agit pour vous dans chacune de ces sphères. Les pourcentages exacts sont sans importance ; de toute façon, il est presque impossible d'établir des mesures précises. La question clé à se poser est la suivante : existe-t-il un déséquilibre important entre le temps investi, d'une part, et la réussite ou le bonheur, d'autre part ? Le cinquième le plus productif de votre temps vous apporte-t-il les quatre cinquièmes de vos résultats valables ? Les quatre cinquièmes de vos moments heureux se concentrent-ils dans le cinquième de votre vie ?

IL NE S'AGIT PAS DE MIEUX GÉRER VOTRE TEMPS !

Si l'utilisation de votre temps est déséquilibrée, une révolution du temps est nécessaire. Vous n'avez pas besoin de mieux vous organiser ou de modifier votre emploi du temps, mais de transformer votre manière de l'utiliser. Vous avez sans doute aussi besoin de changer votre notion du temps.

Toutefois, ne confondez pas gestion du temps avec ce que vous avez besoin de faire. La gestion du temps, concept originaire du Danemark, était à l'origine un outil de formation destiné à aider les dirigeants d'entreprises à organiser plus efficacement leur emploi du temps. Aujourd'hui, la gestion du temps est devenue une industrie récoltant plus d'un milliard de dollars à l'échelle mondiale.

La principale caractéristique de l'industrie de la gestion du temps n'est plus tellement la formation, mais la vente de « gestionnaires personnels », de plus en plus souvent offerts sous forme d'organiseurs électroniques. La gestion du temps s'accompagne souvent d'un discours évangélique : l'entreprise qui connaît la plus forte croissance dans cette industrie, Franklin, a de profondes racines mormones[2].

La gestion du temps n'est pas une mode passagère ; ses utilisateurs apprécient vivement les systèmes dont ils se servent et affirment que leur productivité personnelle a augmenté de 15 à 25 p. 100 grâce à eux. Mais l'objectif de la gestion du temps, c'est de faire entrer un litre d'eau dans une tasse. Elle est axée sur l'accélération et s'adresse aux gens d'affaires dont les activités sont trop nombreuses en regard du temps dont ils disposent. En théorie, si le cadre planifie mieux chaque petit segment temporel de la journée, il sera plus efficace dans son action. La gestion du temps préconise la définition de priorités claires, pour que le cadre échappe à la tyrannie des événements quotidiens qui, tout en étant très urgents, ne sont peut-être pas si importants que cela.

En gestion du temps, il est implicitement présumé que nous savons ce qui est et ce qui n'est pas une bonne utilisation de notre temps. Si le Principe 80/20 est juste, cette hypothèse de départ est loin d'être sûre. Quoi qu'il en soit, si nous savions ce qu'il est important de faire, nous le ferions déjà.

La gestion du temps exige souvent que l'on accorde une cote de priorité A, B, C ou D à ses activités. Dans la réalité, la plupart des gens finissent par classer de 60 à 70 p. 100 de celles-ci dans les priorités A ou B. Ils arrivent alors à la conclusion que ce qui leur manque vraiment, c'est du temps. Ils le savaient pourtant déjà, puisque c'est ce manque de temps qui les a initialement incités à adopter la gestion du temps. En fin de compte, ils planifient mieux leur emploi du temps, travaillent de plus longues heures, avec plus d'ardeur et plus de frustrations aussi. Ils deviennent dépendants de la gestion du temps, laquelle ne change pas réellement ce qu'ils font, ni n'atténue le sentiment de culpabilité qu'ils éprouvent en pensant qu'ils n'en font pas encore assez.

Le terme même de « gestion du temps » est significatif. Il implique que le temps peut être géré plus efficacement, que c'est une ressource rare et précieuse, une maîtresse qui nous mène par le bout du nez. Il faut le dépenser parcimonieusement; à tout moment, il peut nous échapper. Selon les évangélistes de la gestion du temps, le temps perdu ne peut jamais être retrouvé.

Nous vivons à l'ère de la frénésie du travail. L'ère des loisirs prédite depuis longtemps tarde à arriver, sauf pour les chômeurs. Nous vivons la situation absurde relevée par Charles Handy[3]: les heures de travail des cadres s'allongent — les semaines de 60 heures ne sont pas rares —, tandis qu'il y a pénurie de travail pour les autres.

La société se divise entre ceux qui ont de l'argent mais pas de temps pour le dépenser et ceux qui disposent de tout le temps du monde mais pas d'argent. La popularité de la gestion du temps coexiste avec l'angoisse sans précédent de bien utiliser son temps et d'en avoir assez pour assumer ses tâches de manière satisfaisante.

L'HÉRÉSIE 80/20 DU TEMPS

Le Principe 80/20 va à l'encontre de la croyance populaire à propos du temps. Les implications de l'Analyse 80/20 du temps sont tout à fait différentes et, pour ceux qui sont imprégnés de la perspective conventionnelle sur le temps, étonnamment libératrices.

- Notre utilisation du temps n'est pas rationnelle. Il est donc inutile de chercher à l'améliorer marginalement. Nous devons remonter aux sources et nous débarrasser de toutes nos hypothèses sur le temps.
- Il n'y a pas de pénurie de temps. En fait, nous en avons en abondance. Nous ne faisons bon usage que de 20 p. 100 de notre temps. Pour les gens les plus efficaces, c'est souvent cette petite fraction de temps qui fait toute la différence. Selon le Principe 80/20, si nous doublions le temps consacré aux 20 p. 100 supérieurs de nos activités, nous pourrions travailler deux jours par semaine et accomplir 60 p. 100 de plus qu'auparavant. Voilà qui est à des années-lumière du monde frénétique de la gestion du temps.

- Le Principe 80/20 considère le temps comme un ami et non comme un ennemi. Le temps qui passe n'est pas du temps perdu. Il y a toujours du temps à venir : il y a 7 jours dans une semaine et 12 mois dans une année, et les saisons se suivent et se répètent. Les intuitions et la valeur sont plus probables si l'on adopte une position confortable, détendue et ouverte par rapport au temps. C'est notre utilisation du temps, pas le temps en soi, qui est l'ennemi.

- Selon le Principe 80/20, nous devons en faire moins. L'action chasse la pensée. C'est parce que nous disposons de trop de temps que nous le gaspillons. Dans un projet, les heures les plus productives correspondent généralement à la dernière tranche de 20 p. 100 de celles qui y sont consacrées, simplement parce qu'une échéance doit être respectée. Dans la plupart des projets, la productivité pourrait être doublée si l'on coupait tout simplement de moitié le temps dévolu à leur réalisation. Voilà une autre preuve que le temps ne manque pas.

LE TEMPS EST UN LIEN BIENFAISANT ENTRE LE PASSÉ, LE PRÉSENT ET LE FUTUR

Ce n'est pas d'une pénurie de temps qu'il faut s'inquiéter, mais plutôt de la tendance à dépenser la plus grande partie de notre temps de manières dénuées de qualité. Aller plus vite ou employer notre temps plus efficacement n'est d'aucune utilité ; en fait, cette manière de penser fait davantage partie du problème que de sa solution.

La Pensée 80/20 nous oriente vers une conception plus « orientale » du temps. Le temps ne devrait pas être considéré comme une séquence, une ligne allant de gauche à droite, ainsi que dans la plupart des représentations graphiques que la culture commerciale nous a imposées. Mieux vaut voir le temps comme un dispositif cyclique de synchronisation, tel que le voulaient les inventeurs de l'horloge. Le temps revient toujours, apportant avec lui l'occasion d'apprendre, d'approfondir quelques précieuses relations, de réaliser un meilleur produit ou extrant quelconque, et d'ajouter de la valeur à la vie. Nous n'existons pas seulement dans le présent ; nous sommes issus du passé et nous possédons un trésor d'associations passées ; notre avenir, comme notre passé, est déjà immanent dans notre présent. Une représentation graphique du temps dans notre vie, de beaucoup meilleure à celle de la ligne gauche-droite, est un ensemble de trois triangles enchâssés, toujours plus grands, comme à la Figure 35.

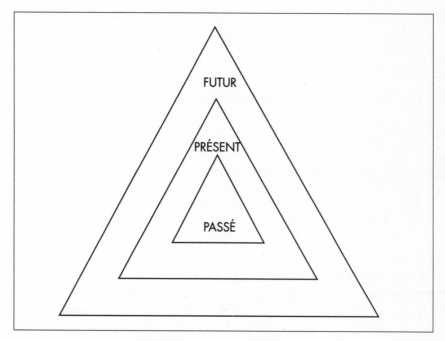

FIGURE 35   La triade du temps

L'avantage de voir le temps de cette manière, c'est qu'elle souligne la nécessité de porter en nous, dans toute notre vie, les 20 p. 100 les plus précieux et les plus appréciés de ce que nous possédons — personnalité, habiletés, amitiés et même atouts physiques — et de veiller à les nourrir, à les développer, à les prolonger, à les amplifier et à les approfondir, afin d'améliorer notre efficacité, notre valeur et notre bonheur.

Cela ne peut se faire que si nous entretenons des relations cohérentes et constantes, fondées sur la croyance optimiste que l'avenir sera meilleur que le présent, du fait que nous pouvons saisir et prolonger les 20 p. 100 supérieurs du passé et du présent pour créer un plus bel avenir. Vu sous cet angle, l'avenir n'est pas la seconde moitié d'un film que l'on visionne en étant conscient du passage du temps (et terrifié par sa vitesse). L'avenir est plutôt une dimension du présent et du passé qui nous offre l'occasion de créer quelque chose de mieux. Dans la Pensée 80/20, cela est toujours possible. Il nous suffit de donner libre cours à nos 20 p. 100 les plus positifs tout en les orientant mieux.

GUIDE DESTINÉ AU RÉVOLUTIONNAIRE DU TEMPS

Voici les sept moyens de déclencher une révolution du temps.

Faites l'effort mental de dissocier effort et récompense

L'éthique protestante du travail est si profondément enracinée en nous, que nous soyons croyants ou athées, qu'un effort conscient est nécessaire pour l'extirper. L'ennui, c'est que nous aimons le dur labeur, du moins la satisfaction vertueuse de l'avoir accompli. Il nous faut nous convaincre une fois pour toutes que le dur labeur, surtout pour le compte des autres, n'est pas un moyen efficace d'obtenir ce que nous voulons. Le dur labeur mène à de faibles bénéfices. L'intuition, et faire ce que nous avons nous-mêmes choisi de faire, mène à des bénéfices élevés.

Choisissez vos saints patrons de la paresse productive. Les miens sont Ronald Reagan et Warren Buffett. Sans effort, l'acteur de films de série B Ronald Reagan est devenu le chouchou de la droite républicaine, puis gouverneur de Californie et enfin président des États-Unis.

Qu'avait-il en sa faveur ? Une belle gueule, une voix merveilleusement mélodieuse dont il tirait instinctivement avantage en toutes circonstances (notamment, lorsque d'un ton charmant et plaisantin il a dit à sa femme, après avoir été atteint de plusieurs coups de feu: «Chérie, j'ai oublié de me baisser.»), des directeurs de campagne astucieux, une élégance à l'ancienne ainsi qu'une vision à la Disney des États-Unis et du monde. Sa capacité à s'appliquer à quelque chose était fort limitée, sa compréhension de la réalité conventionnelle, plus que ténue, et son habileté à inspirer le peuple américain et à abattre le communisme, toujours plus impressionnante. En déformant un peu la célèbre phrase de Churchill, je dirais: jamais tant n'a été accompli par si peu de personnes avec si peu d'effort.

Warren Buffett est devenu (temporairement) l'homme le plus riche des États-Unis, non pas en travaillant, mais en investissant. Au fil des ans, il a multiplié un tout petit capital de départ, à des taux d'appréciation de loin supérieurs à ceux des marchés boursiers. Il y est parvenu sans se livrer à beaucoup d'analyses (il a commencé avant l'invention de la règle à calcul), grâce à quelques intuitions qu'il a exploitées avec constance.

Buffett s'est lancé sur la route des milliards armé d'une bonne idée: il était convaincu que les journaux locaux américains jouissaient d'un monopole local qui constituait la plus parfaite des franchises commerciales. Cette idée simple lui a rapporté ses premiers millions; par la suite, il a amassé le gros de sa fortune grâce à des actions dans l'industrie des médias, une industrie qu'il comprend.

S'il n'est pas paresseux, Buffett est à tout le moins très économe de son énergie. Tandis que la plupart des gestionnaires de fonds achètent de nombreux lots d'actions qu'ils échangent fréquemment, Buffett en achète très peu et les garde longtemps. Ainsi, il a beaucoup moins de travail. Il se moque du concept conventionnel de diversification du portefeuille, qu'il appelle «méthode de l'arche de Noé»: «Les gestionnaires achètent tout en paires et finissent pas avoir un zoo.» Sa propre philosophie de l'investissement «frise la léthargie».

Chaque fois que je suis tenté d'en faire trop, je pense à Reagan et à Buffett. Pensez à vos propres exemples de relations que vous connaissez bien ou de personnages publics qui incarnent l'inertie productive. Pensez souvent à eux.

Affranchissez-vous de la culpabilité

Affranchissez-vous de la culpabilité pour éviter les dangers liés au labeur excessif et aussi pour ne faire que les choses que vous aimez. Il n'y a rien de mal à ne faire que ce que l'on aime, et vous n'avez rien à tirer des activités que vous détestez.

Faites ce que vous aimez. Faites-en votre travail. Presque tous ceux qui se sont enrichis l'ont fait en s'adonnant à des tâches qu'ils aimaient. Cela pourrait bien être un autre exemple de la perversité 80/20 de l'univers.

Vingt pour cent des individus non seulement jouissent de 80 p. 100 de la richesse, mais monopolisent aussi 80 p. 100 de la satisfaction tirée du travail.

John Kenneth Galbraith, ce vieux puritain grincheux, a fait ressortir l'injustice fondamentale du monde du travail. Non seulement les classes moyennes sont mieux rémunérées pour leur travail, mais leur travail est plus intéressant, et elles y prennent davantage de plaisir. Ces gens ont des secrétaires, des adjoints, voyagent en première, descendent dans des hôtels de luxe, et leur vie professionnelle est plus stimulante. En fait, il vous faudrait disposer d'une fortune personnelle imposante pour vous payer tous les avantages que les cadres de haut niveau s'attribuent couramment.

Galbraith a lancé une idée révolutionnaire : ceux dont le travail est moins intéressant devraient être mieux payés que ceux dont le travail est agréable. Quel trouble-fête ! De telles idées provoquent la réflexion, certes, mais il n'y a rien de bon à en tirer. Comme dans tant de phénomènes de type 80/20, si vous regardez sous la surface vous percevrez une logique derrière cette apparente iniquité.

En l'occurrence, cette logique est très simple. Ceux qui accomplissent le plus doivent nécessairement aimer ce qu'ils font. Ce n'est qu'en se sentant satisfait que l'on peut créer quelque chose d'une valeur extraordinaire. Songez par exemple à n'importe quel artiste majeur. La qualité et l'ampleur de sa production sont étonnantes. Van Gogh n'a jamais cessé de peindre. Picasso était une véritable usine d'art, bien avant Andy Warhol, parce qu'il aimait ce qu'il faisait.

Plongez-vous dans la production sublime, prodigieuse et sexuellement motivée de Michel-Ange. Même les quelques éléments dont je me souvienne — son *David*, sa *Pietà* à Saint-Pierre de Rome, son *Esclave mourant*, son plafond de la chapelle Sixtine, sa nouvelle sacristie à Florence, sa bibliothèque des Médicis — sont déjà miraculeux pour un seul artiste. Michel-Ange a produit tout cela, non parce que c'était son travail, non parce qu'il craignait l'irascible pape Jules II, pas même pour gagner de l'argent, mais parce qu'il aimait ses créations et les jeunes hommes.

Vos motivations sont sans doute autres que les siennes, mais sachez que vous ne créerez rien dont la valeur soit durable si vous ne prenez pas plaisir à sa création. Cela s'applique autant à la vie personnelle qu'au monde des affaires.

Je ne préconise pas la paresse perpétuelle. Le travail est une activité naturelle qui satisfait un besoin intrinsèque, comme le découvrent vite le chômeur, le retraité et quiconque gagne une fortune du jour au lendemain. Il y a pour chacun un équilibre naturel, un rythme et un rapport travail/loisir optimal, et la plupart des êtres humains sentent intuitivement s'ils sont trop paresseux ou trop laborieux. La grande utilité de la Pensée 80/20 est d'inciter l'individu à s'engager dans des activités à valeur et à satisfaction élevées, dans son travail comme dans ses loisirs ; elle ne cherche pas à provoquer le remplacement du travail par les loisirs. Mais je soupçonne que la plupart des gens orientent trop de leurs efforts dans la mauvaise direction. Notre monde serait bien meilleur si une moins grande quantité de travail menait à une plus ample profusion de créativité et d'intelligence. De même qu'un accroissement de travail profiterait aux 20 p. 100 les plus oisifs de l'humanité, une réduction draconienne profiterait aux 20 p. 100 les plus laborieux, et la société profiterait doublement d'un tel arbitrage. La quantité de travail compte beaucoup moins que sa qualité, et sa qualité dépend de l'orientation que se donne chacun.

Libérez-vous des obligations imposées par les autres

Lorsque 80 p. 100 du temps dépensé rapporte 20 p. 100 des résultats, il y a fort à parier que ces 80 p. 100 l'ont été sur l'ordre de quelqu'un d'autre.

Il est de plus en plus apparent que toute cette idée de travailler directement pour quelqu'un d'autre, ou d'occuper un poste avec sécurité d'emploi mais peu de liberté d'action, n'a été qu'une phase transitoire (bien que celle-ci dure depuis deux siècles) dans l'histoire du travail[4]. Même si vous travaillez pour le compte d'une grande entreprise, vous devriez vous considérer comme un travailleur indépendant, malgré le fait que vous figurez sur la liste de paie de Société Monolithique inc.

Le Principe 80/20 a cent fois prouvé que les 20 p. 100 d'individus les plus productifs travaillent à leur propre compte ou se comportent comme si c'était le cas.

Cette même idée vaut en dehors du monde du travail. Il est très difficile d'utiliser à bon escient le temps dont on dispose si l'on n'en est pas maître. (Cela vous sera difficile même si vous êtes maître de votre temps, parce que votre esprit est contraint par le sentiment de culpabilité, par les conventions et par d'autres points de vue extérieurs sur ce que vous devriez faire — mais vous avez au moins une chance de réduire ces entraves au minimum.)

Il est impossible, voire non souhaitable, que je pousse plus loin mon conseil. Vous aurez toujours quelques obligations envers les autres, lesquelles peuvent être extrêmement utiles dans votre perspective. Même l'entrepreneur n'est pas un solitaire qui n'a de compte à rendre à personne. Il a des associés, des employés, des alliances et un réseau de relations, desquels il ne peut rien attendre s'il ne donne rien en retour. Ce qui compte, c'est d'être sélectif, de choisir avec grand soin ces partenaires et obligations.

Faites fi des conventions et soyez excentrique dans votre utilisation du temps

Il est peu probable que vous passiez les 20 p. 100 les plus précieux de votre temps à jouer les bons soldats, à faire ce qui est attendu de vous, à assister aux réunions où l'on compte sur votre présence, à agir comme la plupart de vos collègues ou à observer de diverses autres manières les conventions sociales rattachées à votre rôle. En fait, vous devriez vous demander si toutes ces activités sont vraiment nécessaires.

Vous n'échapperez pas à la tyrannie de la règle 80/20 — à la probabilité que 80 p. 100 de votre temps sera consacré à des activités de priorité secondaire — en adoptant un comportement conventionnel ni en recherchant des solutions conventionnelles.

Voici un exercice salutaire : trouvez les manières les moins conventionnelles ou les plus excentriques de dépenser votre temps. Jusqu'à quel point pouvez-vous dévier de la norme sans vous faire expulser de votre monde ? Les manières excentriques de passer votre temps n'augmenteront pas toutes votre efficacité, mais certaines, fût-ce une seule, le pourraient. Imaginez plusieurs scénarios et choisissez celui qui vous laisse le plus de temps à consacrer à des activités à valeur élevée que vous aimez.

Qui parmi vos connaissances est à la fois efficace et excentrique ? Découvrez comment ces personnes dépensent leur temps et jusqu'à quel point elles dévient de la norme. Vous voudrez peut-être les imiter dans ce qu'elles font et ne font pas.

Mettez le doigt sur les 20 p. 100 qui vous rapportent 80 p. 100

Il est probable qu'environ le cinquième de votre temps vous rapporte les quatre cinquièmes des résultats que vous obtenez et vous procure les quatre cinquièmes de votre bonheur. Puisque ce cinquième n'est pas nécessairement le même dans les deux cas (bien qu'il y ait généralement un chevauchement considérable des deux), vous devez d'abord savoir clairement

195

si votre objectif, dans chaque cas particulier, est le résultat à obtenir ou le bonheur. Je vous recommande de considérer les deux séparément.

Pour ce qui est du bonheur, repérez vos *plages heureuses*: ce sont les petites périodes ou les quelques années qui ont apporté à votre vie une quantité de bonheur disproportionnée. Prenez une feuille de papier et, sous la rubrique « Plages heureuses », dressez la liste de tous ces moments ou périodes dont vous vous souvenez. Essayez ensuite de trouver le dénominateur commun de tous ces moments ou de certains d'entre eux.

Répétez l'exercice pour vos *plages malheureuses*. Générale- lement, celles-ci ne représenteront pas l'entièreté des 80 p. 100 restants de votre temps, puisque pour la plupart d'entre nous le *no man's land* neutre séparant les plages heureuses des plages malheureuses est large. Il est toutefois essentiel d'identifier les causes de non-bonheur les plus significatives et d'en rechercher le dénominateur commun.

Pour ce qui est des résultats obtenus, répétez l'exercice ci- dessus. Repérez vos *plages de réussite*: ce sont de brèves périodes durant lesquelles vous avez atteint un rapport valeur/temps de loin supérieur à celui du reste de la semaine, du mois, de l'an- née ou de toute votre vie. Sur une autre feuille de papier, sous la rubrique « Plages de réussite », dressez une liste complète, si possible à l'échelle de votre vie entière.

Essayez de dégager les caractéristiques communes à toutes ces plages de réussite. Avant de terminer cet exercice, vous voudrez peut-être consulter la liste des 10 utilisations les plus valables du temps (voir page 203). La lecture de cette liste générale, compilée à partir de l'expérience d'un grand nombre d'individus, pourrait vous rafraîchir la mémoire.

Dressez ensuite une autre liste, celles de vos *déserts de réus- site*. Ce sont les périodes qui ont été pour vous les plus stériles, où votre productivité était la plus faible. La liste des 10 utilisa- tions les moins valables du temps (voir page 202) vous sera utile. Ici encore, demandez-vous ce que ces déserts ont en com- mun. Ensuite, agissez en conséquence.

Amplifiez les 20 p. 100 de votre temps qui vous rapportent 80 p. 100 des résultats

Une fois vos plages de réussite et de bonheur repérées, il est probable que vous voudrez y passer plus de temps et trouver d'autres activités du même genre.

Parfois, lorsque j'explique cette idée, certains me disent qu'il y a une faille dans mon raisonnement, parce que le fait de consacrer plus de temps aux 20 p. 100 en question risque d'entraîner une diminution des résultats. Consacrer deux fois plus de temps à ces 20 p. 100 ne doublera sans doute pas les 80 p. 100 de résultats, mais entraînera peut-être 40, 50, 60 ou 70 p. 100 de résultats supplémentaires.

J'ai deux réponses à offrir à ces critiques. Premièrement, puisqu'il est impossible (pour l'instant) de mesurer le bonheur ou l'efficacité de manière un tant soit peu précise, ces critiques ont sans doute raison dans certains cas. Et alors? La multiplication des plages de réussite et de bonheur sera quand même marquée.

Deuxièmement, je dois dire que je ne crois pas que ces critiques aient raison. Je ne vous demande pas de copier *exactement* ce que vous faites aujourd'hui durant les 20 p. 100 de votre temps qui vous rapportent 80 p. 100 de ce que vous recherchez. Lorsque vous essayez d'identifier le dénominateur commun de vos plages de réussite et de bonheur, vous êtes en fait à la recherche de quelque chose de beaucoup plus fondamental que les événements eux-mêmes : vous tentez de repérer ce que vous avez été programmé pour réussir le mieux.

Il se peut très bien qu'il y ait encore des choses que vous devriez faire (pour réaliser votre plein potentiel de réussite ou de bonheur), que vous n'avez commencé à faire qu'imparfaitement, ou encore, que vous ne faites pas du tout. Par exemple, Dick Francis était un formidable jockey dans les courses d'obstacles, mais il n'a publié qu'à l'âge de 40 ans son premier roman à énigmes se déroulant dans le monde des courses. Aujourd'hui, sa réussite, ses revenus et, peut-être, la satisfaction qu'il tire de cette dernière activité sont de loin supérieurs à ceux de sa première activité. Richard Adams était un fonctionnaire civil d'âge moyen, insatisfait de son travail, avant d'écrire son best-seller *Les Garennes de Watership Down*.

Il n'est pas du tout rare que l'analyse des plages de bonheur ou de réussite fasse surgir chez l'individu une intuition sur sa «vocation», laquelle lui permet ensuite de consacrer de son temps à des activités nouvelles dont le rapport satisfaction-temps est supérieur à celui de ses activités antérieures. On le voit bien, les résultats peuvent être améliorés ou diminués. En fait, l'une des options précises que vous devriez envisager est celle de changer de carrière ou de style de vie.

Votre premier objectif, lorsque vous aurez identifié les activités particulières et les activités générales qui consomment 20 p. 100 de votre temps mais qui vous rapportent 80 p. 100 de votre bonheur ou de votre réussite, sera d'augmenter au maximum le temps consacré à celles-ci et à d'autres activités du même genre.

Un objectif à court terme, généralement réalisable, consiste à doubler en l'espace d'un an les 20 p. 100 du temps que vous consacrez à des activités à valeur élevée. Cette seule décision tendra à augmenter votre «productivité» dans une proportion de 60 à 80 p. 100. (Vous aurez désormais deux lots de 80 p. 100 de résultats, tirés de deux lots de 20 p. 100 de votre temps; ainsi, vos résultats totaux passeront de 100 à 160 p. 100, même si vous abandonniez tous les 20 p. 100 antérieurs consacrés à des activités à valeur faible et que vous en consacriez une partie aux activités à valeur élevée!)

L'idéal est d'augmenter de 20 p. 100 à 100 p. 100 le temps que vous consacrez à des activités à valeur élevée. Cela pourrait n'être possible que grâce à un changement de carrière ou de style de vie. Si c'est votre cas, dressez un plan d'action, avec échéances, pour concrétiser ce changement.

Éliminez ou réduisez au minimum vos activités à faible valeur

Idéalement, vous devriez éliminer les 80 p. 100 d'activités qui ne vous rapportent que 20 p. 100 de vos résultats. Il se peut que vous deviez le faire avant d'accorder plus de temps à vos activités à valeur élevée (bien que la plupart des gens constatent souvent que le meilleur moyen d'écarter les activités à valeur faible consiste à se fouetter pour consacrer une plus grande partie de leur temps à des activités à valeur élevée.)

Notre première réaction est parfois de nous dire qu'il est pratiquement impossible d'échapper aux activités à faible valeur : celles-ci constituent des éléments inévitables faisant partie des obligations familiales, sociales ou professionnelles. Si c'est ce que vous croyez, détrompez-vous.

Vous avez généralement beaucoup de latitude pour faire les choses différemment, dans votre situation actuelle. Rappelez-vous le conseil donné plus tôt : faites fi des conventions et soyez excentrique dans votre utilisation du temps. Fuyez le troupeau.

Mettez votre nouvelle politique à l'épreuve et voyez ce qui arrive. Comme les activités que vous voulez abandonner ont peu de valeur, il se peut que personne ne remarque que vous avez cessé de vous y adonner. Même si les gens le remarquent, ils n'y tiennent sans doute pas assez eux-mêmes pour vous forcer à vous y livrer s'ils constatent que cela requerrait un grand effort de leur part.

Même si abandonner vos activités à faible valeur exige un changement radical de votre situation — nouveau travail, nouvelle carrière, nouveaux amis, voire nouveau style de vie ou nouveau conjoint —, élaborez un plan pour provoquer le changement souhaité. Autrement, vous ne réaliserez jamais votre plein potentiel de réussite et de bonheur.

QUATRE EXEMPLES D'UTILISATIONS EXCENTRIQUES ET EFFICACES DU TEMPS

Mon premier exemple est celui de William Ewart Gladstone, chef du Parti libéral de l'Angleterre victorienne, trois fois premier ministre. Gladstone était excentrique de bien des façons. Nous ne parlerons pas de ses désastreuses campagnes menées en vue de sauver de la prostitution les « femmes déchues », ni de ses crises d'autoflagellation. L'excentricité qui nous intéresse est celle qu'il a manifestée dans l'utilisation de son temps[5].

Gladstone ne se sentait pas contraint par ses devoirs politiques ; disons plutôt qu'il les assumait efficacement parce qu'il dépensait son temps comme il lui plaisait, de manières variées et étonnantes. C'était un touriste invétéré : il a parcouru les îles britanniques, et s'est souvent rendu en France, en Italie ou en Allemagne, pour ses affaires personnelles, pendant qu'il était premier ministre.

Il adorait le théâtre, entretenait plusieurs liaisons (presque certainement platoniques) avec des femmes, dévorait les livres (il en a lu 20 000), prononçait des discours interminables aux Communes (apparemment, personne ne pouvait s'empêcher de les écouter attentivement, malgré leur longueur) et a en quelque sorte inventé le sport moderne qu'est la campagne électorale, qu'il pratiquait avec plaisir et enthousiasme. Lorsqu'il se sentait le moindrement malade, il gardait le lit, au moins durant une journée entière, qu'il passait à lire et à réfléchir. Son dynamisme et son efficacité politiques résultaient de l'utilisation excentrique de son temps.

Parmi les premiers ministres britanniques qui lui ont succédé, seuls Lloyd George, Winston Churchill et Margaret Thatcher ont rivalisé d'excentricité avec Gladstone pour ce qui était de leur emploi du temps ; tous trois ont été particulièrement efficaces.

Trois conseillers en gestion des plus excentriques

J'ai puisé mes autres exemples de gestion non conventionnelle du temps dans le monde très sérieux de la consultation en gestion. Les consultants sont reconnus pour leurs longues heures de travail et pour leur dynamisme frénétique. Mes trois personnages, que j'ai bien connus, ont fait fi de toutes les conventions... et ont obtenu une réussite spectaculaire.

Le premier, que je nommerai Fred, a gagné des dizaines de millions de dollars en pratiquant son métier. Sans s'être jamais donné la peine de fréquenter une école de commerce, il a réussi à fonder une société de gestion énorme et prospère, où presque tous les consultants, sauf lui, travaillaient 70 heures ou plus par semaine. Fred se rendait occasionnellement au bureau et présidait aux réunions de direction mensuelles, auxquelles les associés du monde entier se sentaient obligés de participer, mais il préférait consacrer son temps au tennis et à la réflexion. Il dirigeait sa société d'une main de fer, mais sans jamais élever la voix. Fred contrôlait tout, grâce à une alliance avec ses cinq principaux subordonnés.

Mon second exemple, alias Randy, était l'un des lieutenants de Fred. Mis à part ce dernier, Randy était le seul à échapper à la culture d'ergomanie de l'entreprise. Il s'est fait muter dans un pays lointain, où il a dirigé — le plus souvent, à partir de son domicile — un bureau prospère et en constante expansion, où s'affairaient des bourreaux de travail. Personne ne connaissait l'emploi du temps de Randy, ni le nombre d'heures qu'il travaillait, mais il était incroyablement détendu. Il ne participait qu'aux réunions avec les clients les plus importants ; à toutes les autres, il déléguait ses jeunes associés et, s'il le fallait, inventait les prétextes les plus bizarres pour ne pas y participer.

Même s'il était le grand patron du bureau, Randy n'accordait pas une seule minute de son temps à des questions administratives. Il consacrait toute son énergie à chercher des moyens d'augmenter les revenus tirés des clients les plus importants ; ensuite, il mettait en place les mécanismes qui lui permettaient d'y arriver avec le moins possible d'effort personnel. Randy ne se fixait jamais plus de trois priorités et n'en avait qu'une la plupart du temps ; tout le reste passait par-dessus bord. Pour ses subalternes, c'était un patron impossible, mais merveilleusement efficace.

Mon troisième et dernier exemple de gestion excentrique du temps est celui de « Jim », qui a été mon ami et mon associé. Je me souviens surtout de lui à l'époque où nous partagions un bureau exigu, avec une poignée de collègues. L'espace restreint bourdonnait d'activités : certains conversaient au téléphone, d'autres s'affairaient à préparer des présentations pour les clients, tout le monde se parlait à tue-tête d'un bout à l'autre de la petite pièce.

Dans ce maelström, il y avait Jim, une oasis d'inactivité tranquille : plongé dans ses pensées, il fixait du regard son agenda, réfléchissant à ce qu'il fallait faire. Parfois, il rassemblait quelques collègues dans une autre pièce et leur expliquait ce qu'il voulait les voir faire : pas une fois, pas deux fois, mais trois fois, avec une assommante abondance de détails. Jim demandait ensuite à chacun de répéter ce qu'il était chargé de faire. Jim était lent, languissant et à moitié sourd. Mais c'était un chef formidable. Il passait tout son temps à repérer les tâches à valeur élevée, à déterminer qui les assumerait et à veiller à ce qu'elles soient menées à bien.

PALMARÈS DES 10 UTILISATIONS DU TEMPS LES MOINS VALABLES

Vous ne pourrez consacrer votre temps à des activités à valeur élevée (que ce soit dans le but de réussir ou simplement pour votre plaisir) que si vous renoncez à vos activités à valeur faible. Dans les pages précédentes, je vous ai invité à repérer ces dernières. En consultant le palmarès des plus courantes, vérifiez si vous n'en auriez pas oublié une.

Éliminez impitoyablement ces activités. Ne faites jamais cadeau à personne d'une partie de votre temps. Par-dessus tout, ne faites jamais rien pour la seule raison qu'on vous l'a demandé, ou parce que vous avez reçu un coup de fil ou une télécopie. Suivez le conseil de Nancy Reagan (dans un autre contexte, bien sûr) : Dites non ! Ou encore, imitez lord George Brown : faites la sourde oreille.

Palmarès des 10 utilisations du temps les moins valables

1. Activités que les autres vous imposent
2. Activités qui ont toujours été exécutées de la même manière
3. Activités dans lesquelles vous n'excellez pas
4. Activités dont vous ne tirez pas de plaisir
5. Activités qui sont constamment interrompues

6. Activités qui n'intéressent à peu près personne
7. Activités qui vous ont déjà pris deux fois plus de temps que prévu
8. Activités dans lesquelles vos collaborateurs sont peu fiables ou médiocres
9. Activités dont le cycle est prévisible
10. Répondre au téléphone

PALMARÈS DES 10 UTILISATIONS DU TEMPS LES PLUS VALABLES

Voici l'envers de la médaille.

Palmarès des 10 utilisations du temps les plus valables

1. Activités qui vous rapprochent de votre but global dans la vie
2. Activités auxquelles vous avez toujours voulu vous adonner
3. Activités qui présentent déjà un rapport temps/résultats de type 20/80
4. Manières innovatrices de faire les choses qui réduisent le temps nécessaire ou qui amplifient la qualité des résultats
5. Activités impossibles selon les autres
6. Activités qui ont réussi à d'autres, dans d'autres domaines
7. Activités qui font appel à votre créativité
8. Activités dont vous pouvez confier l'exécution à d'autres avec peu d'effort de votre part
9. Activités dans lesquelles vos collaborateurs ont déjà transcendé la règle 80/20 du temps, et qui font appel à un emploi du temps excentrique et efficace
10. Activités de type « maintenant ou jamais »

Lorsque vous réfléchissez à une utilisation potentielle de votre temps, posez-vous les deux questions suivantes.

- Est-ce une utilisation non conventionnelle du temps ?
- Me permettra-t-elle de redoubler d'efficacité ?

UNE RÉVOLUTION DU TEMPS EST-ELLE POSSIBLE ?

Beaucoup d'entre vous croient peut-être que mes conseils sont plutôt révolutionnaires et utopiques par rapport à votre situation actuelle. Voici quelques-uns des commentaires et critiques qui m'ont été adressés.

- Je ne peux pas décider de mon emploi du temps ; mes patrons ne me le permettent pas.
- Il faudrait que je change d'emploi pour suivre vos conseils, et cela est trop risqué.
- Ces conseils conviennent sans doute aux riches, mais moi, je n'ai pas ce degré de liberté.
- Pour suivre vos conseils, il faudrait que je divorce !
- Mon objectif est d'améliorer mon efficacité de 25 p. 100, pas de 250 p. 100, ce qui me semble impossible.
- Si tout cela était aussi facile que vous le dites, tout le monde le ferait.

Si vous vous reconnaissez dans ces objections, la révolution du temps n'est peut-être pas pour vous.

Ne vous lancez pas dans une révolution du temps si vous n'êtes pas disposé à être révolutionnaire

Je pourrais résumer (ou caricaturer) ainsi les objections ci-dessus : « Je ne suis pas un radical, encore moins un révolutionnaire, alors laissez-moi tranquille. Fondamentalement, je suis satisfait de mes horizons actuels. » D'accord. La révolution, c'est la révolution. C'est pénible, déchirant, dangereux. Avant d'amorcer une révolution, sachez que celle-ci implique des risques majeurs et qu'elle vous mènera en territoire inconnu.

Ceux qui souhaitent vivre une révolution du temps doivent imbriquer en un tout leur passé, leur présent et leur avenir, comme l'illustre la Figure 35. Au-delà de la question de l'emploi du temps, il y a celle, bien plus fondamentale, de savoir ce que nous voulons tirer de notre vie.

11

IL VOUS EST TOUJOURS POSSIBLE D'OBTENIR CE QUE VOUS VOULEZ

*Seuls les irrésolus et les paresseux manquent de
loisir pour accomplir ce qu'ils désirent. Personne,
jamais, n'a différé un grand désir pour accomplir
ce qu'on nomme un « désagréable devoir ».*

HENRY DAVID THOREAU

Réfléchissez à ce que vous voulez de la vie. Pour parler comme on le faisait durant les années 1980, cherchez à « avoir tout ». Tout ce que vous voulez avoir devrait être vôtre : la stimulation sociale, mentale et esthétique qui vous rendra heureux et accompli ; l'argent qu'il vous faut pour mener le train de vie qui vous convient ; et tout moyen qui pourrait vous être nécessaire pour atteindre la réussite ou pour servir autrui. Si vous ne visez pas tout, vous n'obtiendrez jamais tout. Mais pour le viser, il faut d'abord que vous sachiez ce que vous voulez.

La plupart d'entre nous ne réfléchissent pas à ce qu'ils veulent. Et la plupart d'entre nous finissent ainsi par vivre une vie déséquilibrée. Il se peut que nous excellions dans notre vie professionnelle, mais pas dans nos relations personnelles, ou vice-versa. Il se peut que nous recherchions l'argent ou la réussite, mais que, une fois le but atteint, nous trouvions notre victoire vide de sens.

Le Principe 80/20 illustre bien cette situation désolante. Vingt pour cent de ce que nous faisons nous apporte 80 p. 100 des résultats obtenus ; mais, de même, 80 p. 100 de nos activités ne nous rapportent qu'une maigre proportion de 20 p. 100 des résultats. Nous gaspillons 80 p. 100 de nos efforts pour obtenir des résultats à faible valeur : 80 p. 100 de notre temps est consacré à des choses qui n'ont que peu de valeur pour nous. Vingt pour cent de notre temps nous procure 80 p. 100 de notre bonheur, et 80 p. 100 de notre temps ne nous en procure que très peu.

Le Principe 80/20 ne s'applique toutefois pas toujours, non plus qu'il doive nécessairement s'appliquer. Ce n'est qu'un diagnostic ; il fait ressortir un état de choses qui engendre l'insatisfaction et le gaspillage. Nous devrions chercher à faire mentir le Principe ou, du moins, à l'appliquer sur un plan plus élevé, où nous pouvons être beaucoup plus heureux et efficaces. Rappelez-vous la promesse du Principe 80/20 : si nous tenons compte de ce qu'il nous apprend, nous pourrons travailler moins, gagner plus, prendre davantage plaisir à la vie et mieux réussir.

Pour ce faire, nous devons avoir une bonne idée de tout ce que nous voulons. C'est là le sujet du présent chapitre. Les chapitres 12, 13 et 14 traiteront plus en détail de certains éléments — relations, carrière et argent, respectivement —, tandis qu'au chapitre 15 nous reviendrons au but ultime : le bonheur.

COMMENCEZ PAR LE STYLE DE VIE

Aimez-vous votre vie ? Pas en partie, mais dans son ensemble : au moins 80 p. 100 de celle-ci ? Que ce soit le cas ou non, y a-t-il un style de vie qui vous conviendrait mieux ? Demandez-vous ce qui suit.

- Est-ce que je vis avec la bonne personne ou dans le bon entourage ?
- Est-ce que je vis au bon endroit ?
- Est-ce que je travaille le bon nombre d'heures ? Cet horaire est-il compatible avec mon idéal de répartition travail/loisirs, et avec mes besoins familiaux et sociaux ?
- Ai-je le sentiment d'être le maître de ma vie ?
- Puis-je faire de l'exercice ou de la méditation lorsque je le veux ?
- Suis-je presque toujours détendu et à l'aise dans mon environnement ?
- Mon style de vie est-il propice à la créativité et à la réalisation de mon potentiel ?
- Ai-je assez d'argent et mes affaires sont-elles organisées de manière à ce que je n'aie pas à m'en soucier ?
- Mon style de vie m'aide-t-il à apporter la contribution que je veux à l'enrichissement de la vie des gens que je souhaite aider ?
- Est-ce que je vois mes amis intimes assez souvent ?
- Est-ce que je fais juste assez de voyages, ni trop ni trop peu ?
- Mon style de vie convient-il aussi à mon conjoint et à ma famille ?
- Est-ce que je dispose ici de tout ce dont j'ai besoin : est-ce que j'ai tout ce que je désire ?

LE TRAVAIL

Le travail, dimension clé de la vie, ne doit être ni insuffisant ni excessif. Presque tout le monde a besoin de travailler, qu'il s'agisse ou non d'un travail rémunéré. Nul ne devrait laisser le travail accaparer toute sa vie, même s'il prétend y prendre plaisir. Le nombre d'heures de travail ne doit pas être dicté par les conventions sociales. Le Principe 80/20 peut servir de mesure et vous indiquer si vous travaillez trop ou trop peu. C'est là l'idée de l'arbitrage : si, en règle générale, vous êtes plus heureux ailleurs qu'au travail, vous devriez travailler moins ou changer d'emploi. Inversement, si vous êtes généralement plus heureux au travail qu'ailleurs, travaillez davantage ou modifiez votre vie non professionnelle. Vous n'aurez pas trouvé la juste mesure tant que vous ne serez pas également heureux au travail et ailleurs, tant que vous ne serez pas heureux au moins 80 p. 100 du temps que vous passez au travail et 80 p. 100 du temps passé ailleurs.

Aliénation résultant de la carrière

Nombreux sont ceux qui n'apprécient pas beaucoup leur travail. Ils ont l'impression qu'il ne leur convient pas. Ils se sentent toutefois obligés de l'accomplir, parce qu'il est leur gagne-pain. Vous connaissez sans doute des gens qui, sans aller jusqu'à dire qu'ils détestent leur travail, éprouvent des sentiments ambivalents : ils y prennent plaisir parfois ou dans certains de ses aspects ; parfois aussi, ils ne l'aiment pas dans son entier ou dans certains de ses aspects. Beaucoup, sinon la plupart, de vos connaissances préféreraient faire quelque chose d'autre si ce travail leur faisait gagner le même salaire que celui qu'ils gagnent maintenant.

La carrière n'est pas un compartiment étanche de la vie

La carrière que vous ou votre conjoint poursuivez doit être considérée du point de vue de la qualité totale de vie qu'elle implique : lieu de vie, temps passé avec le conjoint ou les amis, satisfaction tirée de l'exécution des tâches et revenus nets suffisants pour mener ce train de vie.

Vous avez probablement plus d'options que vous ne le croyez. Votre carrière actuelle pourrait être la bonne et vous pouvez vous en servir comme d'un point de référence. Mais réfléchissez et demandez-vous si vous ne préféreriez pas une autre carrière ou un autre style de vie. Élaborez diverses options pour votre style de vie actuel et futur.

Posez d'abord la prémisse qu'il n'y a pas nécessairement conflit entre la vie professionnelle et les activités non professionnelles que l'on aime. Le « travail » peut être mille choses, surtout depuis que l'industrie du loisir représente une large tranche de l'économie. Vous pourriez peut-être travailler dans le domaine qui constitue votre hobby, voire transformer votre hobby en entreprise. Rappelez-vous que l'enthousiasme mène parfois à la réussite. Il est souvent plus facile de transformer l'enthousiasme en carrière que l'inverse.

Quelle que soit votre occupation, fixez clairement le point optimum que vous tentez d'atteindre et envisagez-le dans le contexte global de votre vie. Cela est plus vite dit que vite fait : les vieilles habitudes ont la couenne dure et l'importance du style de vie est facilement reléguée au second plan, derrière les obligations que crée la pensée conventionnelle en matière de carrière.

Par exemple, lorsque deux collègues et moi avons lancé notre propre société de conseillers en gestion, en 1983, nous étions conscients des effets négatifs qu'avaient sur nos vies personnelles les longues heures de travail et les nombreux déplacements qu'exigeaient de nous nos anciens patrons. Nous avons donc décidé d'adopter dans notre nouvelle aventure une approche entièrement fondée sur le style de vie, axée tout autant sur la qualité de la vie que sur l'argent. Mais lorsque l'avalanche de travail a déferlé sur nous, nous avons fini par travailler 80 heures par semaine comme les autres et, pis encore, à exiger de notre personnel professionnel qu'il fasse de même. (Je ne comprenais pas, au début, ce que voulait dire l'un de mes conseillers angoissés qui m'accusait, moi et mes associés, de « ruiner la vie des gens ».) L'appât du gain a vite chassé l'approche axée sur la qualité de la vie.

Quel est le type de carrière qui vous rendra le plus heureux ?

Suis-je en train de vous conseiller de vous retirer de la grande course effrénée ? Pas nécessairement. Votre plus grand bonheur se trouve peut-être dans cette grande foire d'empoigne ; peut-être êtes-vous fondamentalement, comme moi, un battant.

Vous devez certainement savoir clairement ce que vous aimez faire et vous devez essayer de l'intégrer dans votre vie professionnelle. Mais « ce que vous faites » n'est qu'un élément du puzzle. Il vous faut aussi tenir compte du milieu de travail que vous souhaitez et de l'importance que vous accordez à la réussite professionnelle. Ces deux dernières considérations sont au moins aussi importantes que la première dans votre définition du bonheur professionnel. Sachez clairement qui vous êtes.

- Êtes-vous mû par une pulsion irrésistible d'accomplir des choses et de mener une carrière réussie ?
- Qu'est-ce qui vous rendrait le plus heureux : travailler pour une entreprise, être travailleur autonome/commerçant indépendant, ou employer d'autres individus ?

La Figure 36 illustre ce choix à faire. Quelle est la case qui vous décrit le mieux ?

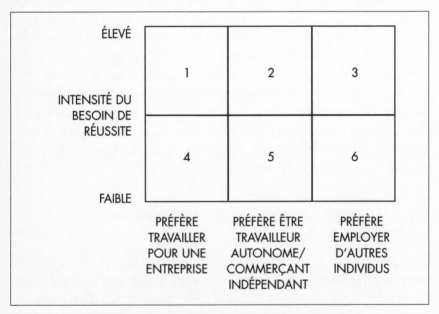

FIGURE 36   Carrière et style de vie souhaités

Tout en étant très ambitieux, les individus de type 1 (qui correspondent à la case 1) préfèrent travailler dans un contexte organisé et fourni par d'autres. L'archétype du *company man** (et *woman*) du xxe siècle tombe dans cette catégorie. L'accessibilité à de tels postes est de plus en plus réduite, puisque les grandes entreprises comptent de moins en moins d'employés et qu'elles perdent leur part du marché au profit des petites entreprises (la première tendance continuera de s'accentuer, ce qui n'est pas certain pour la seconde). Mais, tandis que l'offre de ces postes diminue, la demande aussi diminue. Si vous voulez jouer ce genre de rôle, reconnaissez-le et nourrissez cette ambition, si démodée qu'elle puisse être ou devenir. Les grandes entreprises offrent encore une structure et une position sociale, même si elles sont désormais incapables d'offrir la sécurité d'emploi.

Les individus de type 2 sont généralement des professionnels qui veulent être reconnus par leurs pairs ou devenir des autorités dans leur discipline. Ils souhaitent être indépendants parce qu'ils s'adaptent mal aux organisations structurées, sauf si celles-ci sont (comme le sont la majorité des universités) extrêmement permissives. Ces individus doivent s'efforcer de devenir des travailleurs indépendants le plus rapidement possible. Une fois qu'ils le sont, ils doivent résister à la tentation d'employer d'autres individus, même si les récompenses financières sont alléchantes. Les individus de type 2 sont des « commerçants indépendants », qui souhaitent dépendre le moins possible des autres sur le plan professionnel.

Les individus de type 3, très motivés et pleins d'ambition, répugnent à être employés mais ne veulent pas vivre la solitude du travailleur autonome. Ils peuvent être non conventionnels, mais ce sont des bâtisseurs : ils veulent tisser un réseau ou construire une structure autour d'eux. Ce sont les entrepreneurs de demain.

---

* Employé qui, de plein gré, subordonne toutes ses attitudes et ses activités, qu'elles soient d'ordre professionnel, familial, social ou politique, à l'entreprise pour laquelle il travaille. (Dion, Gérard, *Dictionnaire canadien des relations du travail*, 2e éd., Québec, Presses de l'Université Laval, 1986.) *(N.d.T.)*

Bill Gates, l'un des deux hommes les plus riches de l'Amérique, décrocheur à l'université, était obsédé par les logiciels de micro-ordinateur. Mais Bill Gates n'est pas un « commerçant indépendant ». Il a besoin que d'autres, beaucoup d'autres, travaillent pour lui. C'est le cas de bien des gens. L'idéologie de la responsabilisation a obscurci ce besoin et rendu un peu ringard le désir de lancer une entreprise. Si vous voulez travailler avec d'autres mais pas pour d'autres, vous êtes un individu de type 3. Mieux vaut reconnaître ce fait et en tenir compte dans vos choix. Bon nombre de professionnels frustrés sont des individus de type 3 qui aiment ce qu'ils font mais qui ont des activités de type 1 ou 2. Ils ne se rendent pas compte que la source de leurs frustrations n'est pas d'ordre professionnel mais organisationnel.

Les individus de type 4 ne sont pas mus par un fort désir de mener une carrière réussie ; ils aiment travailler avec les autres. Ils doivent faire en sorte de passer le plus d'heures possible chaque semaine dans ce contexte, que ce soit à un poste conventionnel ou dans des activités de bénévolat.

Les individus de type 5 ne sont pas ambitieux mais désirent vivement être autonomes dans leur travail. Plutôt que de lancer leur propre entreprise, ces personnes excellent comme pigistes, car elles peuvent ainsi travailler à leur convenance à des projets particuliers pour le compte d'une entreprise.

Les individus de type 6 n'éprouvent pas un grand besoin de mener une carrière réussie mais aiment organiser les autres et assurer leur développement. Bon nombre d'enseignants et de travailleurs sociaux ou caritatifs sont de type 6, et sont parfaitement adaptés à leur rôle. Pour les individus de ce type, c'est la route qui compte ; ils n'ont pas besoin d'arriver à destination.

Beaucoup d'êtres humains se dirigent lentement mais sûrement vers la « case » qui leur convient. Lorsque quelqu'un se sent aliéné dans son travail, c'est souvent parce qu'il se trouve dans la mauvaise « case ».

L'ARGENT

L'argent ! La plupart des gens se font une idée singulière de l'argent. Ils lui accordent plus d'importance qu'il n'en a. Mais ils le croient aussi plus difficile à obtenir que ce n'est vraiment le cas. Puisque la plupart des êtres humains souhaitent avoir plus d'argent qu'ils n'en ont, nous toucherons à ce second point avant le premier.

Moi, je considère que l'argent n'est pas difficile à obtenir, ni difficile à multiplier, une fois que vous en avez ne serait-ce qu'un minimum de surplus.

Comment obtenir de l'argent ? La meilleure réponse à cette question, celle qui se révèle juste un nombre étonnant de fois, c'est de faire quelque chose que vous aimez.

Voici le raisonnement : si vous aimez faire quelque chose, il est probable que vous le ferez bien. Il est probable que vous ferez mieux cette chose que celles que vous n'aimez pas (ce n'est pas toujours vrai, mais les exceptions sont rares). Si vous excellez dans un domaine, vous pouvez créer quelque chose qui satisfera les besoins des autres. Si vous satisfaites les autres, ils vous paieront généralement bien en retour. Et comme la plupart des gens ne font pas ce qu'ils aiment, et seront moins productifs que vous ne l'êtes, vous pourrez gagner plus que la moyenne dans votre domaine de prédilection.

Ce raisonnement n'est certes pas infaillible. Dans certains métiers, comme dans l'art dramatique par exemple, l'offre dépasse de loin la demande. Que faire dans ces circonstances ?

Surtout, ne renoncez pas. Trouvez un métier où l'offre et la demande sont mieux équilibrées, mais un métier qui se rapproche le plus possible de votre «vocation». Ces métiers proches existent, même s'ils ne sautent pas aux yeux. Par exemple, le métier de politicien est très proche du métier d'acteur. Les politiciens les plus efficaces — Ronald Reagan, John Kennedy, Winston Churchill, Harold Macmillan ou Margaret Thatcher — ont été ou auraient très bien pu être des acteurs populaires. Charlie Chaplin arrivait à se faire le sosie d'Adolf Hitler, et ce n'était pas accidentel : de triste mémoire, Hitler a été l'un des acteurs les plus talentueux et charismatiques du

siècle. Tout cela peut sembler évident, mais bien peu d'étudiants en art dramatique qui souhaitent devenir acteurs envi-
sagent sérieusement une carrière politique, même si la concurrence est moins vive dans cette arène et que les récompenses y
sont de loin supérieures.

Que faire si le travail que vous aimeriez faire par-dessus
tout est sans marché et si vous ne trouvez pas de métier proche
qui offre de bonnes perspectives ? Passez au métier proche
suivant et répétez le processus jusqu'à ce que vous en trouviez
un que vous aimiez et qui soit rémunérateur.

Une fois lancé dans votre profession, si vous tenez vraiment
à faire de l'argent et si vous êtes le moindrement bon dans ce
que vous faites, essayez le plus tôt possible de devenir travailleur autonome et, par la suite, d'employer les autres.

J'arrive à cette conclusion en me fondant sur l'argument de
l'arbitrage inhérent au Principe 80/20. Dans toute organisation
ou profession, 80 p. 100 de la valeur est créée par 20 p. 100 des
professionnels. Les travailleurs qui sont supérieurs à la
moyenne sont mieux payés que ceux qui y sont inférieurs,
certes, mais cette différence de salaire est beaucoup trop mince
pour correspondre à celle de la performance. Il s'ensuit que les
meilleurs éléments ne sont jamais assez rémunérés et que les
pires le sont toujours trop. En tant qu'employé de qualité
supérieure, vous n'échapperez jamais à ce piège. Même si votre
patron vous apprécie, il ne vous rétribuera jamais suffisamment par rapport aux autres. Votre seule issue : lancez votre
propre entreprise et, si cela vous tente, employez des travailleurs de qualité supérieure. Ne le faites toutefois pas si vous
savez que vous ne vous sentirez pas à l'aise dans le rôle de travailleur indépendant ou de patron (voir la Figure 40).

L'argent est facile à multiplier

Vous ne devez pas oublier non plus que, dès que vous aurez
quelque surplus d'argent, vous pourrez facilement le multiplier. Épargnez et investissez. C'est cela le capitalisme. Pour
multiplier votre argent, nul besoin d'être dans les affaires.

Investissez à la Bourse, en vous laissant guider par le Principe 80/20. Nous élaborerons ce sujet au chapitre 14.

L'argent est surestimé

J'aimerais bien que vous soyez riche, mais n'attachez pas à l'argent plus d'importance qu'il ne faut. L'argent peut vous aider à accéder au style de vie que vous voulez, mais attention ! Toutes ces méchantes fables sur Midas et compagnie ne sont pas entièrement imaginaires. L'argent peut vous procurer le bonheur, mais seulement dans la mesure où vous l'utilisez pour devenir ce pour quoi vous êtes fait. En outre, l'argent est un chien qui a des dents et qui peut vous mordre.

Rappelez-vous que plus vous avez d'argent, moins une augmentation de votre richesse aura de valeur pour vous. En jargon économique, disons que l'utilité marginale de l'argent décline abruptement. Une fois que vous vous serez adapté à un niveau de vie supérieur, celui-ci pourrait vous procurer peu de bonheur supplémentaire ou pas du tout. Ce nouveau style de vie pourrait même se révéler négatif pour vous si le prix nécessaire à son maintien provoque de l'anxiété ou vous oblige à gagner de l'argent de manières qui ne vous satisfont pas.

Une plus grande richesse requiert une plus grande gestion. Moi, m'occuper de mon argent m'irrite. (Ne m'offrez pas de m'en soulager; m'en occuper m'irrite moins que de le donner !)

De plus, les autorités fiscales rendent l'argent inefficace. Si vous gagnez davantage, l'augmentation de vos impôts sera disproportionnée par rapport à l'augmentation de vos revenus. Gagnez plus, travaillez plus. Travaillez plus et vous devrez dépenser plus : pour vivre plus près de votre lieu de travail, dans une zone métropolitaine dispendieuse, ou pour faire la navette; pour acheter des appareils qui vous font gagner du temps ou qui ménagent vos efforts; pour confier vos travaux ménagers à des employés; pour vous payer des loisirs de compensation toujours plus onéreux. Dépensez plus et vous devrez travailler davantage. Vous risquez d'aboutir à un style de vie coûteux qui vous mènera plutôt que ce soit l'inverse. Vous pourriez bien tirer plus de valeur et de bonheur d'un style de vie plus simple et moins cher.

LA RÉUSSITE

Il y a des gens qui veulent réussir, et il y a des gens qui sont sains d'esprit. Tous les auteurs de guides de motivation tombent dans le même piège : ils vous disent que vous avez besoin d'orientation et d'un but dans la vie. Puis ils vous disent que vous n'en avez pas. Ensuite ils vous imposent le tourment suivant : vous devez décider de ce que sont cette orientation et ce but. Enfin, ils vous disent ce qu'ils croient que vous devriez faire.

Par conséquent, si vous ne voulez pas réussir quelque chose en particulier et si vous êtes heureux de vivre votre vie en étant riche de tout (sauf de la réussite), estimez-vous chanceux (et passez immédiatement à la fin du présent chapitre).

Mais si, comme moi, vous vous sentez coupable et inquiet quand vous échouez, et que vous voulez mieux réussir, le Principe 80/20 vous aidera à vaincre cette affliction.

La réussite devrait être facile, et non pas résulter de « 99 p. 100 de transpiration et de 1 p. 100 d'inspiration ». Vérifiez plutôt s'il est vrai, jusqu'à présent, que 80 p. 100 de votre réussite — mesurée selon vos propres critères — a été le fruit de 20 p. 100 de vos efforts. Si c'est vrai ou presque vrai, réfléchissez bien à la nature de ces 20 p. 100 productifs. Pouvez-vous tout simplement répéter ces réussites ? Les améliorer ? En reproduire de semblables mais sur une plus grande échelle ? Combiner deux réussites antérieures pour amplifier votre satisfaction ?

• Songez à celles de vos réussites antérieures qui ont trouvé l'écho le plus favorable auprès des autres, celles qui vous ont valu le plus d'« applaudissements » : les 20 p. 100 de votre travail et de vos loisirs qui vous ont rapporté 80 p. 100 des éloges que vous avez reçus. Combien de satisfaction authentique cela vous a-t-il donné ?

- Quelles méthodes ont été les plus efficaces pour vous dans le passé ? Quels collaborateurs ? Quels « publics » ? Encore une fois, pensez 80/20. Tout ce qui ne vous a rapporté qu'un degré moyen de satisfaction par rapport au temps ou à l'effort consacré doit être rejeté. Pensez aux exaltations exceptionnelles que vous avez atteintes avec une facilité elle aussi exceptionnelle. Ne vous limitez pas à votre vie professionnelle. Rappelez-vous les circonstances survenues lorsque vous étiez étudiant, durant des voyages ou avec des amis.

- Braquez votre regard sur le futur. Que pourriez-vous réussir qui vous rendrait fier de vous-même et que personne d'autre ne pourrait accomplir avec la même facilité ? Imaginez 100 personnes autour de vous ; demandez-vous ce que vous pourriez faire en 20 p. 100 du temps que 80 d'entre elles mettent à accomplir ? Quel serait votre rang parmi les 20 premiers ? Que pourriez-vous mieux faire que 80 de ces personnes en seulement 20 p. 100 du temps qu'elles y mettent ? Ces questions peuvent vous sembler énigmatiques, mais, croyez-moi, elles sont en fait des réponses ! Les habiletés des gens dans différentes sphères sont incroyablement diverses.

- Si vous pouviez mesurer le plaisir que vous tirez de quoi que ce soit, qu'est-ce qui vous en procurerait davantage qu'à 95 p. 100 de vos semblables ? Que faites-vous mieux que 95 p. 100 des autres ? Quelles réussites répondent à la fois à ces deux conditions ?

Il est essentiel de concentrer votre attention sur ce que vous trouvez facile. C'est là que la plupart des auteurs d'ouvrages de motivation se trompent. Ils tiennent pour acquis que vous devriez essayer de faire des choses qui sont difficiles pour vous. Nos grands-parents ne nous forçaient-ils pas à prendre de l'huile de foie de morue avant l'invention des capsules, et beaucoup moins après ? Ces auteurs citent de braves gens, tel T. J. Watson qui disait que « la réussite se trouve de l'autre côté de l'échec ». À mon avis, c'est l'échec qui se trouve de l'autre côté de l'échec, et la réussite se trouve de ce côté-ci de l'échec. Vous réussissez déjà merveilleusement bien dans certaines choses, peu importe que celles-ci soient peu nombreuses.

Le Principe 80/20 est clair. Visez les quelques choses que vous faites beaucoup mieux que les autres et qui vous procurent le plus de plaisir.

QUE VOUS FAUT-IL ENCORE POUR TOUT AVOIR ?

Nous avons parlé du travail, du style de vie, de l'argent et de la réussite. Pour tout avoir, il vous faut aussi quelques relations satisfaisantes. Nous en parlerons au prochain chapitre.

12

AVEC LE PETIT COUP DE POUCE D'UN AMI

Les relations nous aident à définir qui nous sommes et ce que nous pouvons devenir. La plupart d'entre nous peuvent attribuer leurs réussites à quelques relations clés.

DONALD O. CLIFTON ET PAULA NELSON[1]

Sans relations, nous sommes soit sourds au monde, soit morts. Dire que nos amis sont au cœur de notre vie est certes banal, mais combien vrai. Il est également vrai que nos relations professionnelles sont au cœur de notre réussite. Dans le présent chapitre, nous parlerons des relations personnelles et professionnelles. Commençons par nos relations personnelles avec nos amis, amants et êtres chers. Nous traiterons plus loin, séparément, des relations professionnelles.

Qu'est-ce que tout cela a à voir avec le Principe 80/20? Bien des choses. Un compromis est nécessaire entre qualité et quantité, et nous avons malheureusement tendance à négliger ce qui est le plus important.

Le Principe 80/20 nous fournit trois hypothèses qui donnent à réfléchir.

- Quatre-vingts pour cent de la valeur de nos relations provient de 20 p. 100 de celles-ci.
- Quatre-vingts pour cent de la valeur de nos relations provient des 20 p. 100 de relations intimes que nous tissons tôt dans la vie.
- Nous consacrons beaucoup moins de 80 p. 100 de notre attention aux 20 p. 100 de relations qui créent 80 p. 100 de la valeur de toutes nos relations.

DRESSEZ LA LISTE DE VOS 20 RELATIONS PERSONNELLES LES PLUS IMPORTANTES

Dressez maintenant la liste des 20 amis et êtres chers avec qui vous entretenez les relations qui comptent le plus pour vous, dans l'ordre décroissant de leur importance. Par «importance», entendez la profondeur et l'intimité de la relation, l'utilité de celle-ci dans votre vie et la mesure dans laquelle elle vous aide à savoir qui vous êtes et ce que vous pouvez devenir. Dressez cette liste dès maintenant, avant de poursuivre votre lecture.

Quel rang votre partenaire/conjoint occupe-t-il sur la liste? Vient-il avant ou après vos parents ou vos enfants? Soyez honnête. (Vous devriez détruire cette liste dès que vous aurez fini de lire ce chapitre!)

Maintenant, répartissez un total de 100 points entre ces 20 relations, selon leur importance pour vous. Par exemple, si la première personne figurant sur votre liste compte autant pour vous que les 19 autres, donnez-lui 50 points. Vous aurez sans doute à parcourir votre liste plusieurs fois pour en arriver à un total final de 100 points.

J'ignore à quoi ressemble votre liste, mais un modèle conforme au Principe 80/20 présenterait deux caractéristiques: les quatre premières relations (20 p. 100 du nombre total) obtiendraient la majorité des points (peut-être 80 p. 100 des points), et il y aurait une relation constante entre chaque numéro et le suivant. Par exemple, le numéro 2 aurait les deux tiers ou la moitié de l'importance du numéro 1, le numéro 3 aurait les deux tiers ou la moitié de l'importance du numéro 2, et ainsi de suite. Fait intéressant à noter, si ce rapport d'importance ressort de votre liste, vous constaterez que votre relation numéro 6 n'a à peu près que 3 p. 100 de l'importance de votre relation numéro 1 !

Terminez cet exercice en inscrivant en regard de chacun des noms la part de votre temps que vous consacrez activement à cette personne, en conversations ou en activités communes (mais excluez le temps passé avec celle-ci durant lequel elle n'est pas le point de mire de votre attention, par exemple lorsque vous regardez avec elle la télévision ou un film). Faites la somme du temps consacré aux 20 personnes de votre liste et attribuez-y la valeur 100. Calculez ensuite le pourcentage de temps consacré à chacune de ces 20 relations. En règle générale, vous constaterez que vous consacrez beaucoup moins de 80 p. 100 de ce temps aux quelques personnes qui correspondent aux 80 p. 100 de la « valeur » qu'ont pour vous vos relations.

Les implications de cet exercice sont évidentes. Choisissez la qualité plutôt que la quantité. Consacrez votre temps et votre énergie affective à renforcer et à approfondir les relations qui comptent le plus pour vous.

Un autre point à considérer concerne la chronologie des relations dans votre vie. Notre capacité à entretenir des relations intimes est loin d'être infinie. C'est là une autre raison d'en arriver à un compromis entre qualité et quantité.

LA THÉORIE DU VILLAGE

Les anthropologues insistent sur le fait que le nombre de relations personnelles importantes et exaltantes que peut tisser l'être humain est limité[2]. Apparemment, le modèle courant dans toute société est d'avoir deux amis d'enfance qui comptent, deux amis significatifs à l'âge adulte et deux médecins. En règle générale, deux partenaires sexuels éclipsent tous les autres. Habituellement, vous ne tombez amoureux qu'une seule fois, et il y a un membre de votre famille que vous aimez plus que les autres. Le nombre de relations importantes est remarquablement semblable pour tout être humain, où qu'il vive, quel que soit son degré de raffinement ou sa culture.

Ces faits ont mené les anthropologues à élaborer la « théorie du village ». Dans un village africain, toutes ces relations se produisent dans un rayon de quelques centaines de mètres et sont souvent tissées sur une courte période de temps. Pour nous, ces relations peuvent s'étaler sur toute la planète et se tisser sur toute une vie. Elles n'en constituent pas moins le « village » que nous avons tous imprimé dans le cerveau. Une fois que les cases sont remplies, elles le sont pour toujours.

Les anthropologues affirment que si vous avez trop d'expériences, trop tôt dans la vie, vous épuisez votre capacité à connaître d'autres relations profondes. Cela explique peut-être la superficialité que l'on constate souvent chez les individus que leur profession ou leur situation amène à entretenir un grand nombre de relations, tels les vendeurs, les prostitués et ceux qui déménagent fréquemment.

J. G. Ballard donne l'exemple d'un programme de réadaptation mis sur pied en Californie pour de jeunes femmes ayant frayé avec des criminels. Ces femmes étaient très jeunes, 20 ou 21 ans, et le programme avait pour objectif de les mettre en contact avec des gens d'un autre milieu social, fondamentalement des bénévoles de classe moyenne, qui se liaient d'amitié avec elles et les invitaient chez eux.

Bon nombre de ces femmes s'étaient mariées à un âge dramatiquement jeune ; certaines avaient eu leur premier enfant à l'âge de 13 ou 14 ans ; d'autres, à 20 ans, avaient déjà été mariées trois fois. Certaines avaient eu des centaines d'amants. D'autres avaient entretenu des relations intimes ou avaient eu des enfants avec des hommes qui avaient été ensuite abattus ou incarcérés. Elles avaient tout vécu — relations, maternité, ruptures et deuils — et avaient connu toute la gamme des expériences humaines durant l'adolescence.

Ce programme a été un échec retentissant, expliqué par le fait que ces femmes étaient incapables de tisser quelque nouvelle relation profonde que ce soit. Elles avaient épuisé toutes leurs ressources. Leurs cases relationnelles étaient remplies, pour toujours.

Il y a une leçon salutaire à tirer de cette triste histoire, leçon qui confirme la validité du Principe 80/20 : un petit nombre de relations correspond à une large proportion de la valeur affective totale de toutes nos relations. Remplissez vos cases affectives avec grand soin, et pas trop tôt dans la vie !

RELATIONS ET ALLIANCES PROFESSIONNELLES

Passons maintenant à vos relations et alliances professionnelles. On ne saurait trop insister sur l'importance d'avoir quelques alliés intimes.

L'être humain est capable de choses étonnantes, mais il a toujours besoin d'alliés pour fournir une performance exceptionnelle.

Vous ne pouvez réussir seul ; vous avez besoin des autres. À vous de choisir les relations et alliances qui servent le mieux vos fins.

Vous avez désespérément besoin d'alliés ; traitez-les bien, comme vous vous traitez vous-même (ou du moins comme vous le devriez). Ne présumez pas que vos amis et alliés ont à peu près tous la même importance. Attachez-vous à développer les quelques alliances clés de votre vie. Cela vous semble évident, voire banal ? Demandez-vous combien de vos amis le font. Demandez-vous ensuite si vous-même le faites.

Tous les chefs spirituels ont eu de nombreux alliés. Si eux en avaient besoin, *a fortiori* vous, vous en avez besoin aussi. Par exemple, Jésus a eu besoin de Jean Baptiste pour se faire connaître, puis de ses 12 apôtres, puis d'autres disciples, notamment de saint Paul, sans doute le plus grand génie du marketing de toute l'histoire[3].

Rien n'est plus important que votre choix d'alliances et votre manière de les forger. Sans elles, vous n'êtes rien. Avec elles, vous pouvez transformer votre vie, souvent la vie de ceux qui vous entourent, et parfois même, dans une petite ou grande mesure, le cours de l'histoire.

Nous saisirons mieux l'importance des alliances grâce à un bref retour historique.

L'histoire est écrite par des individus qui se trouvent des alliés efficaces

Vilfredo Pareto, le « Karl Marx bourgeois », affirmait que l'histoire était fondamentalement celle de la succession d'élites[4]. L'objectif des individus ou familles énergiques était donc de faire partie d'une élite ou de faire partie de l'élite qui en remplaçait une autre (ou, si on faisait déjà partie d'une élite, d'y rester et de veiller à ce que celle-ci continue de dominer).

Si vous analysez la perspective parétienne ou marxiste de l'histoire, vous pouvez conclure que les alliances au sein des élites existantes ou des élites en devenir sont les moteurs du progrès. L'individu n'est rien, sauf en tant qu'élément d'une classe ; mais l'individu allié à d'autres de la même classe (ou d'autres classes, parfois) est tout.

L'importance de l'individu allié à d'autres apparaît évidente si l'on examine certains points tournants de l'histoire. Y aurait-il eu une Révolution d'octobre en 1917 sans le rôle clé de Lénine ? Probablement pas, et sûrement pas celle qui a changé le cours de l'histoire mondiale pendant les 72 années suivantes. La Révolution russe de 1989, qui a renversé celle de 1917, aurait-elle réussi sans la présence d'esprit et la bravoure de Boris Eltsine ? S'il n'avait pas grimpé sur un char d'assaut devant la Maison-Blanche russe, les gérontocrates communistes auraient sans doute consolidé leur coup d'État chancelant.

Nous pourrions prolonger à l'infini le petit jeu des hypothèses historiques pour prouver l'importance du rôle de l'individu. Il n'y aurait pas eu d'holocauste ni de Deuxième Guerre mondiale sans Hitler. Sans Roosevelt et Churchill, Hitler aurait sans doute unifié l'Europe plus tôt, plus complètement et d'une manière plus contrariante que l'ont fait les hommes politiques qui ont suivi. Et ainsi de suite. Cependant, ce que l'on oublie trop souvent, c'est qu'aucun de ces individus n'aurait pu changer le cours de l'histoire sans l'aide de certaines relations et alliances.

Dans presque toute réussite[5], on peut repérer un petit nombre de collaborateurs clés sans lesquels l'individu n'aurait pu réussir, mais grâce auxquels il a pu exercer une influence exceptionnelle. Cela est vrai partout : gouvernements, mouvements idéologiques populaires, affaires, médecine, sciences, philanthropie, sport... L'histoire n'est pas le fait de forces aveugles et non humaines. L'histoire n'est pas écrite par des classes ou élites obéissant à quelque formule sociologique ou économique préprogrammée. L'histoire est écrite par des individus déterminés qui créent des alliances efficaces avec un petit nombre de proches collaborateurs.

VOUS AVEZ BESOIN DE QUELQUES ALLIÉS CLÉS

Si vous avez déjà connu la réussite dans votre vie, vous y reconnaîtrez (sauf si vous êtes un égotiste aveugle courant à sa perte) l'apport essentiel de vos alliés. Mais vous y verrez aussi l'influence du Principe 80/20. Ces alliés clés sont peu nombreux.

On peut généralement dire sans crainte de se tromper que 80 p. 100 de la valeur de vos alliés provient de moins de 20 p. 100 de ceux-ci. Pour quiconque a déjà accompli quoi que ce soit, la liste des alliés est incroyablement longue. Mais parmi les centaines de collaborateurs, la valeur est très inégalement répartie. D'habitude, le rôle d'une petite demi-douzaine d'alliés compte beaucoup plus que celui de tous les autres.

Vous n'avez pas besoin d'un grand nombre d'alliés, mais de bons alliés, de ceux qui entretiennent la bonne relation qu'ils ont avec vous et entre eux. Vous avez besoin d'eux au bon moment et au bon endroit, et l'intérêt de ceux-ci doit être l'avancement de vos propres intérêts. Par-dessus tout, vos alliés doivent vous faire confiance et vous devez pouvoir leur faire confiance aussi.

Dressez la liste de vos 20 principales relations d'affaires, de ces gens que vous considérez comme des alliés essentiels, et comparez-la à la liste (consultez votre fichier Rolodex ou Filofax, ou votre agenda téléphonique) de toutes les personnes avec qui vous avez des contacts actifs et qui vous sont relativement proches. Il est probable que 80 p. 100 de la valeur pour vous de vos alliances proviendra de 20 p. 100 de ces relations. Si ce n'est pas le cas, vos alliances (ou du moins certaines) sont de qualité médiocre.

ALLIANCES DANS LA RÉUSSITE

Si vous êtes lancé dans votre carrière, dressez la liste des gens qui vous ont le plus aidé jusqu'à présent, dans l'ordre décroissant de l'importance de leur rôle ; répartissez ensuite 100 points entre les 10 noms figurant au sommet de votre liste.

En règle générale, les gens qui vous ont aidé le plus dans le passé seront également ceux qui vous aideront le plus dans l'avenir. Parfois, cependant, un bon ami figurant quelque part au bas de la liste devient un allié potentiel de poids, peut-être parce qu'il a obtenu un nouveau poste où il exerce plus d'influence, qu'il a amassé une fortune grâce à ses placements ou qu'il s'est fait reconnaître dans sa discipline. Refaites l'exercice, en classant vos 10 alliés et en répartissant entre eux 100 points de plus, cette fois en fonction de leur capacité à vous aider dans le futur.

Les gens vous aideront parce qu'il ont avec vous une relation solide. Les meilleures relations se fondent sur cinq critères : appréciation mutuelle du temps passé ensemble, respect, expérience partagée, réciprocité et confiance. Dans les relations commerciales réussies, ces critères s'entremêlent et sont inextricablement liés, mais nous pouvons tout de même les examiner individuellement.

Appréciation mutuelle

Le premier des cinq critères est le plus évident. Si vous n'aimez pas parler à telle personne, dans son bureau, au restaurant, dans une rencontre mondaine ou au téléphone, vous ne tisserez pas avec elle une relation solide. Cette personne doit également apprécier votre compagnie.

Si cela vous semble une évidence, réfléchissez tout de même un court instant aux personnes que vous fréquentez sur le plan social, mais surtout à des fins professionnelles. Combien d'entre elles aimez-vous vraiment ? Il est étonnant de constater à quel point les gens passent beaucoup de temps avec des personnes qu'ils n'apprécient pas du tout. C'est là une perte de temps terrible. C'est ennuyeux, fatigant et souvent coûteux, en plus de vous empêcher de faire autre chose et de ne vous mener nulle part. Cessez de le faire ! Passez plus de temps avec les personnes dont vous appréciez le contact, particulièrement si elles peuvent vous être utiles.

Respect

Il y a des gens dont j'apprécie infiniment la compagnie mais que je respecte peu sur le plan professionnel. La réciproque est vraie. Je n'aiderais jamais quelqu'un dans sa carrière si je ne respectais pas ses compétences professionnelles.

Pour que quelqu'un vous aide sur le plan professionnel, vous devez l'impressionner ! Pourtant, il arrive souvent que nous cachions nos talents à cause d'une modestie mal placée. Un ami à moi, Paul, qui était en mesure de donner un bon coup de pouce à ma carrière, a fait un jour remarquer au cours d'une réunion d'un conseil d'administration dont nous faisions tous les deux partie qu'il était disposé à me croire compétent sur le plan professionnel, même s'il n'avait jamais vu la moindre preuve que je l'étais ! J'ai décidé de trouver une situation dans laquelle je pourrais lui prouver ma compétence. Dès lors, Paul a monté de plusieurs crans sur ma liste d'alliés professionnels.

Expérience partagée

Tout comme dans un village primitif, nous disposons d'un nombre limité de cases pour nos expériences professionnelles majeures. L'expérience partagée, surtout si elle implique une lutte ou une souffrance, est très propice à la formation de liens affectifs. L'une de mes plus belles relations, tant sur le plan personnel que sur le plan professionnel, est née lorsque, nouveau dans mon premier emploi, j'ai connu un individu dans la même situation que moi. Je suis persuadé que nous n'aurions jamais créé cette relation si nous n'avions pas tous deux détesté intensément notre travail à la raffinerie de pétrole.

Si vous occupez un poste difficile, trouvez-vous un allié que vous aimez et respectez. Tissez avec lui une relation profonde et féconde. Si vous ne le faites pas, vous ratez une belle occasion !

Même si vous ne vivez pas une situation pénible, trouvez quelqu'un qui partage avec vous une expérience analogue et faites de lui un allié clé.

Réciprocité

Pour que les alliances fonctionnent, chaque allié doit faire beaucoup pour l'autre — constamment et sur une longue période de temps.

La réciprocité exige que la relation soit équitable ; la réciprocité doit venir naturellement, sans être trop calculée. Ce qui compte, c'est que vous fassiez tout ce que vous pouvez pour aider l'autre, dans les limites de l'éthique, ce qui requiert temps et réflexion. N'attendez pas que l'autre sollicite une faveur de votre part.

Ce qui m'étonne lorsque j'examine des relations professionnelles, c'est à quel point une réelle réciprocité est rare. Même si tous les autres ingrédients de la relation — amitié, respect, expérience partagée et confiance — sont présents, on oublie souvent d'être proactif dans l'aide apportée à ses alliés. Voilà une autre belle occasion ratée d'approfondir la relation et d'accumuler des « bons » d'aide future.

Selon les Beatles, « en fin de compte, l'amour reçu est égal à l'amour donné ». De même, l'aide professionnelle que vous recevez est égale à celle que vous donnez.

Confiance

La confiance cimente la relation. La méfiance la disloque vite. La confiance exige une honnêteté totale et constante. Si l'on soupçonne le moindrement que vous ne dites pas ce que vous pensez, fût-ce par noblesse d'esprit ou par diplomatie, la confiance risque d'être minée.

Si vous manifestez une pleine confiance, vos relations professionnelles se noueront plus rapidement et seront plus efficaces. Vous épargnerez aussi beaucoup de temps et de frais. Ne perdez jamais la confiance des autres en vous montrant capricieux, lâche ou fourbe.

SI VOUS ÊTES AU DÉBUT DE VOTRE CARRIÈRE, REMPLISSEZ AVEC SOIN VOS CASES D'ALLIÉS

En règle générale, vous devriez forger six ou sept alliances professionnelles de premier ordre, réparties comme suit :

- une ou deux relations avec des mentors, avec des gens plus expérimentés que vous ;
- deux ou trois relations avec des pairs ;
- une ou deux relations dans lesquelles vous êtes le mentor.

Relations avec des mentors

Choisissez soigneusement un ou deux mentors. Ne les laissez pas vous choisir : ils pourraient s'approprier une « case » de mentor au détriment de quelqu'un de plus précieux pour vous. Les mentors que vous choisirez devraient répondre aux deux critères suivants :

- vous devez pouvoir nouer avec eux une relation « à cinq ingrédients » : appréciation mutuelle, respect, expérience partagée, réciprocité et confiance ;
- le mentor doit être aussi expérimenté que possible ou, mieux encore, moins expérimenté mais clairement destiné

aux sommets. Les meilleurs mentors sont exceptionnellement compétents et ambitieux.

Il peut vous paraître incongru de m'entendre dire que la relation avec le mentor doit être réciproque, puisque celui-ci aura inévitablement davantage à offrir que son «protégé». Mais le mentor doit être récompensé, faute de quoi il perdra tout intérêt à vous fréquenter. Le protégé doit fournir des idées neuves, une stimulation intellectuelle, de l'enthousiasme, un travail acharné, la connaissance de nouvelles technologies, ou bien il doit posséder quelque autre attribut de valeur pour le mentor. Les mentors avisés se servent souvent de leurs jeunes alliés pour se tenir au courant des nouvelles tendances et des occasions ou menaces qui risquent de ne pas être évidentes lorsqu'elles sont vues d'en haut.

Relations avec les pairs

Avec les pairs, il y a fort à parier que vous aurez l'embarras du choix. Les alliés potentiels sont innombrables. Mais rappelez-vous que vous n'avez que deux ou trois « cases » à remplir. Soyez extrêmement sélectif. Dressez la liste de tous les alliés potentiels qui répondent aux cinq critères d'une alliance ou qui sont susceptibles d'y répondre. Choisissez les deux ou trois dont vous estimez la réussite la plus probable. Puis, ne ménagez aucun effort pour faire d'eux des alliés.

Relations dans lesquelles vous êtes le mentor

Ne négligez pas ces relations. Vous tirerez probablement le maximum de votre protégé ou de vos deux protégés s'ils travaillent pour vous, de préférence sur une longue période de temps.

ALLIANCES MULTIPLES

Les alliances finissent souvent par former des toiles ou des réseaux dans lesquels les mêmes individus entretiennent des relations entre eux. Ces réseaux sont puissants, ou du moins le semblent vus de l'extérieur, en plus d'être souvent une source de plaisir.

Toutefois, ne vous emballez pas trop ; ne faites pas le snob en vous persuadant que vous faites partie du petit groupe branché. Vous pourriez n'y être qu'un acteur secondaire. N'oubliez pas que toutes les relations authentiques et précieuses sont bilatérales. Si vous avez noué une alliance solide avec X et avec Y, et que ceux-ci en ont aussi une entre eux, tant mieux ! Lénine disait que la solidité d'une chaîne correspond à celle de son maillon le plus faible. Quelle que soit la solidité de la relation entre X et Y, les seules relations qui comptent vraiment pour vous sont celles que vous entretenez avec X et avec Y.

CONCLUSION

Dans le cas des relations personnelles comme dans celui des relations professionnelles, mieux vaut en avoir quelques-unes qui soient très profondes qu'en avoir beaucoup qui soient superficielles. Les relations ne se valent pas toutes. Une relation imparfaite, à laquelle vous consacrez beaucoup de temps pour n'obtenir que de maigres résultats, doit être rompue le plus tôt possible. Les mauvaises relations chassent les bonnes. Le nombre de cases pour les relations est limité ; ne remplissez pas vos cases trop tôt, ni avec des relations de qualité médiocre.

Choisissez vos relations avec soin, puis développez-les avec détermination.

UN EMBRANCHEMENT

Dans le présent ouvrage, le lecteur se trouve maintenant devant un embranchement. Les deux prochains chapitres

(13 et 14) s'adressent, respectivement, à ceux qui veulent savoir comment faire avancer leur carrière ou multiplier leur argent. Le lecteur qui ne s'intéresse pas à l'un de ces deux sujets sautera directement au chapitre 15, où l'attendent les sept habitudes du bonheur.

13

INTELLIGENT ET PARESSEUX

Il n'y a que quatre types d'officiers. Premièrement, il y a les paresseux qui sont stupides. Laissez-les tranquilles, ils ne font de mal à personne. [...] Deuxièmement, il y a les bûcheurs qui sont intelligents. Ceux-là font d'excellents officiers d'état-major, qui ne négligent aucun détail. Troisièmement, il y a les bûcheurs qui sont stupides. Ces officiers sont une véritable menace et doivent être congédiés sur-le-champ. Ils créent inutilement du travail pour tout le monde. Quatrièmement, il y a les officiers intelligents et paresseux. Ceux-là conviennent parfaitement aux fonctions les plus élevées.

GÉNÉRAL VON MANSTEIN
à propos du corps des officiers allemands

Voici un chapitre qui s'adresse au lecteur vraiment ambitieux. Si vous ne souffrez pas de l'insécurité qui alimente le désir d'être riche et célèbre, sautez directement au chapitre 15. Mais si vous voulez ressortir gagnant de la grande foire d'empoigne, vous trouverez ici des conseils qui vous étonneront peut-être.

La citation du général Von Manstein reflète l'essence même
du présent chapitre, qui montre comment le Principe 80/20
peut vous guider vers une carrière réussie. Si le général avait été
consultant en gestion, il aurait fait fortune grâce à la matrice
illustrée à la Figure 37.

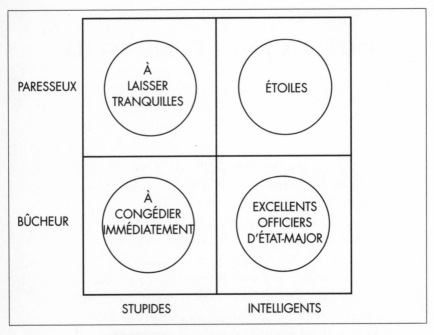

FIGURE 37   Matrice de Von Manstein

Cette matrice nous apprend ce qu'il faut faire des autres.
Mais vous? On pourrait croire que l'intelligence et la propension au travail sont des qualités immuables, auquel cas la
matrice de Von Manstein, bien qu'intéressante, serait inutile.
Mais la position que nous adoptons dans ce chapitre est
légèrement différente de celle-là. Même si vous êtes un
bûcheur, vous pouvez apprendre à devenir paresseux. Et même
si vous ou d'autres croyez que vous êtes stupide, vous êtes

intelligent à certains égards. Le secret pour devenir une étoile est de simuler, de fabriquer et de déployer une intelligence paresseuse. Comme nous le verrons, l'intelligence paresseuse s'acquiert. Le secret pour gagner davantage tout en travaillant moins consiste à bien choisir ce que l'on fait et à ne faire que ce qui rapporte le plus de valeur.

Au préalable, toutefois, il est éclairant de voir comment le Principe 80/20 répartit les récompenses entre ceux qui travaillent. Ces récompenses sont déséquilibrées et injustes. Nous pouvons soit nous plaindre de cette situation, soit nous positionner pour tirer parti de la matrice de Von Manstein.

DÉSÉQUILIBRE MARQUÉ DANS LA RÉUSSITE ET LES RÉCOMPENSES PROFESSIONNELLES

Nulle part l'application du Principe 80/20 n'est plus manifeste aujourd'hui que dans l'ampleur démesurée et croissante des récompenses dont jouissent un très petit nombre de professionnels d'élite.

Nous vivons dans un monde où les récompenses attribuées aux meilleurs éléments, dans toutes les sphères de l'activité humaine, n'ont jamais été plus élevées. Un faible pourcentage des professionnels obtiennent une proportion démesurée de reconnaissance et de célébrité, ainsi qu'un pourcentage disproportionné des récompenses.

Prenez n'importe quelle sphère d'activité humaine contemporaine, dans n'importe quel pays ou à l'échelle planétaire. Que ce soit en athlétisme, en baseball, en basket-ball, en football, en golf, en soccer, en tennis ou dans n'importe quel sport populaire ; en architecture, en sculpture, en peinture ou dans n'importe quel autre art visuel ; en musique de tous genres ; en cinéma ou en théâtre ; dans le domaine des romans, des livres de cuisine ou des autobiographies ; voire dans l'animation de tribunes télévisées, dans la lecture des journaux parlés, en politique ou dans quelque autre champ d'activités, il y aura toujours un petit nombre de professionnels célèbres dont les noms nous viendront immédiatement à l'esprit.

Par rapport à la population de chaque pays, ces gens sont remarquablement peu nombreux et représentent généralement un faible pourcentage — généralement bien inférieur à 5 p. 100 — de tous les professionnels actifs dans chacun de ces domaines. Quelle que soit la profession examinée, il n'y a qu'une fraction des individus qui y sont actifs dont les noms sont connus, et ceux-ci prennent toute la place. Ils sont toujours en demande et font toujours la nouvelle. On peut les comparer à certaines marques de produits de consommation devenues synonymes du produit en question.

Cette même concentration est apparente en ce qui a trait à la popularité et aux récompenses financières. Plus de 80 p. 100 des romans vendus représentent moins de 20 p. 100 de tous les titres édités. Il en est de même dans toutes les autres catégories d'édition : disques compacts populaires, concerts, films et même ouvrages consacrés aux affaires. Même constat pour les vedettes du grand ou du petit écran, et pour les étoiles du sport professionnel. Au golf, 80 p. 100 des bourses sont récoltées par moins de 20 p. 100 des golfeurs professionnels. La même proportion s'applique au tennis professionnel ; dans le monde des courses hippiques, plus de 80 p. 100 des gains sont touchés par moins de 20 p. 100 des propriétaires, jockeys et entraîneurs.

Nom	Profession	Revenus (millions $ US)
Steven Spielberg	Réalisateur	165
Joseph Jamail	Avocat plaidant	90
Oprah Winfrey	Animatrice à la télévision	72
Michael Jordan	Joueur basket-ball/baseball	30
David Copperfield	Magicien	29
Sylvester Stallone	Acteur/réalisateur	24
Andrew Lloyd Webber	Compositeur	24
Michael Jackson	Chanteur	22
Andre Agassi	Joueur de tennis	22
Stephen King	Écrivain	21

Shaquille O'Neal	Joueur de basket-ball	17
Jack Nicklaus	Golfeur	15
Gerhard Berger	Coureur automobile	14
Roberto Baggio	Joueur de foot	5
Allen Grubman	Avocat de sociétés	5

Source : *Forbes*

FIGURE 38   Revenus des professionnels étoiles

L'écart est grand entre les premiers rangs et le reste

Nous vivons dans un monde de plus en plus soumis au marketing. Les noms célèbres peuvent réclamer des cachets faramineux, mais les individus un peu moins bons ou un peu moins connus gagnent relativement peu.

Par exemple, les Mémoires de Margaret Thatcher se sont jusqu'à présent vendus à plus de deux millions d'exemplaires, et elle a écoulé un grand nombre de cassettes audio et vidéo : elle a touché 5,4 millions de dollars US. Les mémoires de l'un de ses ministres les plus intéressants, Nicholas Ridley, se sont vendus à 5000 exemplaires, c'est-à-dire 400 fois moins bien que ceux de lady Thatcher. Bon nombre d'autres ministres du cabinet Thatcher ont écrit leurs mémoires, quelques-uns avec un certain succès. Mais on s'entend pour dire que Thatcher, qui représentait en nombre 2 p. 100 de tous les ministres de ses gouvernements successifs et 5 p. 100 de ceux qui ont écrit leurs mémoires, a vendu plus de 95 p. 100 de la totalité des exemplaires de tous les mémoires qu'ils ont publiés.

Il y a une grande différence entre trôner au sommet et être bien connu de tous, et avoir presque atteint le sommet et être bien connu de quelques enthousiastes. Les grandes étoiles du baseball, du basket-ball et du football peuvent gagner des millions ; ceux qui les suivent de tout près au point de vue de la popularité doivent se contenter de mener une vie plus que confortable.

Pourquoi les gagnants raflent-ils tout ?

Dans le cas des superétoiles, la distribution des revenus est encore plus déséquilibrée qu'elle ne l'est dans la population en général, et elle constitue une excellente illustration du Principe 80/20 (90/10 ou 95/5, dans la plupart des cas). Quelques auteurs ont cherché à donner des explications économiques ou sociologiques aux super-revenus des superétoiles[1].

L'explication la plus convaincante est celle selon laquelle deux conditions facilitent l'enrichissement des superétoiles. La première : il est possible pour la superétoile d'être simultanément accessible à des masses de gens, grâce aux télécommunications modernes. Le coût marginal de « distribution » des Michael Jackson, Steven Spielberg, Stephen King, Luciano Pavarotti ou Andre Agassi à des consommateurs additionnels est quasiment nul, puisque le coût additionnel qu'entraînent la diffusion et la fabrication d'un disque compact ou l'impression d'un livre ne constitue qu'un élément infime de l'ensemble des coûts.

Le coût additionnel payé pour rendre ces superétoiles accessibles au monde n'est certainement pas supérieur à ce qu'il serait s'il s'agissait de vedettes de second rang, sauf dans la mesure où ces superétoiles exigent des cachets plus élevés. Même si ces cachets peuvent atteindre les millions ou les dizaines de millions de dollars, le coût marginal par consommateur est extrêmement faible et s'exprime souvent en cents ou en fractions de cents.

La deuxième condition expliquant les revenus exceptionnels des superétoiles est que la médiocrité ne doit jamais se substituer au talent. Il doit être essentiel d'obtenir ce qu'il y a de mieux. Si une femme de ménage est deux fois moins rapide qu'une autre, le marché corrigera l'écart en la rémunérant deux fois moins que les autres. Mais qui voudrait de quelqu'un qui n'aurait que la moitié du talent de Jackson ou de Pavarotti ? Dans ce cas, la non-superétoile, même si elle travaillait pour rien, rapporterait beaucoup moins à la structure d'exploitation que la superétoile. La non-superétoile attirerait un auditoire beaucoup moins nombreux ; en retour d'une réduction infime du coût total, on toucherait des revenus considérablement diminués.

Cette concentration des revenus est un phénomène récent

Fait intéressant à noter, la disparité des revenus supérieurs par rapport aux autres revenus n'a pas toujours existé. Les champions du basket-ball et du football des années 1940 et 1950, par exemple, ne gagnaient pas tant d'argent. Il était encore possible de trouver des politiciens de premier plan qui ne laissaient pas grand-chose à leurs héritiers. Et plus nous remontons dans l'histoire, moins il était vrai que les gagnants empochaient tout.

Par exemple, le talent de William Shakespeare était de loin supérieur à celui de ses contemporains. Il en était de même pour Léonard de Vinci. En toute justice, ou plus précisément, selon les normes d'aujourd'hui, ils auraient dû être en mesure d'exploiter leur esprit brillant, leur créativité et leur célébrité pour devenir les hommes les plus riches de leur temps. Au lieu de cela, ils se sont contentés du type de revenus dont jouissent aujourd'hui des millions de professionnels plus ou moins compétents.

Le déséquilibre des récompenses financières que procure le talent s'accentue de plus en plus. De nos jours, le revenu étant plus étroitement lié au mérite et à la qualité marchande, le rapport 80/20, du fait qu'il est plus facile à démontrer en termes d'argent, devient plus qu'évident. Notre société est clairement plus « méritocratique » que celle d'il y a un siècle, voire une génération. Cela est vrai en Europe et particulièrement en Grande-Bretagne.

Si les étoiles du foot, tel Bobby Moore, avaient gagné des fortunes durant les années 1940 et 1950, cela aurait provoqué la furie de l'establishment britannique, qui aurait trouvé la situation inconvenante. Lorsque les plus grands écrivains britanniques des années 1960 ont appris que les Beatles étaient millionnaires, ils ont été étonnés. Aujourd'hui, personne ne s'étonne que des chanteurs comme George Michael ou Michael Jackson comptent parmi les personnes les plus riches de la planète. Aujourd'hui, on éprouve moins de respect pour le rang que pour les marchés.

Un autre élément nouveau, comme nous l'avons dit précédemment, est la révolution technologique de la diffusion, des télécommunications et des biens de consommation tels que les disques compacts et les cédéroms. De nos jours, le premier objectif est de maximiser les revenus, ce que les superétoiles peuvent faire. Le coût additionnel à consentir pour obtenir leur concours peut représenter une somme faramineuse pour un individu mais, une fois réparti sur la masse des consommateurs, il est négligeable.

LA RÉUSSITE A TOUJOURS OBÉI AU PRINCIPE 80/20

Si nous laissons l'argent de côté pour passer à des choses plus durables et plus importantes (du moins pour tout le monde, superétoiles mises à part), nous constatons que la concentration de la réussite et de la célébrité chez quelques individus, dans quelque domaine que ce soit, a toujours existé. Des contraintes qui nous paraissent étranges aujourd'hui — la classe sociale ou l'absence de télécommunications — ont empêché Shakespeare et Léonard de Vinci de devenir millionnaires. Mais cette absence de fortune n'a pas diminué leur réussite ni le fait qu'une faible minorité de créateurs ont exercé la majeure partie de l'influence sur leur époque.

LA RÈGLE 80/20 DES RÉCOMPENSES S'APPLIQUE AUSSI AUX PROFESSIONNELS HORS MÉDIAS

Même si la règle 80/20 des récompenses est plus visible et plus démesurée chez les superétoiles que l'on connaît par l'intermédiaire des médias, elle ne se limite pas au monde du divertissement. De plus en plus, les professionnels les meilleurs dans leur discipline prennent la part du lion. Vous avez vu, dans la Figure 42, qu'au deuxième rang des professionnels les mieux payés d'Amérique figure Joseph Jamail, un nom qui nous est beaucoup moins familier que celui d'Andre Agassi. Jamail est avocat plaidant; jusqu'à présent, on ne l'a pas vu dans les tribunes télévisées et il n'a pas joué dans des films à succès. Pourtant, il a gagné 90 millions en 1994, soit quatre fois plus qu'Andre Agassi.

Plus bas sur la liste des gros revenus, on voit des avocats de société, des chirurgiens, des gestionnaires d'entreprises fort prisés, des investisseurs, des fiscalistes et toutes sortes d'autres professionnels. Dans chacun de ces domaines, la philosophie du gagnant qui rafle tout se répand se plus en plus. Les individus et les cabinets spécialisés les meilleurs, dans chaque domaine, exigent des honoraires considérablement supérieurs à ceux que peuvent demander les autres, moins connus. Dans le cas d'une tentative de prise de contrôle hostile, par exemple, deux des protagonistes ou davantage peuvent rivaliser pour obtenir les services de l'individu ou du cabinet spécialisé le plus reconnu, en offrant à celui-ci des honoraires supérieurs à la normale. Chaque fois que de grosses sommes sont en jeu et que certains professionnels peuvent exercer une influence, ou qu'on croit qu'ils le peuvent, les récompenses financières peuvent devenir astronomiques.

Le talent a probablement toujours obéi à un modèle 80/20. L'effet de la technologie est peut-être de modifier ce modèle et de provoquer une courbe 90/10 ou 95/5. La courbe des récompenses, naguère probablement de type 70/30, est sans doute aujourd'hui de type 95/5, voire plus déséquilibrée, dans le cas des individus les plus célèbres.

QUE SIGNIFIE TOUT CELA POUR L'AMBITIEUX ?

Quelles sont les règles de la réussite dans notre monde 80/20 ? Dans un monde où les probabilités d'une réussite extraordinaire sont si réduites, vous pourriez baisser les bras et refuser de rivaliser avec les autres. Mais je crois que vous tireriez là la mauvaise conclusion. Même si votre but n'est pas de devenir l'homme le plus riche du monde (mais particulièrement si c'est votre but), il existe 10 règles d'or pour réussir une carrière dans un monde qui appartient de plus en plus au type 80/20 (voir ci-dessous).

Même si ces principes sont d'autant plus précieux que vous êtes ambitieux, ils s'appliquent à tout individu, où qu'il soit arrivé dans sa carrière, quelle que soit son ambition. Tandis que nous examinerons de plus près ces règles, recourez à la Pensée 80/20 pour adapter le texte à votre propre situation. Rappelez-vous la matrice de Von Manstein : trouvez la case qui vous est réservée, celle où vous pouvez être intelligent, paresseux et chèrement récompensé.

Les 10 règles d'or d'une carrière réussie

1. Spécialisez-vous dans un créneau très limité ; acquérez une habileté de base.
2. Choisissez un créneau que vous aimez, dans lequel vous pouvez exceller et avoir des chances de devenir un chef de file reconnu.
3. Comprenez que savoir égale pouvoir.
4. Identifiez votre marché et vos clients de base, et servez-les le mieux possible.
5. Repérez les activités où 20 p. 100 des efforts rapportent 80 p. 100 des récompenses.
6. Apprenez de ceux qui sont les meilleurs.
7. Devenez travailleur indépendant tôt dans votre carrière.
8. Embauchez le plus possible de créateurs de valeur nette.
9. Sous-traitez tout ce qui est étranger à votre habileté de base.
10. Tirez parti de l'effet de levier du capital.

Spécialisez-vous dans un créneau très limité

La spécialisation est l'une des lois universelles de la vie. C'est cette loi qui a présidé à l'évolution de la vie : chaque espèce a recherché de nouveaux créneaux écologiques et a développé des caractéristiques uniques. La petite entreprise qui ne se spécialise pas est destinée à mourir. L'individu qui ne se spécialise pas est condamné à l'esclavage salarial à perpétuité.

Dans le monde naturel, le nombre d'espèces différentes est inconnu, mais sans nul doute astronomique. Dans le monde des affaires, le nombre de créneaux est beaucoup plus grand qu'on ne le croit généralement ; ainsi, un nombre considérable de petites entreprises, apparemment concurrentes dans un vaste marché, peuvent en fait être des chefs de file dans leur propre créneau et éviter de se faire les unes aux autres une concurrence directe[2].

Sur le plan individuel aussi, mieux vaut connaître plusieurs choses très bien, ou de préférence connaître une seule chose exceptionnellement bien, que de connaître superficiellement bien des choses.

La spécialisation est inhérente au Principe 80/20. La raison qui l'explique — qui explique pourquoi 20 p. 100 des intrants entraînent 80 p. 100 des extrants — est simple : le cinquième le plus productif est beaucoup plus spécialisé et adapté à la tâche que les quatre autres cinquièmes.

Chaque fois qu'on observe le Principe 80/20 à l'œuvre, on constate à la fois un grand gaspillage des ressources (de la part des quatre cinquièmes peu productifs) et la nécessité d'une spécialisation plus poussée. Si les quatre cinquièmes peu productifs se spécialisaient dans leurs points forts, ils pourraient devenir le cinquième productif dans un autre cadre de référence. Il s'ensuivrait une autre relation 80/20, mais d'un niveau supérieur. Ce qui constituait les quatre cinquièmes peu productifs, ou une partie de cela, deviendrait le cinquième productif d'une autre distribution.

Ce processus, que Friedrich Hegel, philosophe allemand du XIXe siècle, appelait « dialectique[3] » peut se perpétuer et constituer un moteur du progrès. En fait, on croit que c'est ce qui s'est passé au fil du temps, dans le monde naturel comme dans la société. La hausse du niveau de vie a été provoquée par une intensification de la spécialisation.

L'ordinateur est issu d'une nouvelle spécialisation dans le champ de l'électronique ; l'ordinateur personnel, d'une spécialisation subséquente ; les logiciels conviviaux, de spécialisations ultérieures ; le cédérom, d'une autre étape du même processus. La biotechnologie, qui a révolutionné l'agro-alimentaire, a évolué d'une manière analogue, chaque nouvelle percée s'appuyant sur la précédente et provoquant une spécialisation progressive.

Votre carrière doit progresser de la même manière. Tout est dans la connaissance. L'une des tendances les plus lourdes dans le marché du travail depuis une génération a été le pouvoir et le statut croissant des techniciens, anciens cols bleus désormais armés de connaissances spécialisées qui évoluent au même rythme que la technologie de l'information[4]. Ces experts sont souvent mieux rémunérés et sont plus puissants que les gestionnaires — des primitifs sur le plan technique — qui prétendaient créer de la valeur pour l'entreprise en organisant le travail des techniciens[5].

Au niveau le plus élémentaire, la spécialisation requiert des qualifications. Dans la plupart des sociétés, plus de 80 p. 100 de toutes les qualifications sont le fait de 20 p. 100 de la main-d'œuvre. De plus en plus, dans les sociétés avancées, la première distinction de classe n'est plus la possession de terres, voire la richesse, mais la possession de connaissances. Quatre-vingts pour cent de l'information appartient à 20 p. 100 de la population.

L'économiste et politique américain Robert Reich a divisé la main-d'œuvre américaine en quatre groupes. Le groupe supérieur, qu'il appelle celui des « analystes symboliques », est composé d'individus qui jouent avec les chiffres, les idées, les problèmes et les mots. On y retrouve les analystes financiers, les consultants, les architectes, les avocats, les médecins et les journalistes — tous les travailleurs dont l'intelligence et le savoir constituent leur source de puissance et d'influence. Fait intéressant à noter, il qualifie ce groupe d'« heureux cinquième » — dans notre vocabulaire, lire les « 20 p. 100 supérieurs » —, qui, selon lui, possède 80 p. 100 de l'information et 80 p. 100 de la richesse.

Quiconque a une expérience récente des disciplines intellectuelles sait que le savoir est en train de subir une fragmentation profonde et progressive. À certains égards, cela est inquiétant, puisqu'à peu près personne dans l'intelligentsia ni dans la société en général n'est capable d'intégrer ces diverses évolutions du savoir et de nous expliquer ce que tout cela signifie. Mais, à d'autres égards, la fragmentation est une preuve de plus de la nécessité et de la valeur de la spécialisation.

Sur le plan individuel, le fait que les récompenses ont tendance à s'accumuler dans les poches de certains privilégiés ne peut être que source d'espoir. Vous n'avez sans doute guère de chances de devenir le prochain Einstein, ni même Bill Gates, mais il y a des centaines de milliers, voire des millions de créneaux qui n'attendent que vous. Vous pourriez même, comme Bill Gates, inventer votre propre créneau.

Trouvez votre créneau. Vous y mettrez peut être beaucoup de temps, mais c'est la seule façon pour vous d'avoir accès à des récompenses exceptionnelles.

Choisissez un créneau qui vous plaît, dans lequel vous pouvez exceller

La spécialisation requiert une grande réflexion. Plus le créneau est restreint, plus il faut le choisir avec soin.

Spécialisez-vous dans un domaine que vous aimez et qui vous intéresse déjà. Vous ne deviendrez jamais le chef de file dans un domaine qui ne suscite chez vous ni enthousiasme ni passion.

Cette règle n'est pas aussi contraignante que vous le croyez. Tout le monde se passionne pour quelque chose : si ce n'est pas votre cas, vous êtes déjà mort ou vous agonisez. Et presque n'importe quel hobby, marotte ou vocation peut se transformer en activité commerciale.

Vous pouvez aussi voir la chose par l'autre bout de la lorgnette. Quiconque a réussi à atteindre les sommets l'a fait avec grand enthousiasme. L'enthousiasme est le moteur de la réussite personnelle, en plus d'être contagieux et d'avoir ainsi un effet multiplicateur. Impossible de feindre ou de fabriquer l'enthousiasme.

Si votre carrière actuelle ne vous enthousiasme pas et si vous êtes ambitieux, changez de carrière. Mais, avant de procéder, trouvez-vous une carrière qui vous convienne mieux.

Dressez la liste de toutes les activités qui vous enthousiasment. Sélectionnez ensuite celles qui peuvent se transformer en créneau de carrière. Puis choisissez celle que vous préférez.

Comprenez que savoir égale pouvoir

Le savoir est la clé qui permet de transformer un enthousiasme en carrière. Acquérez dans un domaine davantage de connaissances que quiconque d'autre. Cherchez ensuite le moyen de tirer parti de votre savoir, de vous créer un marché et une clientèle fidèle.

Il ne suffit pas d'en savoir long sur quelque chose de spécialisé. Vous devez savoir beaucoup plus que qui que ce soit d'autre au moins sur quelque chose. Ne cessez pas d'augmenter vos connaissances tant que vous ne serez pas convaincu d'en savoir plus que quiconque et d'être le meilleur dans votre créneau. Puis renforcez votre position en vous exerçant et en manifestant une curiosité sans bornes. Ne vous attendez pas à devenir le chef de file avant d'être beaucoup plus compétent que tout le monde.

Le marketing est un processus de création : vous devrez trouver vous-même votre méthode de marketing, peut-être en suivant l'exemple d'autres personnes qui ont exploité commercialement leur savoir dans un domaine connexe au vôtre. Si vous ne disposez pas de cette option, suivez les lignes directrices suivantes.

Identifiez votre marché et vos clients de base, et servez-les le mieux possible

Votre marché, ce sont les gens qui sont prêts à payer pour votre savoir. Vos clients de base, ce sont ceux qui apprécient le plus vos services.

Le marché, c'est l'arène dans laquelle vous évoluerez. Vous devez d'abord définir la manière dont les connaissances que vous possédez peuvent être vendues. Allez-vous travailler pour une société établie ou pour quelqu'un d'autre en tant qu'employé?

Allez-vous travailler pour plusieurs sociétés ou individus en tant que pigiste ? Allez-vous lancer votre propre entreprise de services (fondée sur votre labeur et celui de collaborateurs) ?

Allez-vous fournir des connaissances brutes ? Allez-vous les traiter et les adapter en fonction des situations ? Allez-vous les utiliser pour créer un produit ? Allez-vous inventer un produit, ajouter de la valeur au produit semi-fini de quelqu'un d'autre ou vendre au détail un produit fini ?

Votre clientèle de base se compose des entreprises et individus qui estiment le plus votre activité et qui sont susceptibles de vous alimenter en commandes bien payées.

Que vous soyez employé, travailleur indépendant, employeur petit ou grand, voire chef d'État, vous avez des clients de base de qui dépend la continuité de votre réussite. Cela est vrai, quel qu'ait été votre degré de réussite dans le passé.

Soit dit en passant, il est étonnant de constater combien souvent des chefs de file perdent leur position parce qu'ils négligent leurs clients de base ou vont jusqu'à les traiter de manière inconsidérée. Le tennisman John McEnroe a oublié que ses clients de base étaient les spectateurs et les organisateurs du tennis professionnel. Madame Thatcher a oublié que ses clients les plus importants étaient ses propres députés conservateurs du Parlement britannique. Richard Nixon a oublié que sa clientèle de base se trouvait dans la classe moyenne américaine, attachée à la valeur fondamentale qu'est l'intégrité.

Il faut bien servir ses clients, c'est sûr, mais il faut d'abord que ces clients soient les bons pour vous, ceux que vous pouvez combler en fournissant un effort relativement modeste.

Repérez les activités où 20 p. 100 des efforts rapportent 80 p. 100 des récompenses

Il n'y a pas de plaisir à tirer du travail si vous ne pouvez pas accomplir beaucoup avec peu d'effort. Si vous devez travailler de 60 à 70 heures par semaine rien que pour surnager, si vous avez l'impression de toujours être en retard dans vos tâches, si vous éprouvez de la difficulté à rester à la hauteur des exigences de votre travail, il est clair que votre travail n'est pas le bon ou que vous vous y prenez mal ! Vous ne tirez certainement pas parti du Principe 80/20 ni de la matrice de Von Manstein.

Rappelez-vous constamment certaines des intuitions de type 80/20. Dans toute sphère d'activités, 80 p. 100 des gens ne produisent que 20 p. 100 des résultats, et 20 p. 100 des gens sont à l'origine de 80 p. 100 des résultats. Qu'est-ce qui ne va pas dans ce que fait cette majorité ? Qu'est-ce qui dépasse toutes les attentes dans ce que fait cette minorité ? Quelle est cette minorité ? Pourriez-vous faire ce qu'elle fait ? Pourriez-vous faire ce qu'elle fait et l'exploiter encore davantage ? Pourriez-vous inventer un moyen encore plus intelligent et efficace de faire ce qu'elle fait ?

Êtes-vous bien apparié à votre « clientèle » ? Travaillez-vous dans la bonne entreprise ? Dans le bon service ? Au bon poste ? Dans quel domaine pourriez-vous impressionner votre « clientèle » sans grand effort ? Aimez-vous ce que vous faites ? Votre travail vous enthousiasme-t-il ? Dans la négative, pensez dès aujourd'hui à trouver un autre travail que vous aimerez.

Si vous aimez votre travail et votre « clientèle » mais n'êtes pas en route vers la gloire, vous dépensez sans doute votre temps de la mauvaise manière. Quels sont les 20 p. 100 de votre temps qui vous rapportent 80 p. 100 de vos résultats ? Exploitez-les davantage ! Quels sont les 80 p. 100 de votre temps qui ne vous mènent à rien ? Réduisez-les ! La réponse pourrait être aussi simple que cela, bien que la mise en œuvre du changement exigera de vous que vous rompiez avec vos habitudes et avec les conventions.

Dans tout marché, pour tout client, dans toute entreprise, dans toute profession, il y a toujours moyen de faire les choses plus efficacement : pas juste un peu mieux, mais aussi à un échelon supérieur. Grattez sous la surface pour repérer les vérités 80/20 applicables à votre profession ou industrie.

Dans ma propre profession, celle de la consultation en gestion, les réponses sont claires. Gros clients : très bon. Gros contrats : très bon. Grosses équipes de projet formées de jeunes employés bon marché : bon. Relation serrée avec le client : bon. Relation avec le grand patron du client : très bon. Relation de longue durée avec le client : très bon. Relation serrée de longue durée avec le grand patron d'une grande entreprise dotée de gros budgets, et recours à de nombreux jeunes consultants : gros lot !

Quelles sont les vérités 80/20 dans votre champ d'activités ? Comment certaines entreprises y réalisent-elles des profits exceptionnels, voire indécents ? Lesquels de vos collègues gagnent gros tout en conservant l'air détendu et en ayant du temps à consacrer à leur hobby ? Que font-ils donc qui marche si bien ? Réfléchissez, une fois, deux fois, trois fois. La réponse est quelque part ; à vous de la trouver. Mais ne la demandez pas à l'establishment de votre industrie ; ne faites pas un sondage auprès de vos collègues ; n'essayez pas de la trouver dans un livre. Tout ce que vous trouveriez ce seraient des croyances populaires répétées mille fois de mille façons différentes. La réponse se trouve chez les hérétiques de l'industrie, chez les francs-tireurs de la profession, chez les individus excentriques.

Apprenez de ceux qui sont les meilleurs

Dans tout champ d'activités, les gagnants, presque par définition, sont ceux qui ont trouvé des moyens de tirer de leurs 20 p. 100 d'efforts 80 p. 100 de résultats. Cela ne signifie pas que ces chefs de file sont paresseux ou manquent d'allant. En général, ce sont des bûcheurs. Mais les résultats qu'ils obtiennent, en consentant moins d'efforts que ceux qui sont simplement compétents dans leur discipline, sont considérablement supérieurs à ceux qu'obtiennent ces derniers. Les chefs de file produisent des résultats qui, en qualité comme en quantité, font rougir leurs concurrents.

Autrement dit, les chefs de file ne font pas les choses comme les autres. Ce sont généralement des « étrangers » : ils pensent et sentent les choses différemment. Ceux qui sont les meilleurs dans leur domaine ne réfléchissent pas et n'agissent pas de la même manière que les autres. Souvent, le chef de file n'est pas conscient

251

de cette différence; il y pense et en parle rarement. Mais si les chefs de file expliquent rarement les secrets de leur réussite, l'observation permet souvent de les déduire.

Les générations qui nous ont précédés l'avaient bien compris. Le disciple assis aux pieds de son maître, l'apprenti initié à son métier par l'artisan, l'étudiant s'enrichissant en aidant un professeur dans ses recherches, le jeune artiste secondant le peintre accompli : tous apprenaient en observant le travail de celui qui était le meilleur dans son domaine, en l'aidant et en l'imitant.

Soyez disposé à payer le prix fort pour travailler avec les meilleurs. Trouvez des prétextes pour passer du temps avec eux. Repérez leurs méthodes particulières de travail. Vous constaterez qu'ils voient les choses et dépensent leur temps autrement, et qu'ils interagissent avec les autres d'une manière différente. Si vous ne pouvez faire ce qu'ils font, ou faire les choses autrement qu'on les fait dans votre profession, vous n'atteindrez jamais le sommet.

Parfois, il ne s'agit pas simplement de travailler pour les individus qui sont les meilleurs dans le domaine. Des connaissances clés peuvent être extraites de la culture collective des meilleures entreprises. La clé se trouve dans les différences. Vous devriez travailler pour une entreprise moyenne, puis pour l'une des meilleures afin d'observer les différences. Par exemple, j'ai travaillé pour Shell et rédigé bon nombre de notes de service. J'ai ensuite travaillé pour l'une des sociétés Mars, où j'ai appris à parler aux gens face à face, jusqu'à ce que j'obtienne les réponses souhaitées. Cette dernière approche était de type 20/80 : 20 p. 100 des efforts menant à 80 p. 100 des résultats. Les chefs de file adoptent beaucoup de ces approches 20/80.

Observez, apprenez et entraînez-vous.

Devenez travailleur indépendant tôt dans votre carrière

Exploitez le temps dont vous disposez de manière à vous concentrer sur ce qui crée cinq fois plus de valeur que le reste.

Ensuite, veillez à ce que le gros de cette valeur vous revienne. Idéalement, toute cette valeur devrait vous revenir, et c'est là l'objectif que vous devez viser tôt dans votre carrière.

Selon la théorie du surplus de valeur de Karl Marx, les travailleurs produisent toute la valeur, et les capitalistes qui emploient les travailleurs s'approprient le surplus de cette valeur. En gros : les profits sont le surplus de valeur volé aux travailleurs.

Pour être absurde, cette théorie peut néanmoins être utile si on la prend à rebours. L'employé ordinaire qui produit des résultats moyens pourrait en réalité exploiter l'entreprise bien plus que celle-ci ne l'exploite, lui : en règle générale, l'entreprise compte beaucoup trop de gestionnaires, et la valeur nette ajoutée par la majorité d'entre eux est négative. Pourtant, l'employé qui applique correctement le Principe 80/20 sera probablement beaucoup plus efficace que l'employé moyen. Il est peu probable que l'employé 80/20 gagne plusieurs fois le salaire de ses collègues. Par conséquent, l'employé 80/20 ferait mieux de devenir travailleur indépendant.

Lorsque vous êtes indépendant, vous êtes payé en fonction des résultats que vous obtenez. Pour ceux qui appliquent le Principe 80/20, c'est là une bonne nouvelle.

La seule situation dans laquelle vous feriez sans doute mieux de ne pas être indépendant, c'est lorsque vous en êtes à l'étape d'apprentissage accéléré. Si une entreprise ou un cabinet de professionnels vous fournit un enseignement conséquent, la valeur de cet apprentissage pourrait être supérieure à l'écart entre la valeur que vous ajoutez et votre rémunération. C'est généralement le cas durant les deux ou trois premières années d'une carrière professionnelle. Ce peut l'être aussi lorsque des professionnels plus expérimentés se joignent à une nouvelle entreprise dont les normes sont plus élevées que celles de leur ancien employeur. Dans ce dernier cas, la période d'apprentissage accéléré ne dure que quelques mois, une année tout au plus.

Une fois cette période terminée, devenez indépendant. Ne vous inquiétez pas outre mesure de votre sécurité financière.

Votre expertise professionnelle et le recours au Principe 80/20 constituent votre filet de sécurité. De toutes façons, les entreprises n'offrent plus aucune sécurité d'emploi.

Embauchez le plus possible de créateurs de valeur nette

Si la première étape de votre démarche est de mieux utiliser votre temps, et la deuxième de veiller à vous approprier pour vous-même la valeur que vous créez, la troisième est de tirer parti du pouvoir des autres.

Il n'y a qu'un seul vous, mais il y a un très grand nombre de personnes que vous pourriez embaucher. Une minorité de celles-ci — celle que le praticien du Principe 80/20 choisira d'embaucher — peut vous créer beaucoup plus de valeur qu'elle ne vous en coûtera.

Il s'ensuit que c'est chez les autres que vous trouverez le plus puissant effet de levier. Dans une certaine mesure, vous pouvez et devriez tirer parti d'autres personnes qui ne sont pas à votre service : vos alliés. Mais l'effet de levier le plus direct et le plus complet vous viendra des personnes que vous employez.

Une simple illustration chiffrée vous aidera à comprendre l'énorme valeur de l'effet de levier procuré par des employés. Supposons qu'en appliquant le Principe 80/20 vous deveniez cinq fois plus efficace que le professionnel moyen de votre discipline. Supposons également que vous soyez indépendant et que, de ce fait, la totalité de cette valeur vous revienne. Le mieux que vous puissiez faire, par conséquent, c'est d'obtenir des résultats de 500 p. 100 supérieurs à la moyenne. Votre « surplus » par rapport à la moyenne sera donc de 400 unités.

Supposons maintenant que vous puissiez repérer 10 autres professionnels, dont chacun est ou peut devenir trois fois meilleur que la moyenne. Ceux-ci ne sont pas aussi bons que vous, mais ils peuvent créer plus de valeur qu'ils n'en coûtent. Supposons que pour attirer ces individus et les retenir à votre service vous leur payiez 50 p. 100 de plus que le tarif moyen. Chacun d'eux produira 300 unités de valeur et vous en coûtera

150. Par conséquent, vous réaliserez un «profit», ou un surplus, de 150 unités par employé. Si vous en embauchez 10, vous disposerez de 1500 unités à ajouter aux 400 unités supplémentaires que vous avez vous-même créées. Votre surplus total est donc de 1900 unités, soit près de cinq fois plus qu'avant l'embauche d'employés.

Naturellement, rien ne vous oblige à vous limiter à 10 employés. Vos seules limites sont votre capacité à trouver des employés qui apportent un surplus de valeur et votre capacité (et la leur) à trouver des clients. Cette seconde limite ne joue pas en l'absence de la première, puisque d'habitude les professionnels qui apportent un surplus de valeur trouvent facilement un marché pour leurs services.

De toute évidence, il est essentiel de n'embaucher que des créateurs de valeur nette, c'est-à-dire ceux dont la valeur surpasse leur coût. Mais il serait faux de dire que vous ne devez embaucher que les meilleurs éléments. Les plus gros surplus sont produits par l'embauche du plus grand nombre possible de créateurs de valeur, même si certains de ceux-ci ne sont que deux fois meilleurs que la moyenne, tandis que d'autres peuvent l'être cinq fois ou plus. Même au sein de votre personnel, la distribution de l'efficacité suivra sans doute un modèle 80/20 ou 70/30. Le plus grand surplus absolu de valeur peut coexister avec une distribution déséquilibrée du talent. La seule exigence est que le moins superefficace de vos employés crée quand même plus de valeur qu'il n'en coûte.

Sous-traitez tout ce qui est étranger à votre habileté de base

Le Principe 80/20 est un principe de sélectivité. Vous atteindrez votre efficacité maximale en vous concentrant sur le cinquième de vos activités dans lequel vous excellez. Ce principe s'applique également aux individus et aux entreprises.

Les cabinets de professionnels et entreprises qui réussissent le mieux sont ceux qui sous-traitent toutes les activités dans lesquelles ils n'excellent pas. Si le marketing est leur point fort, ils ne manufacturent rien. Si c'est la recherche et le développement, ils recourent à des tiers pour fabriquer le produit, le mettre en marché et le vendre. S'ils excellent dans la fabrication à fort volume de produits standardisés, ils ne fabriquent pas de «variantes» quelconques. S'ils gagnent leur argent en produisant des articles spéciaux à marge bénéficiaire élevée, ils ne se lancent pas dans la fabrication à fort volume. Et ainsi de suite.

Le quatrième effet de levier, vous le trouverez dans le recours maximal aux sous-traitants. Faites en sorte que votre entreprise reste la plus simple possible ; concentrez ses activités dans les domaines où elle surpasse de loin ses concurrentes.

Tirez parti de l'effet de levier du capital

Nous avons vu comment se servir de l'effet de levier de la main-d'œuvre ; voyons maintenant comment se servir de celui du capital.

Tirer parti de l'effet de levier du capital, c'est utiliser l'argent pour créer des surplus de valeur supplémentaires. Fondamentalement, il s'agit d'acheter des machines pour remplacer le personnel chaque fois que celles-ci sont plus économiques. Aujourd'hui, les exemples les plus intéressants de l'effet de levier du capital sont ceux où l'argent sert à mettre en œuvre ailleurs une bonne idée qui a fait ses preuves localement. On utilise le capital pour multiplier l'application du savoir-faire extrait d'une formule particulière. Exemples : toutes les formes de distribution des logiciels, le déploiement de la formule de restauration rapide et la mondialisation de l'approvisionnement en boissons gazeuses.

SOMMAIRE

La distribution des récompenses prouve de plus en plus la validité du Principe 80/20 : les gagnants raflent tout. Ceux qui sont vraiment ambitieux doivent viser le sommet de leur discipline.

Choisissez avec soin votre champ d'activités. Spécialisez-vous. Choisissez le créneau qui vous est destiné. Vous ne réussirez jamais si vous n'aimez pas ce que vous faites.

La réussite exige la connaissance, mais aussi l'intuition de ce qui satisfera le plus le client tout en requérant le moins de ressources. Trouvez dans quelle activité 20 p. 100 de vos ressources vous rapporteront 80 p. 100 de vos résultats.

Tôt dans votre carrière, apprenez tout ce qu'il y a à apprendre. Vous n'y parviendrez que si vous travaillez dans les meilleures entreprises, avec les meilleurs individus, le terme « meilleur » étant défini par rapport à votre propre petit créneau.

Exploitez les quatre leviers du travail. Exploitez d'abord l'effet de levier de votre propre temps. Deuxièmement, appropriez-vous la totalité de la valeur que vous créez, en vous mettant à votre compte. Troisièmement, embauchez le plus grand nombre possible de créateurs de valeur nette. Quatrièmement, sous-traitez toutes les activités dans lesquelles vous et vos collègues n'êtes pas plusieurs fois meilleurs que les autres.

Si vous faites tout cela, vous aurez transformé votre carrière en entreprise, en votre propre entreprise. À cette étape-là, exploitez l'effet de levier du capital pour multiplier la richesse de votre entreprise.

MULTIPLIER L'ARGENT

Si une carrière réussie vous intéresse, il est probable que la multiplication de votre argent vous intéresse aussi. Nous verrons au chapitre 14 que cela est plus facile à faire qu'on ne l'imagine, et au chapitre 15... que cela en vaut moins la peine qu'on ne le croit généralement.

14

L'ARGENT, L'ARGENT, L'ARGENT

*Car on donnera à celui qui a, et il sera dans
l'abondance, mais à celui qui n'a pas on ôtera
même ce qu'il a.*

MATTHIEU 25,29

Voici un autre chapitre dont la lecture est facultative. Il
s'adresse à ceux qui ont quelque argent et qui souhaitent
savoir comment le multiplier.

Si le passé est garant de l'avenir, il est très facile de multiplier l'argent. Il suffit de le placer au bon endroit et de l'y
laisser[1].

L'ARGENT OBÉIT AU PRINCIPE 80/20

Ce n'est pas un hasard si Vilfredo Pareto a découvert ce que
nous connaissons du Principe 80/20 durant une recherche sur
la distribution des revenus et de la richesse. Il a constaté qu'il
existait un déséquilibre considérable et prévisible dans la distribution de l'argent.

- Sauf s'ils sont redistribués par un système d'impôt progressif, les revenus tendent vers une distribution inégale, dans laquelle une minorité touche la majorité des revenus totaux.

- Malgré un système d'impôt progressif, la richesse suit un modèle de distribution encore plus déséquilibré que celui des revenus; il est encore plus difficile d'égaliser la richesse que les revenus.

- Cela est dû au fait que la majeure partie de la richesse est créée par les revenus de placement plutôt que par les revenus du travail, et que les revenus de placement tendent à être plus déséquilibrés que les revenus du travail.

- Le placement crée beaucoup de richesse grâce au phénomène de l'effet cumulatif. Par exemple, la valeur des actions augmente en moyenne, disons de 12,5 p. 100 l'an. Cela signifie qu'un placement de 100 dollars fait en 1950 vaudrait environ 22 740 dollars aujourd'hui. En général, les rendements réels des placements (après soustraction du taux d'inflation) sont très positifs, sauf durant les périodes d'inflation marquée.

- Les rendements composés des placements ne sont pas tous égaux : certains placements rapportent plus que d'autres. C'est ce qui explique en partie la distribution inégale de la richesse. Que vous composiez la richesse à un taux annuel de 5, 10, 20 ou 40 p. 100 fait toute la différence. Respectivement, une somme de 1000 dollars placée à ces taux composés croîtrait au bout de 10 ans à 1629 dollars, 2593 dollars, 6191 dollars et 28 925 dollars ! Une multiplication par 8 du taux annuel (40 p. 100 au lieu de 5 p. 100) entraîne, grâce à l'effet cumulatif, une multiplication par presque 18 du rendement. Et ces résultats sont encore plus déséquilibrés lorsque la période s'allonge.

Étrangement, on peut prévoir que certaines catégories de placement et certaines stratégies de placement sont beaucoup plus propices que d'autres à la création de la richesse.

INTUITIONS 80/20 SUR L'ARGENT

- Il est plus probable que vous deviendrez riche ou que vous obtiendrez le plus grand accroissement de votre richesse grâce à des revenus de placement plutôt que grâce à des revenus d'emploi. Cela signifie qu'il y a une prime lorsqu'on accumule de l'argent tôt dans la vie pour financer des placements. Pour accumuler votre droit d'entrée dans le monde du placement, vous devrez généralement travailler dur et dépenser peu : pendant une certaine période, votre revenu net doit être supérieur à vos dépenses.
La seule exception à cette règle est l'obtention d'argent par voie de don ou d'héritage, de mariage dans une famille riche, d'un gros lot gagné à la loterie ou à quelque autre jeu, et par le crime. La première voie est imprévisible, la troisième si improbable qu'il faut l'écarter, et la quatrième tout à fait déconseillée. Il ne reste que la seconde qui puisse être consciemment planifiée, et même dans ce cas l'issue demeure incertaine.
- Grâce à l'effet cumulatif du placement, vous pouvez vous enrichir en commençant à investir tôt dans la vie ou en vivant très vieux, ou les deux. Commencer tôt reste la stratégie la plus contrôlable.
- Dès que possible, mettez au point une stratégie cohérente de placement à long terme, fondée sur des principes qui se sont révélés efficaces dans le passé.

Comment dès lors obtenir 80 p. 100 des rendements de placement avec 20 p. 100 de l'argent ? La réponse : obéissez aux 10 commandements de Koch sur le placement.

Adaptez votre philosophie de placement à votre personnalité

Le secret d'un programme de placement fructueux consiste à choisir les techniques de placement éprouvées qui correspondent à votre personnalité et à vos habiletés. La plupart des petits investisseurs échouent parce qu'ils recourent à des

techniques qui, bien que parfaitement valables, ne leur conviennent pas personnellement. L'investisseur doit choisir dans
un menu d'une dizaine de stratégies fécondes, en fonction de
son tempérament et de ses connaissances.

Les 10 commandements de Koch sur le placement

1. Adaptez votre philosophie de placement à votre personnalité.
2. Soyez proactif et pensez déséquilibre.
3. Investissez surtout dans les valeurs mobilières.
4. Investissez à long terme.
5. Investissez surtout lorsque le marché est déprimé.
6. Si vous ne pouvez battre le marché, suivez-le.
7. Choisissez vos placements en fonction de votre expertise.
8. Ne négligez pas les mérites des marchés naissants.
9. Triez et éliminez les placements qui engendrent des pertes.
10. Laissez vos placements à haut rendement vous rapporter
    longtemps.

Par exemple...

- Si vous aimez les chiffres et les analyses, adoptez l'une des
  méthodes analytiques de placement. Parmi celles-ci, je privilégie l'analyse du ratio cours/bénéfice (mais prenez connaissance du point suivant), la recherche des bénéfices en
  accélération et les placements spécialisés, tels les bons de
  souscription.
- Si vous êtes plus optimiste que pessimiste, évitez d'adopter
  une approche trop analytique. L'optimiste fait souvent un
  mauvais investisseur; par conséquent, assurez-vous que vos
  placements battent vraiment l'indice. Si ce n'est pas le cas,
  vendez-les et transférez cet argent dans un fonds indiciaire.
  Parfois, les optimistes, qui dans ce cas méritent l'épithète
  de «visionnaires», font de bons investisseurs parce qu'ils
  choisissent deux ou trois titres du potentiel desquels ils
  sont convaincus. Mais si vous êtes un optimiste, freinez un

peu votre enthousiasme et consignez par écrit, le plus exactement possible, les raisons qui font que les titres que vous aimez vous attirent tellement. Essayez d'être rationnel dans vos achats. N'oubliez pas de vendre les titres qui vous font perdre de l'argent même si vous y êtes émotionnellement attaché.

- Si vous n'êtes ni analytique ni «visionnaire», mais que vous êtes plutôt du type «pratique», vous devriez soit vous spécialiser dans un genre de titres que vous connaissez à fond, soit imiter les investisseurs qui ont toujours fait mieux que les indices.

Soyez proactif et pensez déséquilibre

Être proactif implique que vous preniez vous-même vos décisions de placement. L'ennui avec les conseillers et gestionnaires financiers n'est pas tant qu'ils vous prennent une large tranche de vos profits, mais qu'il est peu probable qu'ils vous recommandent ou achètent pour vous le type de portefeuille déséquilibré qui mène à des rendements supérieurs. On dit que le risque est réduit lorsque l'éventail des placements est vaste et diversifié: obligations, actions, certificats de dépôt, immobilier, or et pièces de collection. Mais on surestime la réduction du risque. Si vous voulez vous enrichir au point d'être en mesure d'adopter un nouveau style de vie, vous devez réaliser des rendements supérieurs à la moyenne. Vous avez beaucoup plus de chances d'y arriver si votre portefeuille de placements est déséquilibré. Cela signifie que vous devriez n'avoir que peu de placements: ceux dont vous êtes convaincu qu'ils vous rapporteront gros. Cela signifie également que vous devriez privilégier un véhicule de placement.

Investissez surtout dans les valeurs mobilières

À moins que vous soyez expert dans un véhicule de placement inusité tel que les soldats de plomb ou les sérigraphies chinoises du XIXe siècle, les valeurs mobilières restent votre meilleur choix de placement.

À long terme, les actions ont donné des rendements incroyablement plus élevés que celui de l'argent placé à la banque ou dans des effets porteurs d'intérêt, comme les obligations de sociétés ou de gouvernements. Par exemple, j'ai calculé que, en Grande-Bretagne, si vous aviez investi 100 livres dans une institution d'épargne en 1950, vous auriez eu 813 livres accumulées en 1992. Mais les mêmes 100 livres investies dans des actions vous auraient valu 14 198 livres, soit 17 fois plus[2]. Les mêmes calculs aboutissent à peu près aux mêmes résultats aux États-Unis et à la plupart des grandes Bourses.

Anne Schreiber, une Américaine qui investit sans posséder de connaissances particulières sur la Bourse, a acheté 5000 dollars d'actions de premier ordre tout de suite après la Deuxième Guerre mondiale et n'y a plus touché. En 1995, ses 5000 dollars s'étaient déjà transformés en 22 millions : une augmentation de 440 000 p. 100!

Heureusement, le marché des valeurs mobilières est un véhicule de placement relativement simple pour le néophyte.

Investissez à long terme

Ne faites pas qu'acheter et revendre tel ou tel titre, car votre portefeuille d'actions en souffrira presque certainement. Sauf s'ils sont vraiment de mauvais placements, gardez vos titres pendant de longues années. L'achat et la vente d'actions coûtent cher en argent et en temps. Si possible, adoptez un horizon de 10 ans, voire 20, 30 ou 50 ans. Si vous placez votre argent à court terme dans des actions, il s'agit davantage d'un pari que d'un placement. Si vous êtes tenté de vendre vos titres et de dépenser l'argent, vous ne faites que reporter la dépense au lieu d'investir.

À un moment donné, bien entendu, vous voudrez profiter de votre argent plutôt que d'attendre que vos héritiers le fassent à votre place. La meilleure utilisation de la richesse consiste généralement à nous créer un nouveau style de vie qui nous permette de choisir notre emploi du temps, de nous adonner aux activités que nous préférons ou de faire le travail qui nous plaît le plus. La période de placement est alors terminée. Mais d'ici à ce que votre trésor vous permette de faire cette transition, continuez d'accumuler de l'argent.

Investissez surtout lorsque le marché est déprimé

Même si le marché boursier monte toujours à long terme, il est de nature cyclique, parce qu'il est sujet aux cycles économiques certes, mais surtout parce que l'humeur des investisseurs varie. Aussi étonnant que cela puisse paraître, des inquiétudes irrationnelles, causées par des modes, par des esprits malins ou bienveillants, par l'espoir ou par la peur, font monter ou descendre les prix. Pareto lui-même a observé ce phénomène.

> Il existe un rythme du sentiment que nous pouvons observer dans l'éthique, dans la religion et dans la politique, comme des vagues rappelant le cycle économique [...]
>
> Attendu qu'en période de marché haussier tout argument mis de l'avant pour prouver qu'une entreprise rapportera de l'argent est accueilli favorablement; attendu qu'un tel argument sera prestement rejeté en période de marché baissier [...] L'homme qui, dans un marché baissier, refuse d'acheter certaines actions croit n'être guidé que par la raison et ignore que, inconsciemment, il cède aux milliers de petites impressions que lui font les nouvelles économiques du jour. Quand, plus tard, en période de marché haussier, il achètera ces mêmes actions, ou des actions analogues ne présentant pas plus de chances de rentabilité, il croira de nouveau être mû par la raison et restera inconscient du fait qu'il est passé de la méfiance à la confiance à cause de sentiments engendrés par l'atmosphère l'entourant [...]
>
> Il est bien connu qu'à la Bourse le grand public achète lorsque le marché est haussier et vend lorsqu'il est baissier. Les financiers, parce qu'ils ont plus d'expérience en la matière, se servent davantage de leur raison, même s'ils se laissent parfois influencer par leurs sentiments, et font le contraire de ce que fait le grand public. C'est là leur principale source de bénéfices. Dans un marché haussier, tout argument médiocre selon lequel celui-ci durera est

265

très persuasif ; si vous tentiez de dire à un investisseur que, après tout, les prix ne peuvent pas continuer de monter indéfiniment, soyez certain qu'il ne vous écouterait pas[3].

Toute une école, celle de l'analyse du ratio cours/bénéfice, est née de cette philosophie : achetez lorsque le marché en général est haussier, ou lorsque le cours d'un titre particulier est faible, et vendez quand c'est la situation contraire. L'un des investisseurs les plus prospères de tous les temps, Benjamin Graham, a écrit un guide à ce sujet, et la validité des règles qu'il énonce a été prouvée maintes fois[4].

De nombreuses règles existent en matière de placement fondé sur le ratio cours/bénéfice. Simplifions, en vous appropriant peut-être 80 p. 100 de leur valeur en moins de 20 p. 100 de l'espace qu'il faudrait pour les énumérer toutes. En voici trois qui vous seront utiles.

- N'achetez pas quand tout le monde le fait et est convaincu que le marché continuera de monter. Achetez plutôt quand tout le monde est pessimiste.
- Que le ratio cours/bénéfice (RCB) soit votre indicateur privilégié pour déterminer si une action est chère ou pas. Le RCB est le quotient du cours d'une action à la fin d'un exercice par le bénéfice net par action de l'exercice. Par exemple, si le cours d'une action est de 2,50 dollars et que le bénéfice net par action est de 0,25 dollars, son RCB est de 10. Si le cours de l'action monte, durant une période d'optimisme, à 5 dollars, mais que le bénéfice net par action reste à 0,25 dollars, son RCB sera désormais de 20.
- En règle générale, un RCB supérieur à 17 pour le marché boursier global est un signal de danger. N'investissez pas lourdement lorsque le marché est haut à ce point. Un RCB inférieur à 12 est un signal d'achat ; s'il est inférieur à 10, foncez ! Votre courtier en valeurs mobilières ou un bon journal financier devrait vous dire où se situe le RCB moyen. Si on vous demande de quel RCB vous parlez, répondez : « Du RCB historique, idiot[5] ! »

Si vous ne pouvez battre le marché, suivez-le

Il est possible de mettre au point une méthode de placement qui rapporte davantage que la moyenne du rendement du marché en obéissant à certaines règles et en adaptant cette méthode à votre propre personnalité et à vos compétences. Nous examinerons ces possibilités plus loin. Mais il est plus probable que, en choisissant vos propres placements, vous obteniez un rendement inférieur aux indices boursiers.

Dans ce dernier cas, ou si vous ne voulez même pas expérimenter votre propre méthode pour battre le marché, essayez plutôt de suivre celui-ci.

Pour ce faire, on achète des actions qui composent le portefeuille servant au calcul de l'indice. On ne vend ces actions que lorsqu'elles sont écartées de ce portefeuille (c'est ce qui leur arrive si leur rendement est médiocre) et on n'en achète d'autres qu'au moment où elles sont incluses pour la première fois dans le portefeuille.

Vous pouvez suivre l'indice boursier vous-même, grâce à la presse financière. Ou encore vous pouvez placer votre argent dans des fonds indiciaires administrés par des gestionnaires de fonds qui, pour des frais annuels modiques, le feront pour vous.

Choisissez votre type de fonds en fonction du marché dont vous souhaitez suivre l'évolution. Généralement, il est plus sûr de choisir votre marché national et un fonds indiciaire regroupant les actions des sociétés les plus importantes et les plus solides (actions de premier ordre aussi appelée actions de bon père de famille ou *blue chip*).

Suivre l'évolution d'un indice présente peu de risques et, à long terme, peut rapporter un rendement élevé. Si vous décidez d'adopter cette approche, nul besoin de prendre connaissance de mes quatre autres commandements. Toutefois, il peut être plus amusant et plus gratifiant de choisir vous-même vos placements. Les quatre commandements suivants s'appliquent alors. N'oubliez pas, cependant, que le présent commandement vous enjoint de revenir au fonds indiciaire si votre propre stratégie de placement ne produit pas un rendement supérieur à l'indice. Quand c'est le cas, limitez vos pertes ; suivez l'indice.

Choisissez vos placements en fonction de votre expertise

L'essence de la philosophie 80/20 se fonde sur la connaissance parfaite de quelques éléments, sur la spécialisation.

Cette philosophie s'applique particulièrement aux placements. Si vous décidez vous-même des actions que vous achetez, spécialisez-vous dans un domaine dans lequel vous deviendrez relativement un expert.

Ce qu'il y a de merveilleux avec la spécialisation, c'est que les possibilités sont pratiquement illimitées. Vous pourriez, par exemple, vous spécialiser dans les actions de l'industrie dans laquelle vous travaillez, dans celles qui ont rapport avec votre hobby, dans celles d'entreprises de votre région, et ainsi de suite. Si vous aimez le shopping, par exemple, vous pourriez vous spécialiser dans les actions des sociétés de vente au détail. Si, par la suite, vous constatez que tous les magasins d'une nouvelle chaîne sont bondés d'acheteurs enthousiastes, vous pourriez acheter des actions de celle-ci.

Même si vous n'êtes pas un expert au départ, il pourrait être rentable pour vous de vous spécialiser dans quelques actions, par exemple celles d'une industrie particulière, de manière à en apprendre le plus possible dans le domaine.

Ne négligez pas les mérites des marchés naissants

Les marchés naissants sont situés à l'extérieur des pays industrialisés, dans des régions où l'économie est en expansion rapide et où le marché boursier est en développement. On trouve les marchés naissants dans presque tous les pays d'Asie (sauf le Japon), en Afrique, dans le sous-continent indien, en Amérique du Sud, dans les pays anciennement communistes d'Europe centrale et orientale, et dans certains autres pays européens tels que le Portugal, la Grèce et la Turquie.

La théorie de base est simple. Le rendement du marché boursier est directement relié à la croissance de l'économie. Par conséquent, investissez dans les pays dont la croissance actuelle et future du produit intérieur brut est la plus rapide : dans les marchés naissants.

D'autres raisons font que les marchés naissants sont intéressants pour l'investisseur. C'est dans ces marchés qu'auront lieu la majorité des privatisations à venir, et ce sont de bons foyers d'accueil pour l'argent. La mort étrange et soudaine du communisme vers 1990 a forcé bon nombre de pays en voie de développement à adopter des politiques économiques plus libérales, lesquelles, une fois passée l'inévitable perturbation sociale initiale, ne manqueront pas de rapporter des rendements élevés aux investisseurs. Les actions de ces sociétés étrangères sont souvent intéressantes, parce que leur RCB a tendance à être faible. À mesure que les marchés naissants se développeront et mûriront, et que les entreprises individuelles prendront de l'expansion, les RCB monteront, ce qui augmentera considérablement le cours des actions.

Bien entendu, il est beaucoup plus risqué d'investir dans les marchés naissants qu'au pays. Les entreprises y sont plus jeunes et moins stables; leurs marchés boursiers risquent de s'effondrer à cause de bouleversements politiques ou d'une chute du prix des matières premières; leurs devises pourraient être dévaluées (avec dévaluation simultanée de la valeur de vos actions); et vous pourriez trouver beaucoup plus difficile de retirer votre argent de ces pays que de l'y investir. En outre, le coût du placement dans les marchés naissants est beaucoup plus élevé qu'ailleurs sur le plan des commissions et de l'écart de prise ferme. Les risques de vous faire échauder par un teneur de marché sont grands.

L'investisseur dans un marché naissant doit respecter trois règles fondamentales. La première, n'y investir qu'une fraction de son portefeuille, pas plus du cinquième. Deuxièmement, n'y investir que lorsque le marché est baissier et que le RCB moyen du marché naissant est inférieur à 12. Troisièmement, investir à long terme; ne retirer ses billes que lorsque les RCB sont relativement élevés.

Malgré ces inconvénients, il est probable qu'à long terme les marchés naissants donneront un rendement supérieur à celui des autres marchés. Il pourrait être sage et amusant d'y investir un peu.

Triez et éliminez les placements
qui engendrent des pertes

Dès que le cours d'une action perd 15 p. 100 par rapport au prix que vous l'avez payée, vendez-la. Observez cette règle aveuglément et dans tous les cas.

Si plus tard vous voulez la racheter, attendez que son cours ait cessé de décliner pendant quelques jours (de préférence quelques semaines).

Appliquez cette règle du 15 p. 100 à vos nouveaux placements : limitez vos pertes à ce pourcentage.

La seule exception acceptable est celle de l'investisseur à long terme qui ne s'inquiète pas des cycles du marché et qui n'a pas le temps de surveiller ses placements. Ceux qui n'ont pas fui le marché après les krachs de 1929-1932, de 1974-1975 et de 1987 s'en sont bien tirés à long terme. Ceux qui ont vendu leurs actions après la première chute de 15 p. 100 du cours (quand c'était possible) et qui en ont racheté lorsqu'elles ont grimpé de 15 p. 100 par rapport à leur plus bas niveau s'en sont encore mieux tirés.

Ce qu'il faut retenir, c'est que la règle des 15 p. 100 s'applique aux actions individuelles et non pas au marché dans son ensemble. Si le cours d'une action tombe de 15 p. 100, ce qui est plus fréquent qu'un marché qui tombe de 15 p. 100, il faut la vendre. Tandis que peu de fortunes, sinon aucune, ont été perdues pour ceux qui sont restés à long terme dans le marché (ou qui ont conservé leur vaste portefeuille d'actions), on ne compte plus les fortunes qui ont été perdues par des investisseurs restés à tort loyaux à une ou plusieurs actions en déclin. Sur le plan de l'action, le meilleur indicateur de la tendance future reste la tendance actuelle.

Laissez vos placements à haut rendement
vous rapporter longtemps

Limitez vos pertes, mais pas vos gains. Le meilleur indicateur à long terme d'un placement intéressant est le gain à court terme qui se répète et se répète indéfiniment. Résistez à la tentation d'encaisser trop vite vos profits. C'est là que bon nombre d'investisseurs privés commettent leur pire erreur : ils saisissent un profit juteux, mais renoncent du coup à des profits ultérieurs encore plus importants. Personne ne s'est jamais ruiné en saisissant un profit, mais nombreux sont ceux qui ne sont jamais devenus riches parce qu'ils l'ont fait !

Voici deux autres règles 80/20 du placement que nous n'avons pas encore examinées.

- Si l'on compare un nombre important de portefeuilles de placement conservés sur une longue période, on constate généralement que 20 p. 100 des éléments du portefeuille rapportent 80 p. 100 de son rendement total.
- L'investisseur individuel qui conserve son portefeuille sur une longue période tire généralement 80 p. 100 de ses bénéfices de 20 p. 100 de ses placements. Dans un portefeuille composé exclusivement d'actions, 80 p. 100 des bénéfices proviendront de 20 p. 100 de ces actions.

Si ces règles se révèlent chaque fois vraies, c'est que seuls quelques placements ont un rendement exceptionnel ; la plupart ont un rendement moyen. Ces actions miraculeuses peuvent donner des rendements phénoménaux. Il est par conséquent essentiel de les conserver, de ne pas limiter ses gains. Comme le disait sur son lit de mort l'un des personnages créés par Anita Brookner : « Ne vendez jamais Glaxo ! »

Il aurait été facile de saisir un bénéfice de 100 p. 100 sur les actions d'IBM, McDonald, Xerox ou Marks & Spencer durant les années 1950 et 1960 ; sur celles de Shell, GE, Lonrho ou Astra durant les années 1970 ; sur celles d'American Express, Body Shop ou Cadbury Schweppes au début des années 1980, ou sur celles de Microsoft plus tard durant cette décennie. Les investisseurs qui ont décidé d'encaisser leurs profits à ce moment-là se sont privés de gains plusieurs fois supérieurs à ceux qu'ils ont perçus.

La performance des bonnes entreprises a tendance à constituer un cercle vertueux. Ce n'est qu'au moment où cette accélération continue s'arrête que vous devez envisager de vendre vos actions. Ici encore, la règle générale s'applique : ne vendez pas si le cours de l'action n'a pas décliné de 15 p. 100 par rapport à son cours le plus élevé.

Pour faciliter votre tâche, déterminez le prix-seuil auquel vous vendrez (c'est le cours le plus élevé de l'action, diminué de 15 p. 100). Une telle réduction de 15 p. 100 pourrait signaler un renversement de tendance. Autrement, conservez vos actions tant que vous ne serez pas contraint de les vendre.

CONCLUSION

L'argent engendre l'argent. Mais certaines méthodes de fécondation sont plus efficaces que d'autres. Samuel Johnson disait qu'un homme n'est jamais si innocemment occupé que lorsqu'il fait de l'argent. Son observation place l'accumulation de la richesse — que ce soit par le placement, par une carrière réussie ou par les deux — à son juste niveau moral. Ni la réussite d'une carrière ni celle d'un placement ne doit être dénigrée, mais ni l'une ni l'autre ne garantit un bénéfice pour la société ou le bonheur personnel. Gagner de l'argent et atteindre la réussite professionnelle sont deux démarches dont le danger est qu'elles deviennent des fins en soi.

La réussite, comme la cuite, peut causer des lendemains douloureux. La richesse crée la nécessité d'administrer celle-ci, de traiter avec des avocats, des fiscalistes, des banquiers et d'autres professionnels au contact des plus stimulants. La logique sous-tendant la réussite professionnelle exposée dans le chapitre précédent mène presque inexorablement à des exigences toujours croissantes. Pour réussir, vous devez viser le sommet. Pour atteindre celui-ci, vous devez vous transformer en entreprise. Pour profiter de l'effet de levier maximal, vous devez embaucher beaucoup d'employés. Pour maximiser la valeur de votre entreprise, vous devez utiliser l'argent des autres et vous servir du capital comme d'un levier : pour prendre de plus en plus d'expansion et devenir de plus en plus rentable. Le nombre de vos relations augmente tandis que diminue le temps qu'il vous reste à consacrer à vos amis et proches. Dans l'exaltation de la réussite, il est facile de perdre de vue votre destination, votre perspective, vos valeurs. Il est tout à fait logique que vous ayez envie de dire, et que vous disiez, à tout moment de votre ascension : assez de réussite ! je veux décrocher !

Voilà pourquoi il convient de prendre un peu de recul par rapport aux questions de carrière et d'argent afin de réfléchir au sujet le plus important de tous : le bonheur.

15

LES SEPT HABITUDES DU BONHEUR

Le tempérament n'est pas la destinée.
DANIEL GOLEMAN[1]

Aristote a dit que le but de toute activité humaine devrait être le bonheur. Au fil des siècles, personne ne l'a écouté. Peut-être aurait-il dû nous dire comment être plus heureux. Il aurait été utile qu'il commence par analyser les causes du bonheur et de l'absence de bonheur.

Le Principe 80/20 peut-il vraiment s'appliquer au bonheur? Je le crois. Il semble être vrai pour la plupart des êtres humains que la plus grande proportion du bonheur vécu dans une vie est contenue dans une minorité d'instants. Selon une hypothèse 80/20, 80 p. 100 du bonheur est vécu durant 20 p. 100 des instants de notre vie. Lorsque j'ai mis cette hypothèse à l'épreuve en demandant à des amis de diviser leurs semaines en jours et en parties de jour, ou leurs mois en semaines, ou leurs années en mois, ou leur vie en années, dans environ les deux tiers des cas, j'ai relevé un modèle d'occurrence du bonheur tout à fait déséquilibré, en gros un modèle 80/20.

L'hypothèse n'est pas valide pour tout le monde. Environ le tiers de mes amis y échappent. Leur bonheur est plus également distribué dans le temps. Fait intéressant, ce tiers semble globalement beaucoup plus heureux que les deux autres, dont le bonheur se présente sous forme de petits sommets épars.

Tout cela est logique. Il est évident que ceux qui sont heureux de presque tout dans leur vie seront globalement plus heureux que les autres. Ceux dont le bonheur est concentré en brefs sommets seront probablement globalement moins heureux de leur vie.

Ces constatations vont dans le sens de l'idée avancée dans tout le présent ouvrage, c'est-à-dire qu'une relation de type 80/20 implique un grand gaspillage, mais aussi de vastes perspectives d'amélioration. Plus important encore, elle implique que le Principe 80/20 pourrait nous aider à être plus heureux.

DEUX MANIÈRES D'ÊTRE PLUS HEUREUX

- Repérez les moments où vous êtes le plus heureux et prolongez-les.
- Repérez les moments où vous êtes le moins heureux et écourtez-les.

Consacrez davantage de temps aux activités les plus génératrices de bonheur et moins de temps aux autres. Commencez par éliminer les «vallées de larmes», ces choses qui ont tendance à vous rendre malheureux. Le meilleur moyen de commencer à être heureux est de cesser d'être malheureux. Vous avez plus d'emprise là-dessus que vous ne le croyez; commencez par éviter les situations qui se sont toujours révélées malheureuses pour vous.

Pour ce qui est des activités peu propices à votre bonheur (ou efficaces pour ce qui est de vous rendre malheureux), réfléchissez à ce que vous pourriez faire pour en tirer davantage de bonheur. Si vous trouvez des moyens d'y arriver, tant mieux. Sinon, demandez-vous comment vous pourriez éviter ces situations.

LES GENS SONT-ILS IMPUISSANTS
DEVANT LE MANQUE DE BONHEUR ?

Vous nous objecterez peut-être, surtout si vous connaissez des gens qui sont chroniquement malheureux (et qui sont souvent classés dans la catégorie, en apparence objective, mais terrible- ment dangereuse et improductive, des « malades mentaux », classification qui a sans doute causé à l'humanité plus de mi- sère que toute autre), que notre analyse est simpliste et qu'elle a pour prémisse que nous ayons sur notre propre bonheur une certaine emprise, laquelle, pour des raisons psychologiques profondes, échappe à beaucoup sinon à la majorité d'entre nous. Notre capacité à être heureux n'est-elle pas largement prédestinée, du fait de l'hérédité et des expériences vécues durant l'enfance ? Avons-nous vraiment une certaine emprise sur notre bonheur ?

Il ne fait aucun doute que certains êtres, de par leur tem- pérament, sont davantage enclins au bonheur que les autres. Certains voient toujours le verre comme à demi plein, d'autres comme à demi vide. Les psychologues et psychiatres croient que la capacité d'être heureux est déterminée par l'interaction de la génétique, des expériences vécues durant l'enfance, de la chimie du cerveau et des événements majeurs se produisant dans la vie de l'individu. Évidemment, les adultes ne peuvent rien changer à leurs gènes, ni à leurs expériences d'enfant, ni aux malheurs du passé. Il est trop facile pour ceux qui ont ten- dance à se dérober à leurs responsabilités d'attribuer leur atti- tude défaitiste à des forces externes sur lesquelles ils n'exercent aucun contrôle, plus particulièrement lorsqu'ils se laissent facilement impressionner par les lamentations de tous les Jérémie de la médecine.

Heureusement, le bon sens, l'esprit d'observation et les recherches scientifiques les plus récentes indiquent que, si la donne de bonheur (et de tout autre avantage) a été différente pour chacun de nous, nous disposons d'innombrables outils pour mieux jouer nos cartes et pour améliorer notre main dans le grand jeu de la vie. Les adultes sont diversement doués pour les sports, selon leurs gènes et selon leur entraînement physique durant l'enfance, l'adolescence et la vie adulte. Pourtant, chacun peut améliorer sensiblement sa forme physique grâce à des exercices réguliers et intelligents. De même, l'hérédité et nos antécédents peuvent nous faire paraître plus ou moins intelligents, mais chacun peut se former l'esprit et le développer. Il se peut que, à cause de nos gènes ou de notre milieu, nous soyons plus ou moins enclins à l'obésité ; il reste qu'un bon régime alimentaire et un programme d'exercice peut faire perdre beaucoup de kilos à la plupart des obèses. Pourquoi donc, en principe, en irait-il autrement de notre capacité à être plus heureux, quel que soit notre tempérament de base ?

La plupart d'entre nous ont été témoins de cas où la vie matérielle d'amis ou de connaissances a été profondément changée, et leur bonheur considérablement augmenté ou réduit à la suite de mesures prises délibérément par ces personnes. Un nouvel associé, une nouvelle carrière, un nouveau lieu de résidence, un nouveau style de vie, voire la décision consciente d'adopter une attitude différente face à la vie — tout cela peut changer du tout au tout le degré de bonheur d'un être humain et tout cela peut être décidé librement par cet être. L'hypothèse de la destinée n'est pas convaincante ; seuls ceux qui y croient en sont victimes. Les preuves irréfutables que l'être humain peut changer librement son sort devraient nous inciter à imiter ceux qui exercent leur libre arbitre.

La liberté d'être heureux est enfin confirmée par la science

Enfin, la psychologie et la psychiatrie (qui, plus que l'économie, ont mérité l'épithète de « sciences funestes »), aiguillonnées par les découvertes d'autres disciplines, nous donnent une image plus joyeuse de la vie, laquelle est davantage conforme au bon sens et au fruit de l'observation. Naguère excessivement déterministes, les généticiens réduisaient le comportement humain, si complexe, aux caprices des gènes. Un généticien plus éclairé, Steve Jones, du University College de

Londres, fait remarquer ceci : « On a annoncé la découverte de gènes uniques déterminant la psychose maniaco-dépressive, la schizophrénie et l'alcoolisme. Toutes ces prétendues découvertes ont été infirmées[2]. » Aujourd'hui, un éminent neuropsychiatre déclare : « La nouvelle discipline de la psychoneuro-immunologie nous dit [...] que l'être humain fonctionne comme un tout intégré [...] Nous avons des raisons de croire qu'il existe un équilibre délicat entre ce que nous pensons et éprouvons quotidiennement et notre santé physique et mentale[3]. » En d'autres mots, dans une certaine mesure vous pouvez choisir de devenir heureux ou malheureux, et même de devenir bien ou mal portant.

Sensibilité aux conditions initiales

Cela ne signifie pas que nous devrions rejeter les recherches antérieures sur l'importance des expériences vécues durant l'enfance (ou des malheurs ultérieurs). Nous avons vu dans la première partie du présent ouvrage que la théorie du chaos suppose l'existence de la « sensibilité aux conditions initiales ». Cela signifie que, tôt dans la vie, tout phénomène, événement fortuit ou cause apparemment mineure peut avoir une influence démesurée sur le cours de la vie.

Durant l'enfance, il semble se produire quelque chose d'analogue qui nous imprègne de certitudes sur nous-mêmes — on se croit aimé ou non aimé, intelligent ou non intelligent, estimé ou méprisé, capable de prendre des risques ou condamné à obéir à l'autorité —, lesquelles se manifestent constamment durant toute la vie. Cette croyance initiale, susceptible d'être déduite malgré l'absence de fondement objectif, devient vivante et crédible, et finit par se matérialiser. Les événements ultérieurs — les mauvais résultats obtenus à un examen, l'amant qui nous quitte, le poste convoité qui nous échappe, la carrière qui s'enlise, le congédiement, le problème de santé, et le reste — risquent de nous ébranler et de renforcer l'image négative que nous avons de nous-mêmes.

Reculer les aiguilles de l'horloge
pour trouver le bonheur

Vivons-nous donc dans un monde épouvantable, où la voie du malheur est toute tracée pour nous ? Je ne le pense pas.

L'humaniste italien Pic de la Mirandole (1463-1494) a fait remarquer que les êtres humains ne sont pas entièrement comme les autres animaux[4]. Toutes les autres créatures ont une nature définie qu'elles ne peuvent changer. Les êtres humains ont une nature indéfinie et peuvent ainsi la modeler. Le reste de la création est passif ; seuls les êtres humains ont une nature active. Les autres créatures ont été créées ; nous, nous pouvons créer.

Lorsque le bonheur tend à nous échapper, nous pouvons nous en rendre compte et refuser de le lâcher. Nous sommes libres de changer notre manière de penser et d'agir. Jean-Jacques Rousseau a dit : « L'homme est né libre et partout il est dans les fers. » Moi je dis : « L'homme est partout dans les fers et partout il peut être libre. » Nous pouvons changer notre façon de voir les événements externes, même lorsque nous ne pouvons pas les changer. Et nous pouvons faire plus encore : changer de manière intelligente notre exposition aux événements qui nous rendent heureux ou malheureux.

NOUS RENDRE HEUREUX EN RENFORÇANT
NOTRE INTELLIGENCE ÉMOTIONNELLE

Daniel Goleman et d'autres auteurs ont mis en contraste l'intelligence ordinaire (celle qui se mesure en « quotient intellectuel ») et l'intelligence *émotionnelle*: « [...] des habiletés telles que celle de pouvoir se motiver soi-même et différer la gratification ; celle de réguler ses humeurs et d'empêcher la détresse de nuire à la capacité de penser ; celle d'éprouver de l'empathie et de l'espoir[5]. » L'intelligence émotionnelle est plus essentielle au bonheur que ne l'est l'intelligence intellectuelle ; pourtant, notre société accorde bien peu d'importance au développement de la première. Goleman fait très justement remarquer ce qui suit.

Même si un Q.I. élevé ne garantit ni la prospérité, ni le prestige, ni le bonheur dans la vie, nos écoles et notre culture mettent l'accent sur les habiletés scolaires, ignorant tout à fait l'intelligence émotionnelle, cet ensemble de traits, que d'aucuns vont jusqu'à appeler caractère, qui compte aussi immensément pour notre destin personnel[6].

Heureusement, l'intelligence émotionnelle, on peut l'acquérir et la cultiver : certainement durant l'enfance, mais aussi à toute étape de la vie. Goleman a cette phrase merveilleuse : « Le tempérament n'est pas la destinée. » On peut changer son destin en changeant son tempérament. Le psychologue Martin Seligman écrit : « [...] les humeurs comme l'anxiété, la tristesse et la colère ne s'abattent pas sur un individu comme sur une victime impuissante [...] vous pouvez changer ce que vous éprouvez en changeant ce que vous pensez[7] ». Il existe des techniques éprouvées pour chasser les sentiments naissants de tristesse et de dépression avant qu'ils ne commencent à miner votre santé et votre bonheur. Qui plus est, en cultivant des habitudes d'optimisme vous préviendrez la maladie et mènerez une vie plus heureuse. Goleman indique ici que le bonheur est relié aux processus neurologiques du cerveau.

Parmi les principaux changements biologiques se manifestant durant les états de bonheur, on constate un accroissement de l'activité du centre cérébral qui inhibe les sentiments négatifs et suscite un regain d'énergie, ainsi qu'un apaisement des centres qui génèrent des inquiétudes [...] il y a [...] une tranquillité grâce à laquelle l'organisme récupère plus rapidement de l'excitation biologique causée par les émotions bouleversantes[8]. »

Repérez les leviers personnels grâce auxquels vous pouvez amplifier les pensées positives et chasser les négatives. Dans quelles circonstances êtes-vous le plus positif ? Le plus négatif ? Où vous trouvez-vous alors ? Avec qui ? Qu'êtes-vous en train de faire ? Comment est le temps ? Chacun possède une plage d'intelligence émotionnelle dont la largeur varie en fonction des circonstances. Commencez à élargir la vôtre en vous accordant une chance, en plaçant toutes les chances de votre côté, en faisant les choses qui vous procurent le plus le sentiment d'être maître de vous-même et bienveillant envers vous-même. Vous pouvez également éviter toutes (ou presque toutes) les situations dans lesquelles vous manifestez le moins d'intelligence émotionnelle.

NOUS RENDRE HEUREUX EN CHANGEANT NOTRE FAÇON DE VOIR LES ÉVÉNEMENTS

Nous sommes tous tombés un jour ou l'autre dans le piège de la dépression autorenforcée : nos pensées mélancoliques et négatives ne font qu'empirer notre état et nous finissons par nous croire enfermés dans une toute petite boîte. Lorsque nous sortons de notre dépression, nous nous rendons vite compte que la porte de sortie a toujours été là. Nous pouvons nous entraîner à briser le cycle d'autorenforcement de la dépression en prenant des mesures toutes simples : rechercher la compagnie des autres, changer de décor ou nous astreindre à faire de l'exercice physique, par exemple.

Les exemples ne manquent pas d'individus exposés aux plus grands malheurs — camps de concentration, maladies mortelles... — qui réagissent positivement pour changer leur perspective et renforcer leur capacité à survivre.

Voici ce que le docteur Peter Fenwick, consultant en neuropsychiatrie, a à dire à ce sujet : « La capacité de voir le beau côté des choses n'est pas de l'optimisme béat ; c'est un sain mécanisme d'autoprotection dont une partie des fondements sont certainement biologiques[9]. » L'optimisme, semble-t-il, est un ingrédient de la réussite et du bonheur approuvé par la médecine, et le meilleur agent de motivation qui soit. C. R. Snyder, psychologue à l'université du Kansas, définit ainsi l'espoir : « C'est croire que vous avez à la fois la capacité et la volonté d'atteindre vos objectifs, quels qu'ils soient[10]. »

ÊTRE PLUS HEUREUX EN CHANGEANT
CE QUE NOUS PENSONS DE NOUS-MÊMES

Vous voyez-vous comme quelqu'un qui réussit ou comme quelqu'un qui ne réussit pas ? Si vous croyez que vous ne réussissez pas, dites-vous bien que beaucoup ont accompli bien moins que vous et seraient considérés par la plupart comme ayant moins bien réussi que vous. En fait, la perception de la réussite personnelle contribue à cette réussite et au bonheur. Si vous avez l'impression de ne pas réussir, vous limitez vos chances de réussite et de bonheur.

Il en va de même pour ce qui est de vous croire heureux ou malheureux. Richard Nixon a mis fin à la guerre du Viêt-nam en déclarant que les objectifs des États-Unis avaient été atteints. Il faisait fi de la vérité, mais nul ne s'en souciait. La reconstruction de l'amour-propre des Américains pouvait commencer. De même, vous pouvez vous rendre heureux ou malheureux rien que par la manière dont vous décidez de vous sentir.

Décidez que vous voulez être heureux. Vous vous le devez et vous le devez aux autres. Si vous n'êtes pas heureux, votre conjoint et quiconque passe du temps avec vous seront moins heureux. Par conséquent, vous avez le devoir d'être heureux.

Les psychologues nous disent que toutes les perceptions du bonheur sont reliées à la valeur que nous nous accordons à nous-mêmes. Une image de soi positive est essentielle au bonheur. Vous devez cultiver le sentiment de votre propre valeur. Vous savez que vous en êtes capable : renoncez à la culpabilité, oubliez vos faiblesses, concentrez votre attention sur vos points forts et sur leur consolidation. Rappelez-vous toutes les belles choses que vous avez accomplies, toutes les petites et grandes réussites dont vous êtes l'auteur, tout le feed-back positif dont vous avez fait l'objet jusqu'à présent. Il y a beaucoup de bien à dire sur votre compte. Dites-le, ou du moins pensez-y. Vous serez étonné de la différence que cela fera dans vos relations, dans vos réussites et dans votre bonheur.

Vous aurez peut-être l'impression de vous mentir à vous-même. En réalité, sachez qu'entretenir une perception négative de vous-même revient aussi à vous mentir sur votre compte.

Nous nous racontons toujours des histoires sur nous-mêmes. Il le faut bien, puisque la vérité objective n'existe pas. Alors, autant choisir des histoires positives plutôt que négatives. Ce faisant, vous augmenterez la somme totale du bonheur humain, en commençant par le vôtre et par celui de votre entourage.

Déployez toute votre volonté pour vous rendre heureux. Inventez de belles histoires sur votre compte, et croyez-y !

ÊTRE PLUS HEUREUX EN CHANGEANT LES ÉVÉNEMENTS

Un autre moyen de vous rendre plus heureux consiste à changer les événements que vous vivez. Nul d'entre nous ne peut exercer un contrôle total sur les événements, mais nous pouvons les maîtriser bien mieux que nous ne le croyons.

Le meilleur moyen de commencer à être heureux est de cesser d'être malheureux. Par conséquent, commencez par éviter les personnes et les situations qui vous dépriment ou vous mettent de mauvaise humeur.

Être plus heureux en changeant les personnes que nous voyons le plus souvent

Il existe des preuves médicales de ce que nous pouvons faire face à un degré de stress élevé pourvu que nous ayons quelques relations personnelles de qualité. Mais les relations, quelles qu'elles soient, si elles grugent beaucoup de notre temps et font partie du tissu de notre vie quotidienne — vie personnelle, professionnelle ou sociale —, exerceront une influence majeure sur notre bonheur et sur notre santé. John Cacioppo, psychologue à l'université d'État de l'Ohio, écrit :

> Ce sont les relations les plus importantes de votre vie, ces gens que vous côtoyez quotidiennement, qui semblent avoir l'effet le plus capital sur votre santé. Et plus la relation est importante dans votre vie, plus elle a de l'effet sur votre santé[11].

Songez aux gens que vous voyez tous les jours. Vous rendent-ils plus heureux ou moins malheureux que vous ne le seriez autrement? Pouvez-vous moduler en conséquence le temps que vous passez avec eux?

Évitez les fosses aux serpents

Il existe de nombreuses situations que l'être humain trouve naturellement difficile d'affronter. Je n'ai jamais compris l'avantage qu'il y aurait à vouloir entraîner les gens à ne pas craindre les serpents. Ceux qui les craignent n'ont qu'à éviter de se trouver dans la jungle (ou dans une animalerie).

Bien entendu, les éléments perturbateurs varient d'un individu à l'autre. Je ne peux m'empêcher d'être irrité lorsque je me trouve face à une bureaucratie inutilement pointilleuse. Je sens ma pression monter dès que je passe plus de quelques minutes en compagnie d'un avocat. Je suis anxieux dans les bouchons de circulation. Je me sens souvent déprimé lorsque je n'ai pas vu le soleil depuis trop longtemps. Je n'aime pas me trouver dans un petit espace en trop nombreuse compagnie. Je n'arrive pas à écouter attentivement les personnes qui s'inventent des excuses ou qui expliquent leurs problèmes en détails fastidieux. Si je devais utiliser ma voiture tous les jours pour aller au bureau, si je travaillais avec des avocats et si je vivais en Suède, je suis convaincu que je serais déprimé et que j'en viendrais peut-être à me suicider. Mais j'ai appris à éviter, dans la mesure du possible, de telles situations. Je ne vais pas au bureau en voiture, j'évite les transports en commun aux heures de pointe, je passe au moins un mois par an sous le soleil, je paie quelqu'un d'autre pour affronter la bureaucratie à ma place, je fais de longs détours pour éviter les embouteillages, je m'arrange pour que personne de négatif n'ait à me rendre compte de quoi que ce soit, et je constate que la communication s'interrompt toujours cinq minutes après que j'ai décroché le combiné à l'appel d'un avocat. Grâce à cela, je suis beaucoup plus heureux que je ne le serais autrement.

Vous avez sans nul doute vos propres irritants. Dressez-en la liste dès maintenant! Modifiez votre vie de façon à les éviter.

Pour ce faire, mettez au point un plan d'action écrit. Vérifiez chaque mois le degré de votre réussite. Félicitez-vous pour chaque petite victoire.

Au chapitre 10, vous avez repéré vos « plages malheureuses ». L'analyse ou la réflexion sur les moments où vous avez été le plus malheureux vous mènera souvent à des conclusions évidentes. Vous détestez votre travail ! Votre conjoint vous déprime ! Ou, ce qui est peut-être plus vraisemblable, vous détestez le tiers de votre travail, ce sont les amis ou parents de votre conjoint qui vous horripilent, votre patron vous torture mentalement, ou vous détestez faire le ménage. Bravo ! Vous avez finalement entrevu l'évidence. Maintenant, passez à l'action...

HABITUDES QUOTIDIENNES DE BONHEUR

Après avoir éliminé les causes de vos plages malheureuses — ou établi un plan pour y arriver —, concentrez toute votre énergie sur la recherche du bonheur. Il n'y a pas meilleur moment pour le faire que maintenant. Le bonheur est quelque chose de profondément existentiel. Le bonheur ne peut exister que dans le moment présent. On se souvient du bonheur passé, on planifie son bonheur futur, mais le plaisir que donne le bonheur ne peut être savouré que dans l'instant.

Nous avons tous besoin d'habitudes quotidiennes de bonheur, analogues (et en partie reliées) à notre régime alimentaire et à notre régime d'exercices quotidiens. La Figure 39 résume mes sept habitudes quotidiennes de bonheur.

1. Exercice
2. Stimulation mentale
3. Stimulation/méditation spirituelle/artistique
4. Service rendu à quelqu'un
5. Pause agréable passée en compagnie d'un ami
6. Petit plaisir que je m'accorde
7. Félicitations que je m'adresse

FIGURE 39   Mes sept habitudes quotidiennes de bonheur

Il ne peut y avoir de journée heureuse sans *exercice physique*. Je me sens toujours bien après avoir fait de l'exercice (même si ce n'est pas toujours le cas durant l'effort). L'effort libérerait des endorphines, antidépresseurs naturels semblables à certaines drogues (mais dénués des dangers que présentent ces dernières et bien moins coûteux). L'exercice quotidien est une habitude essentielle : si vous n'en faites pas une habitude, vos exercices seront moins réguliers qu'ils le devraient. Les jours de travail, je fais mes exercices avant de commencer ma journée, au cas où ma charge de travail m'empêcherait de les faire plus tard. Si vous voyagez beaucoup, déterminez le moment où vous ferez vos exercices en même temps que vous réservez vos billets ; modifiez votre horaire au besoin pour faire place à votre séance d'exercice. Si vous êtes un cadre supérieur, ne laissez pas votre secrétaire prendre des rendez-vous pour vous avant 10 h du matin. Ainsi, vous aurez tout le temps de faire vos exercices et de planifier votre journée.

Deuxième élément clé d'une journée heureuse : la *stimulation mentale*. Il se peut que vous l'obteniez dans votre travail, mais, si ce n'est pas le cas, assurez-vous de faire quelques exercices intellectuels ou mentaux chaque jour. Les moyens ne manquent pas ; tout dépend de vos champs d'intérêt. Faites des mots croisés, lisez certains journaux ou magazines, ou quelques pages d'un livre, parlez pendant au moins 20 minutes d'un sujet abstrait avec un ami intelligent, rédigez un court texte ou une page de votre journal intime. Autrement dit, faites quelque chose qui requiert une pensée active de votre part (regarder la télévision, même une émission culturelle ou intellectuelle, ne suffit pas).

Troisième élément essentiel de votre régime de vie quotidien : la *stimulation spirituelle ou artistique*. Ce besoin n'est pas aussi rébarbatif qu'il en a l'air ; il vous faut tout simplement consacrer au moins une demi-heure à l'alimentation de votre imagination ou de votre esprit. Vous pouvez aller au concert, au musée, au théâtre ou au cinéma, lire un poème, contempler le lever ou le coucher du soleil, regarder les étoiles ou assister à quelque manifestation humaine où vous vous sentez stimulé (match sportif, course hippique, rassemblement politique, réunion religieuse). La méditation est également excellente.

Quatrième habitude quotidienne de bonheur : *rendre service à quelqu'un*. Nul besoin qu'il s'agisse d'une noble démarche de générosité. Il peut s'agir d'un petit service rendu au hasard, par exemple ajouter une pièce dans le parcmètre de quelqu'un d'autre ou faire un effort particulier pour orienter un touriste. Même le plus modeste des gestes altruistes peut avoir un effet bénéfique considérable sur votre humeur.

Cinquième habitude de bonheur : *faire une pause agréable en compagnie d'un ami*. Ce doit être un tête-à-tête ininterrompu, d'au moins 30 minutes, mais dont la nature est laissée à votre choix : un café, un verre, un repas ou une promenade, par exemple.

Sixième habitude : *accordez-vous un petit plaisir*. Pour vous donner l'idée de le faire chaque jour, dressez la liste des petits plaisirs que vous aimeriez vous accorder (ne vous inquiétez pas, personne ne verra cette liste !). Accordez-vous-en au moins un par jour.

La septième et dernière habitude, à prendre à la fin de chaque journée, est de *vous adresser des félicitations* pour avoir observé vos habitudes quotidiennes de bonheur. Puisqu'il s'agit de vous rendre heureux et non malheureux, estimez qu'une note de cinq habitudes ou plus (incluant la septième) pour la journée est une réussite. Si vous n'avez pas encore atteint les cinq habitudes mais que vous avez accompli quelque chose d'important ou que vous vous êtes amusé, félicitez-vous de toute façon d'avoir passé une journée qui valait la peine d'être vécue.

STRATAGÈMES DE BONHEUR À MOYEN TERME

En plus des sept habitudes de bonheur, il existe aussi sept raccourcis vers une vie heureuse, qui sont énumérés dans la Figure 40.

1. Maximisez le contrôle que vous exercez sur votre vie.
2. Fixez-vous des objectifs réalisables.
3. Soyez flexible.
4. Entretenez une relation étroite avec votre conjoint.
5. Ayez quelques amis heureux.
6. Ayez quelques alliances professionnelles serrées.
7. Élaborez votre style de vie idéal.

FIGURE 40   Sept raccourcis vers une vie heureuse

Le premier raccourci consiste à *maximiser le contrôle que vous exercez sur votre vie*. L'impression de ne pas être maître de sa propre vie est une cause fondamentale de malaise et d'incertitude. Je préfère prendre le long chemin que je connais bien plutôt que d'essayer de suivre un itinéraire plus court qui m'est inconnu. Le conducteur d'autobus est beaucoup plus stressé que le receveur, et plus sujet aux crises cardiaques, non seulement parce qu'il fait moins d'exercice, mais aussi parce qu'il exerce un contrôle beaucoup plus limité que le receveur pour ce qui est des arrêts et départs du véhicule. Travailler au sein d'une grande bureaucratie traditionnelle mène à l'aliénation parce que l'employé n'y a aucune maîtrise sur sa vie propre. Les travailleurs indépendants, qui choisissent leur horaire et répartissent eux-mêmes leur charge de travail, sont plus heureux que les employés pour qui cela est impossible.

Maximiser le contrôle exercé sur sa propre vie requiert une bonne planification et, souvent, la prise de certains risques. Les dividendes de bonheur, toutefois, ne sauraient être surestimés.

Se fixer des objectifs raisonnables et réalisables constitue le deuxième raccourci vers le bonheur. Des recherches en psychologie ont démontré que l'être humain réussit mieux lorsqu'il se donne des objectifs raisonnablement stimulants, sans être exagérément difficiles. Les objectifs trop faciles nous mènent à nous complaire dans la médiocrité, à accepter une piètre performance. Mais les objectifs trop difficiles — le genre d'objectifs que se fixent ceux d'entre nous qui éprouvent de la culpabilité ou qui entretiennent des attentes élevées qui font figure de punitions — nous démoralisent; lorsque nous ne les atteignons pas, nous éprouvons un profond sentiment d'échec. Rappelez-vous que vous essayez d'être plus heureux. Lorsque vous vous fixez des objectifs, en cas de doute, péchez par excès de prudence. Mieux vaut pour votre bonheur que vos objectifs soient moins élevés et que vous réussissiez à les atteindre, même si des objectifs plus difficiles auraient amélioré votre performance. S'il doit y avoir compromis entre la réussite et le bonheur, choisissez le bonheur.

Troisième raccourci : *soyez flexible lorsque des événements fortuits contrecarrent vos projets ou vos attentes.* John Lennon a un jour dit que la vie est ce qui se passe pendant qu'on fait d'autres plans. Notre objectif doit être de faire en sorte que nos plans se réalisent, tout en restant conscients que la vie nous réserve des surprises, des obstacles et des diversions. Il faut accepter de bon cœur les interjections de la vie, les considérer comme étant en contrepoint de nos projets. Dans la mesure du possible, cette contribution imprévue devrait être intégrée dans nos propres projets, pour que ceux-ci se réalisent sur un plan encore plus élevé. Si vous êtes en panne d'imagination pour ce faire, essayez de contourner les obstacles de la vie ou de les éliminer. Si ces tactiques se révèlent inefficaces, acceptez avec grâce et maturité ce que vous ne pouvez changer, et changez ce que vous pouvez. Dans aucun cas vous ne devez laisser les événements fortuits de la vie vous irriter, vous mettre en colère, vous faire douter de vous-même ou vous rendre amer.

Quatrième raccourci vers le bonheur : *entretenez une relation étroite avec un conjoint heureux.* Nous avons été programmés pour développer une relation de vie intime avec une personne. Le choix du partenaire est l'une des rares décisions de la vie (l'une qui fait partie des 20 p. 100) qui déterminera en partie si nous serons heureux ou malheureux. L'attirance sexuelle, l'un des grands mystères de l'univers, obéit de manière extrême au Principe 80/20 : le déclic se produisant en quelques secondes, vous éprouverez 99 p. 100 de l'attirance en 1 p. 100 du temps, et vous saurez immédiatement que c'est la personne qui est faite pour vous[12]! Mais le Principe 80/20 devrait vous inciter à vous tenir sur vos gardes : le danger et le gaspillage de votre bonheur vous attendent peut-être. N'oubliez pas qu'il y a beaucoup de personnes avec qui, en théorie, vous pourriez établir un rapport intime. Cette montée de sang à la tête (ou au cœur) se reproduira.

Si vous n'avez pas encore choisi un conjoint, rappelez-vous que votre bonheur sera largement influencé par celui de cette personne. Dans votre propre intérêt, et par amour, vous voudrez rendre votre partenaire heureux. Cela vous sera beaucoup plus facile si, au départ, votre conjoint est d'un tempérament heureux ou s'il adopte délibérément un régime de vie quotidienne propice au bonheur (comme mes habitudes de bonheur). Faites équipe avec un partenaire malheureux et il est probable que vous finirez vous aussi par l'être. Vivre avec une personne dont l'estime personnelle et l'assurance sont médiocres est un cauchemar, quel que soit le degré d'amour mutuel. Si vous êtes une personne très heureuse, vous pourriez rendre heureux un conjoint qui ne l'est pas, mais c'est là une entreprise herculéenne. Deux personnes légèrement malheureuses qui s'aiment profondément, si elles sont déterminées à être heureuses et adoptent un régime de vie quotidien fondé sur la recherche du bonheur, pourraient bien arriver à être toutes deux heureuses, mais je ne parierais pas là-dessus. Deux personnes malheureuses, même si elles s'aiment, se tomberont mutuellement sur les nerfs. Si vous voulez être heureux, choisissez d'aimer un conjoint qui l'est.

Bien entendu, il se peut que vous ayez déjà un conjoint qui n'est pas heureux. Si c'est le cas, il mine sans doute sérieusement votre propre bonheur. Dans de telles circonstances, chacun de vous doit se donner pour but de rendre l'autre heureux.

Comme cinquième raccourci vers le bonheur, je vous propose de *cultiver une amitié intime avec quelques proches heureux*. Selon le Principe 80/20, la majeure partie de la satisfaction que vous procure votre groupe d'amis provient de la relation que vous entretenez avec un petit nombre d'amis intimes. De plus, selon le même principe, il est probable que vous répartissiez mal le temps passé avec vos amis : vous en passez trop avec les amis quelconques et trop peu avec les très bons amis (même si vous allouez plus de temps par ami dans le cas de vos bons amis, le nombre d'amis quelconques dans votre groupe de relations étant plus élevé, globalement vos amis quelconques vous prennent plus de votre temps que vos bons amis). Solution : déterminez qui sont vos bons amis et décidez de leur consacrer 80 p. 100 de tout le temps que vous passez avec des amis (vous devriez sans doute augmenter aussi le temps, en valeur absolue, consacré aux amis). Essayez de développer le plus possible ces amitiés, parce qu'elles sont une source intarissable de bonheur mutuel.

Le sixième raccourci vers le bonheur ressemble au cinquième : *développez une solide alliance professionnelle avec un petit nombre de personnes dont vous aimez la compagnie.* Vos collègues de travail ou vos pairs sur le plan professionnel ne doivent pas tous devenir des amis ; si c'était le cas, votre propre capacité d'amitié serait trop taxée. Mais quelques-uns d'entre eux devraient devenir des amis intimes et des alliés, des gens que vous aiderez de toutes vos forces et qui feront de même pour vous. Non seulement votre carrière s'en trouvera enrichie, mais vous aurez plus de plaisir à travailler. Vous éviterez ainsi de vous sentir aliéné par votre vie professionnelle, et il existera un lien unificateur entre votre travail et vos loisirs. Cette unité est essentielle au bonheur total.

Le dernier raccourci vers le bonheur durable consiste à *élaborer le style de vie que vous et votre conjoint voulez.* Ce style de vie idéal requiert un équilibre harmonieux entre votre vie professionnelle, votre vie familiale et votre vie sociale. Il vous faut donc vivre là où vous voulez travailler, jouir de la qualité de vie que vous voulez, avoir le temps de participer à des activités familiales et sociales, et être tout aussi heureux dans votre milieu de travail qu'à l'extérieur de celui-ci.

CONCLUSION

Le bonheur est un devoir. Nous devons choisir d'être heureux et travailler à notre propre bonheur. Ce faisant, nous devons aussi aider les personnes qui nous sont les plus proches, et même celles qui ne font que traverser notre horizon, à partager notre bonheur.

QUATRIÈME PARTIE

CRESCENDO

16

DES PROGRÈS UTILES

Si la misère du pauvre est causée non pas par les lois de la nature mais par nos institutions, nous sommes gravement coupables.

CHARLES DARWIN[1]

Le Principe 80/20 est-il seulement un savoir utile, un outil de diagnostic efficace et gratuit dont on peut se servir à la maison, au travail et au laboratoire ? N'est-il qu'une espèce de logiciel mental, utile mais dénué de contenu éthique, comme un programme d'ordinateur ? Ou y a-t-il plus que cela dans ce principe ? Pouvons-nous déployer le Principe 80/20 avec un but et une force morale qui vont au-delà de la technocratie et qui peuvent faire de celle-ci une force majeure du bien ?

Nul ne peut nier que le Principe 80/20 peut aider les entreprises à devenir plus rentables. Le présent ouvrage soutient, d'une manière que j'espère persuasive, que les êtres humains peuvent recourir au Principe 80/20 pour tirer davantage de leur vie, pour devenir plus efficaces et plus heureux. Dès que l'on prétend augmenter le bonheur, on commence aussi à prétendre acquérir une plus grande force morale, puisqu'il est raisonnable de dire que tout ce qui augmente le bonheur est une force de bien. Mais le bonheur individuel peut parfois s'acheter aux dépens de celui d'autrui. Nous ne pouvons prétendre que le Principe 80/20 recèle une valeur éthique que si nous pouvons prouver qu'il peut être appliqué pour le bien de la majorité ou de toute la société. Par conséquent, l'épreuve décisive est de déterminer si l'on peut ou non utiliser le Principe 80/20 pour créer une société meilleure.

Je crois qu'on le peut, pourvu qu'on aille au-delà de la description du Principe et qu'on y rattache un plan d'action qui soit en harmonie avec celui-ci. Si je suis convaincu que cela est possible, c'est que j'ai vu à quel point le Principe 80/20 est efficace dans le monde des affaires et que je crois que son application peut et doit être étendue à des enjeux beaucoup plus importants pour la société que la prospérité ou la faillite d'une quelconque entreprise.

POURQUOI LA SOCIÉTÉ DEVRAIT-ELLE ADOPTER LE PRINCIPE 80/20?

Le Principe 80/20 a été utilisé avec grand succès dans le monde des affaires pour améliorer l'efficacité, et augmenter la rentabilité ainsi que tous les facteurs qui la favorisent. Mais ce sur quoi je veux insister ici, ce n'est pas sur ce fait en soi, mais plutôt sur la manière dont de telles améliorations ont été provoquées. L'efficacité a été accrue lorsqu'on a donné plus de solidité et de ressources aux forces bénéfiques (les 20 p. 100 qui rapportent 80 p. 100 des profits), repéré et neutralisé les forces négatives (les 20 p. 100 de problèmes de qualité qui engendrent 80 p. 100 des défauts et défectuosités), et augmenté l'efficacité ou modifié le rôle de la majorité de forces faibles (les 80 p. 100 des forces qui sont censées être positives mais dont la contribution à la valeur créée n'est que de 20 p. 100). Toutes ces utilisations du principe ont considérablement enrichi les entreprises. Sur le plan individuel, j'ai proposé d'appliquer le Principe 80/20 de manières analogues, pour augmenter le bonheur et l'efficacité personnels.

298

Si nous faisons preuve d'un peu d'imagination et que nous nous exerçons, il n'y a rien qui puisse nous empêcher de faire la même chose pour le bien de la société en général, en employant les mêmes méthodes. Nous examinerons ces possibilités bientôt, après nous être débarrassés de nombreux obstacles d'ordre idéologique, car il nous faut être prudents : le débat sur le bien public ne progresserait nullement si le Principe 80/20 était récupéré par certains pour renforcer quelque idéologie actuelle.

LE PRINCIPE 80/20 EST-IL FONDAMENTALEMENT UN PRINCIPE DE DROITE ?

Le Principe 80/20 peut sembler faire écho aux arguments de la droite radicale. Si l'univers se divise naturellement en une minorité de forces puissantes et une majorité de forces faibles, et si la vie humaine, la société, le monde des affaires et la nature reflètent tous ce phénomène (comme je l'ai avancé), il ne faut faire qu'un petit pas pour sauter dans le monde fou de l'extrême droite — dans lequel l'inégalité est un phénomène naturel et constitue le moteur du progrès ; les marchés sont le pendant économique de l'évolution et doivent être laissés libres de se développer ; la domination des élites est inévitable et naturelle elle aussi ; la force prime le droit ; et la manipulation des structures sociales sera toujours vouée à l'échec, parce qu'elle constitue une tentative de modifier le fonctionnement du monde.

Un tout petit pas, certes, mais un pas qui suppose une profonde incompréhension du Principe 80/20. Bien entendu, l'interprétation « de droite » contient certaines vérités. Il est certainement bon d'observer ce qui fonctionne bien dans la nature, dans le monde des affaires, dans nos propres vies et dans la société, afin de repérer les forces puissantes qui, avec très peu d'énergie, entraînent des résultats majeurs ; il est bon de multiplier, de reproduire et d'imiter les 20 p. 100 qui rapportent 80 p. 100, pourvu que ces 20 p. 100 soient des forces du bien. *Mais il se pourrait que ces 20 p. 100 soient des forces du mal ; le fait qu'elles soient des forces productives ne justifie en rien leur caractère néfaste.*

Le Principe 80/20 soutient que le déséquilibre est naturel, oui, mais pas que ce qui est naturel est bon, et encore moins qu'on ne devrait pas tenter d'y changer quoi que ce soit. Le principe attire notre attention sur le déséquilibre, mais il ne dit pas que l'univers, la nature, le monde des affaires ou la société, ou bien la manière dont nous menons notre vie, bref, que l'un de ces éléments est déséquilibré d'une manière rationnelle ou fonctionnelle. Il n'implique pas non plus que le déséquilibre soit de quelque manière que ce soit éthique ou justifié. Le Principe 80/20 nous rappelle tout simplement que ces processus sont à l'œuvre et produisent des résultats fabuleux, et qu'il faut dès lors en tenir compte, tout comme il faut tenir compte de n'importe quelle force puissante, qu'elle soit bénéfique ou maléfique. Toute la valeur et la puissance du Principe 80/20, et de toutes les applications pratiques qui en ont été faites depuis 50 ans, résident dans ce qu'il fait ressortir un état des choses qui est étonnant et loin de l'optimum. Une fois l'étonnement passé, le principe peut nous guider sur la voie des grandes améliorations par rapport au *statu quo*.

Le Principe 80/20 cherche à améliorer la situation qu'il permet de constater

Fondamentalement, le Principe 80/20 n'est pas simplement de nature descriptive, et il ne glorifie pas ce qu'il permet d'observer. Il est *normatif;* il nous permet de repérer une absence d'optimum et nous montre le chemin à suivre pour améliorer grandement la situation observée. Le fait qu'une minorité de ressources aient une telle efficacité est impressionnant; mais que dire de la majorité des forces faibles? La nature est-elle si «intelligente», si la majorité des forces naturelles sont à ce point inefficaces et que des pans toujours plus grands de l'univers tombent sous la gouverne de l'homme? Le monde des affaires est-il si efficace, si 80 p. 100 de l'activité commerciale (mesurée en fonction des revenus ou de l'actif) ne rapportent que 20 p. 100 des bénéfices? Utilisons-nous judicieusement notre temps, si 80 p. 100 de nos activités ne nous rapportent que 20 p. 100 de nos résultats et de notre bonheur ? Et la société exploite-t-elle bien ses ressources humaines, lorsque 80 p. 100 des citoyens ne produisent que 20 p. 100 de la valeur totale qu'elle crée (mesurée en argent et en bénéfices bruts) ?

Non ! Et ce n'est pas seulement là ma propre interprétation du Principe 80/20, mais celle aussi de tous ceux qui l'ont appliqué : gens d'affaires, ingénieurs de qualité, conseillers en stratégie, et ainsi de suite. Le Principe 80/20 doit servir à améliorer les situations observées et constituer un outil puissant pour ce faire.

Le déséquilibre n'est pas efficace. Même s'il prévaut, il n'est ni inévitable ni souhaitable. Le Principe 80/20 n'est pas une abstraction conservatrice hégélienne ; c'est un outil pratique pour rendre le monde plus logique. Si vous en doutez, examinez les applications pratiques qu'en a tirées le monde des affaires. Les chefs d'entreprises qui observent le phénomène — qui constatent que 20 p. 100 de leurs produits ou de leurs ventes leur rapportent 80 p. 100 de leurs profits et que l'inverse est aussi vrai — ne se contentent pas de hausser les épaules, de marmonner quelque chose sur Pareto, F. A. Hayek, Milton Friedman et sur la perfection du capitalisme pour ensuite passer à autre chose. Non. Les entrepreneurs intelligents qui visent la maximisation des profits passent à l'action pour corriger le déséquilibre. Ils font en sorte que les 20 p. 100 d'activités vraiment productives représentent une plus grande proportion de leurs activités totales. Soit qu'ils rendent les activités peu productives plus productives, soit qu'ils réduisent le fardeau que celles-ci imposent à leurs ressources. Ils se servent du Principe 80/20 dans leur recherche du progrès, pour améliorer la réalité.

Le pessimisme social de type 80/20

Il nous faut insister sur la manière positive, bénéfique pour la vie, dont le Principe 80/20 est appliqué dans la réalité, parce que l'on est témoin d'un regain soudain d'intérêt dans l'inégalité sociale qu'implique une « société 80/20 », d'une société où « les gagnants raflent tout ». Une école de pensée

301

apocalyptique a vu le jour: elle tient compte de certaines caractéristiques du Principe 80/20, mais laisse entendre qu'on ne
peut faire grand-chose pour ralentir l'inégalité croissante dans
la société. Évaluons-en les arguments pessimistes, et souvent
fatalistes, qui semblent faire appel au Principe 80/20.

Dans l'ouverture du présent ouvrage, et au chapitre 13,
nous avons parlé du phénomène du «gagnant qui rafle tout»
— les récompenses pour les étoiles du sport, du spectacle et des
professions continuent de monter en flèche, de telle sorte que
le fossé entre ces «gagnants» et le commun des mortels va
s'élargissant. Cette situation a été observée aux États-Unis et
semble prévaloir partout ailleurs.

Il semble que les revenus des 10 p. 100 de la population
qui gagnent le plus montent rapidement, tandis que ceux des
10 p. 100 qui gagnent le moins montent plus lentement ou
stagnent. Au Forum économique mondial de Davos, en 1997,
on a passé beaucoup de temps à examiner les implications de
cette tendance. Dans l'un des rapports du Forum, on pouvait
lire ce qui suit.

> Certains économistes américains croient que dans l'Amérique
> du futur, 20 p. 100 de professionnels très instruits gagneront de
> 75 000 dollars à 500 000 dollars par an pour obéir aux ordres de
> quelques multimilliardaires, tandis que les 80 p. 100 restants, qui
> aujourd'hui gagnent en moyenne 30 000 dollars l'an, seront con-
> damnés à assumer les tâches sans intérêt et verront leur niveau de
> vie dégringoler année après année[2].

Un nouveau best-seller allemand, *Le Piège de la mondialisation*[3], exploite l'idée que l'inégalité qui règne finira par créer
une «société 20:80», où seuls 20 p. 100 de citoyens auront la
chance de travailler. Les auteurs y examinent les conclusions
d'une conférence à laquelle 500 politiciens, dirigeants d'entreprises et universitaires ont participé à San Francisco, en 1995,
et affirment que, dans une économie de marché planétaire, le
chômage sera majeur.

Vingt pour cent de la population en âge de travailler suffira à pousser l'économie mondiale dans le prochain siècle. « On n'a tout simplement pas besoin de plus de main-d'œuvre », affirme le magnat Washington SyCip. Le cinquième de tous les demandeurs d'emploi suffiront à produire tous les biens et à fournir tous les services à valeur élevée dont peut avoir besoin l'économie mondiale. Ces 20 p. 100 seront en mesure de participer pleinement à la vie, au travail et aux loisirs [...].

Et les autres ? Ces 80 p. 100 de sans-emploi qui aimeraient travailler ? Un nouvel ordre social s'instaurera, selon [les experts]: il y aura des pays riches sans aucune classe moyenne. Là-dessus, tout le monde est d'accord.

Je ne suis pas tout à fait incrédule face à ces prédictions en apparence bizarres. Dans le livre que nous avons publié en 1996, *Managing Without Management*[4], Ian Godden et moi avons consacré un chapitre entier au défi que présente le chômage massif des gestionnaires ; voici quels étaient nos commentaires.

L'entreprise post-gestion aura besoin de beaucoup moins de personnel, vu la réduction de moitié du nombre de postes de cadres, de commis et d'autres fonctions administratives que l'on a connue depuis 10 ans [...] Si toutes les entreprises du secteur privé du monde entier deviennent des entreprises post-gestion, et en l'absence de mesures de compensation, la réduction de l'emploi pourrait atteindre les 15 à 20 p. 100. Aux États-Unis, le taux de chômage, qui se situe aujourd'hui aux environs de 6 p. 100 pourrait monter à 25 p. 100 et se concentrer dans les rangs des gestionnaires.

Résumons la théorie négative ou « catastrophiste » associée au Principe 80/20 ou à la société 20 :80. L'inégalité sociale, comme l'a observé Vilfredo Pareto, a toujours été une caractéristique de toutes les sociétés. Le XXe siècle a été témoin d'une tentative de renversement de ce cycle au moyen d'une redistribution progressive des revenus, par le biais de la fiscalité et de l'aide sociale. Mais étant donné que les marchés planétaires ont commencé à recouvrer le pouvoir qu'ils avaient au siècle passé, le modèle d'inégalité sociale est réapparu. Plus ces marchés deviendront puissants, plus grande sera l'inégalité sociale. Plus les entreprises deviennent productives, moins elles ont besoin d'employés. Les marchés libres planétaires créeront donc deux grands problèmes sociaux apparentés : un chômage considérable touchant les classes moyennes autrefois épargnées, et une profonde inégalité sociale qui séparera dans l'échelle des revenus les 20 p. 100 supérieurs des 80 p. 100 inférieurs.

Les « catastrophistes » se divisent en deux camps : les pessimistes et les révolutionnaires. Les pessimistes ou fatalistes affirment que ces tendances sont inévitables et qu'on n'y peut à peu près rien. Mais la majorité de ceux qui dénoncent l'inégalité sociale sont des révolutionnaires. Selon eux, il faut faire quelque chose pour briser le modèle 80/20. Le point de vue le plus cohérent à ce sujet est celui des auteurs allemands du *Piège de la mondialisation* que nous avons cités plus haut. Ils estiment que la mondialisation fait plus de tort que de bien, et qu'on peut et doit la stopper : « La mondialisation n'est pas une loi de la nature. L'ère de l'inanité universelle doit prendre fin. »

Les catastrophistes se trompent

Que penser de tout cela ? Je crois erronées les conclusions des pessimistes et des révolutionnaires. Une bonne partie de leur analyse est juste et éclairante. Mais, même s'ils font allusion (plus ou moins directement) au Principe 80/20, ils ne le comprennent que superficiellement. S'ils le comprenaient mieux, ils verraient comment il est possible d'avoir le progrès sans révolution.

Commençons par les problèmes du chômage et de l'inégalité, et par leur relation avec les marchés de plus en plus planétaires et libres. Bien sûr, le risque de voir régner un chômage considérable dans les rangs des gestionnaires nous menace, puisque les entreprises apprennent à se passer de la gestion inutile et que la concurrence mondiale les force à réduire leurs coûts au niveau de ceux des entreprises les plus performantes. Les entreprises n'ont pas le choix : c'est cela ou la faillite. Sur ce point nous sommes d'accord.

Toutefois, l'histoire prouve que la prospérité n'est jamais un problème. L'apparition d'une technologie, d'une invention, d'un dispositif qui remplace le travail humain, d'un raffinement d'une technique de production, d'une méthode plus économique de livraison des biens et de prestation des services — bref, toute manifestation du progrès industriel — a toujours mené à une amélioration extraordinaire et cumulative du niveau de vie de tous les groupes vivant dans des économies de marché, et aussi à une hausse du niveau d'emploi global. Dans toutes les générations depuis la révolution industrielle, il s'est trouvé des groupes — luddites, prophètes de malheur de l'explosion démographique, néo-féodalistes romantiques, marxistes, socialistes, fascistes, verts anticapitalistes — pour déclarer que la croissance a ses limites et que l'économie de marché est incapable de créer le nombre d'emplois requis. La croissance de la population, l'entrée (ou le retour) des femmes sur le marché du travail, la fin du paysannat et de l'agriculture comme sources importantes d'emplois, ainsi que la disparition presque complète d'un marché pour les domestiques — tous ces phénomènes qui auraient dû accroître le taux de chômage ne l'ont pas fait. L'histoire du capitalisme est celle d'un niveau de vie et d'un taux d'emploi croissants.

En 250 ans, les prédictions et prévisions des catastrophistes se sont toujours révélées erronées. Aujourd'hui, leur argument est que ce sera différent cette fois-ci, et il faut reconnaître qu'ils n'ont peut-être pas tort. Le rythme de la libéralisation des marchés planétaires va croissant. Nous nous rendons compte que la manière dont nous avons organisé la gestion dans les grandes entreprises n'était pas la bonne. Les grandes entreprises peuvent se passer d'un très grand nombre de leurs cadres. Au cours des 10 à 20 prochaines années, il y aura une augmentation du taux de chômage des gestionnaires.

Pourtant, nous pouvons nous adapter et nous nous adapterons. Nous pouvons conserver l'économie de marché planétaire — et la prospérité accrue qui en découle dans l'ensemble — sans pour autant devoir faire face à un problème de chômage insoluble. Le progrès, sous forme de prix réduits pour les biens que l'on consomme déjà, créera un nouveau pouvoir d'achat pour d'autres biens et services. Le pouvoir d'achat, sauf si une récession soudaine l'annule, engendrera de nouveaux emplois, lesquels ne se trouveront pas en majorité dans les grandes entreprises. Les emplois seront créés dans les petites entreprises, dans les entreprises individuelles (à une seule personne, ou à quelques associés) et dans la prestation de services aux individus qui ne peuvent être facilement (ou pas encore) récupérés par les grandes entreprises. Grâce au progrès du marché planétaire, les marchés non planétaires actuels prendront de l'expansion ou de nouveaux marchés naîtront.

Si le secteur privé ne crée pas tous les emplois dont nous avons besoin à court terme — ce qui sera peut-être le cas —, nous devons être en mesure de transférer la main-d'œuvre dans le secteur public pour qu'elle y fasse quelque chose de productif pour la société. Les tâches, plus ou moins spécialisées — de l'éducation sous toutes ses formes à l'amélioration de nos villes et villages —, susceptibles d'enrichir la société ne manquent pas. Si les marchés commerciaux ne peuvent en assumer le coût en tout ou en partie, rien n'empêche la société de voir à ce qu'elles soient exécutées, afin de fournir et de l'emploi et des services.

Ce n'est pas le chômage en tant que tel qui fait problème dans une société riche. Si la société est suffisamment riche — et des marchés plus libéralisés l'enrichiront toujours plus —, le chômage involontaire ne devrait jamais être un problème. Les individus peuvent se trouver des emplois en dehors de l'économie de marché; ils ne seront tout simplement pas rémunérés au tarif du marché. Mais, à moins de croire que la richesse de la société en général diminuera, le fait de ne pas rémunérer au tarif du marché un emploi non commercial ne crée pas en soi de problème. Le problème n'apparaît que si la distribution de la richesse dans la société est considérée comme injuste.

Le problème le plus grave n'est pas celui du chômage ou de la pauvreté, mais celui de l'inégalité

L'inégalité sociale croissante, dans des sociétés où le degré de richesse globale est en hausse, constitue le vrai problème dont nous devrions débattre. Il est évident que, sans redistribution de la richesse, un marché libre implique une richesse inégale, et que la libéralisation croissante des marchés accroîtra cette inégalité. Ce phénomène est le plus rapide dans les pays, comme les États-Unis, la Grande-Bretagne et certains pays asiatiques, dont les marchés sont les plus libres et où la libéralisation s'accélère. Le Principe 80/20 nous aide à comprendre pourquoi : 80 p. 100 de ce qui est utile et qui a de la valeur (mesurée démocratiquement par les achats des consommateurs) est créé par 20 p. 100 de la main-d'œuvre. Si les marchés ne sont pas entravés, les récompenses seront distribuées de manière déséquilibrée parce que la valeur est créée de la même manière.

Tout cela implique qu'il y ait un compromis entre l'enrichissement et l'égalité. Si nous optons pour l'accroissement de la richesse, l'inégalité sera plus marquée. Le niveau de vie absolu de la société pourra monter, mais la crème ira aux gros richards.

Les marchés donnent une bien meilleure indication de la valeur que tout autre mécanisme. La meilleure solution à l'inégalité n'est pas de supprimer les marchés et la création de valeur, mais d'assurer une participation aux marchés plus égale et plus universelle de tous les éléments de la société.

Nous n'avons pas encore vraiment exploré cette voie. Deux points de départ sont évidents. Le premier consiste à intégrer tous les éléments de la société dans l'économie de marché : faire de chaque individu un capitaliste et un entrepreneur (quelqu'un qui exploite les ressources de la manière la plus productive possible). Le second est de veiller à ce que chaque élément de la société, surtout ceux se trouvant au bas de l'échelle, sache comment (et souhaite) faire le meilleur usage possible de ses talents.

L'entrepreneuriat social

Si l'inégalité sociale apparaît dans l'économie de marché, ce n'est pas tant parce que le marché crée des perdants et des gagnants, mais plutôt parce que nous ne sommes pas tous intégrés à l'économie de marché. Ceux qui sont exclus du marché, ou qui n'y participent que de manière limitée, sont naturellement des laissés-pour-compte.

Pour que chacun fasse partie de l'économie capitaliste, chacun doit disposer au départ d'un certain « actif » et avoir des chances raisonnables de l'augmenter. Ce n'est pas ici l'endroit où détailler la manière d'y arriver, mais c'est tout à fait possible et beaucoup plus économique que de verser des prestations d'aide sociale. Un bon moyen de donner un coup de fouet au capitalisme au bénéfice de chacun serait de vendre les biens immobiliers des gouvernements — tous les gouvernements disposent de beaucoup plus de propriétés qu'ils n'en ont besoin — et de privatiser toutes les entreprises d'État. Les sommes ainsi récupérées seraient alors *données* à tous les citoyens sous forme de fonds collectif qui ne pourrait servir qu'à certaines fins (éducation, achat d'annuités, lancement d'une entreprise), au bout d'un certain temps.

Plus important encore, l'éducation devrait donner à tous les nouveaux citoyens des habiletés vendables dans la discipline de leur choix. Au besoin, l'État devrait en assurer le financement. Le Principe 80/20 n'a sans doute aucune autre application qui soit plus importante que celle de l'éducation. Puisque 20 p. 10 des dépenses ou ressources produisent 80 p. 100 des résultats, il nous faut concentrer notre attention sur les 20 p. 100 de méthodes d'enseignement les plus efficaces et les plus susceptibles de garantir à chaque étudiant qu'il pourra travailler efficacement dans une partie de l'économie de marché. Il n'y a pas d'autre moyen d'assurer la cohésion sociale et la continuité du progrès économique.

Le Principe 80/20 peut et doit être appliqué à l'éducation

Pour améliorer la société, il faut commencer par appliquer le Principe 80/20 à l'éducation. Cette démarche comporte trois éléments clés: la détection des quelques leviers essentiels qui mèneront à des résultats exceptionnels, la décentralisation et la concurrence.

Le Principe 80/20 nous fournit l'hypothèse selon laquelle il n'y a que quelques facteurs majeurs expliquant une réussite scolaire supérieure, et que peu d'approches ou de méthodes apportent des résultats exceptionnels. Si nous arrivons à isoler ces facteurs et ces approches, et à multiplier leurs occurrences, nous pourrons réaliser des progrès sensationnels.

Nous en sommes capables. Les recherches ont déjà été faites. Voyons ce que peuvent nous apprendre seulement deux de ces études.

Le Brookings Institute a mené dans 500 écoles secondaires américaines une étude sur les facteurs influant sur la performance scolaire[5]. L'étude conclut, ce qui n'a surpris personne, que les plus importants sont l'aptitude de l'élève et son attitude face à l'école, facteurs en grande partie déterminés par les antécédents familiaux. À moyen terme, il faut donc veiller à ce que tous les élèves aient ou adoptent une attitude positive envers l'éducation, à ce qu'ils veuillent vraiment apprendre. Cela ne pourra se faire que si toutes les familles participent au processus de création de richesse et d'acquisition de propriété. À court terme, toutefois, cela n'arrivera pas, et les écoles devront faire avec ce qu'elles ont.

Les chercheurs du Brookings Institute ont constaté que, outre l'aptitude et l'attitude de l'élève, le facteur de réussite le plus important était l'école en soi. Certaines écoles étant de beaucoup meilleures que d'autres, les chercheurs ont voulu identifier ce qui distinguait une bonne école d'une moins bonne. Ils ont donc examiné les facteurs classiques: argent investi dans l'établissement, salaires des enseignants, dépenses par élève, taille des classes, exigences de sanction des études. Mais ces « suspects de convenance » étaient innocents. Les facteurs vraiment importants étaient le contrôle exercé par les parents sur l'école, la clarté de la mission de celle-ci, sa direction, son autonomie, ainsi que la liberté et le respect dont jouissaient et qu'avaient obtenus les enseignants.

Très peu de systèmes scolaires sont organisés en vue de maximiser, ou même de favoriser, le rôle de ces facteurs. Nous pourrions dépenser moins de fonds publics en éducation et obtenir de bien meilleurs résultats si nous donnions aux parents et aux enseignants le contrôle de chaque école.

Vient ensuite toute la question des méthodes d'enseignement utilisées par l'école. Je parlerai donc d'une autre étude, en fait d'une série d'études décrites dans le fabuleux ouvrage de Gordon Dryden et de Jeannette Vos, intitulé *The Learning Revolution*[6]. Voici quelques-unes des méthodes éprouvées que mentionne ce livre.

- À Flaxmere, en Nouvelle-Zélande, des élèves de 11 ans qui accusaient jusqu'à 5 ans de retard sur leurs pairs ont rattrapé ce retard en moins de 10 semaines grâce à un programme de lecture avec audiocassettes.
- Au cours d'un essai mené par l'armée américaine, des soldats utilisant la technique décrite dans le livre pour apprendre l'allemand ont vu leurs résultats s'améliorer de 661 p. 100 — c'est-à-dire qu'ils ont obtenu des résultats deux fois meilleurs en un tiers du temps seulement.
- À l'école secondaire Bridley Moor de Redditch, en Angleterre, on s'est servi des méthodes d'apprentissage accéléré pour enseigner une langue étrangère. Avec les méthodes habituelles, 11 p. 100 seulement des élèves obtenaient une note d'au moins 80 p. 100. Avec les nouvelles méthodes, 65 p. 100 l'ont obtenue. Avec les méthodes habituelles, 3 p. 100 seulement des élèves réussissaient à atteindre une note de 90 p. 100 ou plus, comparativement à 38 p. 100 des élèves soumis aux nouvelles méthodes. C'est donc dire que 10 fois plus d'élèves qu'auparavant ont réussi à obtenir une note de 90 p. 100 ou plus grâce aux nouvelles méthodes.

Même si Dryden et Vos ne mentionnent pas le Principe 80/20, leur livre en constitue néanmoins un brillant éloge. Il faut retenir ceci du Principe 80/20 : *faites ce qui est le plus efficace, surtout dans les dimensions de la vie qui sont en soi les plus importantes pour vous.* Il y aura toujours une minorité de méthodes, une minorité de praticiens, une minorité de facteurs et une minorité d'approches qui produiront des résultats exceptionnellement supérieurs. Repérez-les. Puis multipliez-les. Automatiquement, votre performance s'en trouvera non seulement améliorée, mais décuplée.

Nous sommes en mesure de résoudre nos problèmes en éducation, mais il nous faut être radicaux. Nous devons adopter les méthodes les plus efficaces. Et cela ne signifie pas seulement les meilleures méthodes d'enseignement éprouvées, qui font appel à la puissance phénoménale de la matière grise de l'élève lorsque son cerveau est activé, mais aussi les bonnes structures scolaires. Il est de plus en plus évident que les écoles doivent avoir la maîtrise de leur propre destin. Les parents et enseignants doivent pouvoir expérimenter et contrôler l'enseignement, sous réserve de vérifications objectives de leur rendement.

Il existe un autre moyen d'améliorer considérablement nos systèmes scolaires : la concurrence. Les bonnes écoles doivent pouvoir prendre de l'expansion. Elles doivent pouvoir absorber les écoles moins bonnes si les parents et enseignants de ces dernières le souhaitent. Il faut forcer les mauvaises écoles à fermer.

Il y a quelques années, Peter Drucker faisait remarquer que les États-Unis sont le seul grand pays industrialisé où il n'existe pratiquement aucune concurrence entre les écoles. Cette situation commence à changer ; les élèves ont maintenant un certain choix dans certaines régions : East Harlem, Minnesota, Iowa, Arkansas, Ohio, Nebraska, Idaho, Utah, Massachusetts, Vermont et Maine. Mais la plupart des pays, dont les États-Unis, n'ont pas un système scolaire où s'exerce la concurrence. D'ici à ce que ce soit le cas, nous priverons nos enfants et nos sociétés de ce qui devrait leur revenir. Lorsque cette concurrence s'installera, les progrès du rendement scolaire seront étonnants et continus.

Le rendement scolaire a été si faible, et l'écart si large entre les quelques bonnes écoles et la masse d'écoles médiocres — comme l'a été l'écart entre les quelques méthodes étonnamment productives et la masse des méthodes habituelles —, que l'application systématique du Principe 80/20 à l'éducation (utilisation de méthodes éprouvées, contrôle exercé par les parents et les enseignants, concurrence dans le système scolaire) aura des résultats bénéfiques extraordinaires. C'est un crime contre l'humanité, et surtout contre nos enfants, de ne pas exploiter toute la puissance du Principe 80/20.

Le Principe 80/20 fait ressortir une médiocrité généralisée de la performance

J'ai fait l'éloge du fonctionnement des marchés et j'ai avancé que nous pouvons profiter de la prospérité additionnelle que crée une plus grande libéralisation des marchés, sans subir pour autant une accentuation du chômage involontaire et du manque d'harmonie sociale. Cela peut sembler trop beau pour être vrai. Si je suis si confiant, c'est que le Principe 80/20 fait constamment ressortir la médiocrité de notre exploitation des ressources : temps, argent, énergie, effort et intelligence personnels. Paradoxalement, cette mauvaise utilisation des ressources est de bon augure. En effet, étant donné que notre manière de faire les choses est si médiocre, et que nous pourrons toujours trouver une minorité de ressources qui seront plusieurs fois plus efficaces que la majorité, nous avons toute la latitude possible pour mieux faire les choses. Les marchés sont bons parce qu'ils facilitent le transfert des ressources entre les activités à faible efficacité et les activités à efficacité élevée. Mais l'existence même de ces marchés ne garantit pas que ce transfert s'effectue bel et bien. Ce transfert dépend du degré de connaissances, de technologie et d'entrepreneuriat, lesquels ont tendance à mieux se développer dans une économie de marché qu'ailleurs. Mais les marchés ont toujours besoin d'un petit coup de pouce dans la bonne direction. Si les marchés produisaient les meilleurs résultats possibles, un progrès continu deviendrait impossible. Le progrès se fonde sur la découverte d'un meilleur moyen de tout faire, notamment de faire tourner notre économie de marché. Le Principe 80/20 nous permettra toujours d'améliorer notre situation actuelle.

Ce n'est pas que la libre entreprise utilise mal les ressources, mais elle ne les utilise pas très bien

Comme l'a dit l'économiste français Jean-Baptiste Say vers 1800 : « L'entrepreneur déplace les ressources économiques d'un domaine à productivité faible à un domaine à productivité et rendement plus élevés. » Ce processus se trouve au cœur du Principe 80/20, lequel nous rappelle constamment à quel point il y a place pour l'amélioration. Aujourd'hui, ce processus s'appelle « arbitrage ». Le marché libre rend l'arbitrage possible mais ne le crée pas automatiquement, et ce n'est que dans des domaines très simples (comme le marché des devises) que l'arbitrage fonctionne à plein rendement ou efficacement.

L'entreprise moderne, chaque fois que la concurrence existe, a tendance à augmenter le degré d'arbitrage, comme l'a observé Say en parlant de l'entrepreneur. Malheureusement, toutefois, la plupart des dirigeants d'entreprises ne sont pas des entrepreneurs ; et, plus l'entreprise est complexe, moins elle a de chances de pratiquer efficacement l'arbitrage. Les entreprises, surtout celles dont les activités sont diversifiées (celles-ci contrôlent la majorité des ressources de l'économie de marché), sont des coalitions de nombreux dirigeants (dont la productivité varie grandement) et de nombreux segments d'activités commerciales (dont la rentabilité varie grandement). C'est pourquoi se répand et s'accentue la tendance au démantèlement de ces grandes entreprises : chacune des divisions devient indépendante, « défusionne », pour devenir une entreprise distincte exploitant une seule activité commerciale. Ces nouvelles entreprises sont plus pures parce qu'elles concentrent leur énergie dans un seul champ d'activités ; leur performance à la

Bourse a été exceptionnelle, ce qui indique à quel point il y avait soustraction de valeur avant le démantèlement[7]. L'ampleur de cette destruction de valeur antérieure et la facilité avec laquelle les profits sont multipliés après que la simplification a eu facilité le processus d'arbitrage ne surprennent pas ceux qui comprennent le Principe 80/20.

Selon le Principe 80/20, les entreprises affectent mal leurs ressources

Le processus d'arbitrage — de déplacement des ressources — ne se produit pas automatiquement, même dans les sociétés où le marché est le plus libre. Il faut toujours donner un petit coup de pouce dans la bonne direction. Comment trouver cette direction ? Quel type de coup de pouce est nécessaire ?

Le Principe 80/20 fournit des réponses claires à ces questions. On déterminera la bonne direction en repérant les quelques forces puissantes parmi les nombreuses forces faibles, en isolant la contribution de chacune par rapport aux ressources qu'elles consomment. Si les forces sont bénéfiques (si elles contribuent à la rentabilité, par exemple), de grands progrès peuvent être réalisés si l'on enlève des ressources aux nombreux domaines à rendement médiocre pour les affecter aux quelques domaines à rendement supérieur (un « domaine » peut être un produit, un client, un canal de distribution, un groupe de gestionnaires ou n'importe quelle combinaison de ceux-ci). Dans certains cas, on peut multiplier le taux de productivité des domaines à rendement médiocre, soit en leur faisant imiter le comportement des domaines productifs, soit en les déployant autrement pour qu'ils deviennent plusieurs fois plus productifs qu'avant. Pour trouver la direction, il faut examiner de près la performance « dégroupée » des domaines ; il faut aussi une bonne dose de simplification et de décentralisation, ainsi qu'une mesure périodique de la performance à son plus faible degré de « groupement » ; une intervention chirurgicale radicale est ensuite requise pour réaffecter les ressources à leurs meilleurs usages. Le coup de pouce, lui, est de nature plus ponctuelle : seule une productivité élevée est récompensée par l'affectation de ressources supplémentaires ; les domaines à productivité faible voient leurs ressources décliner.

Les gens d'affaires, comme tout le monde, hésitent généralement à apporter de tels changements radicaux et simplificateurs. La simplification radicale perturbe certains intérêts particuliers (dont ceux des gestionnaires en place ne sont pas les moindres), crée un changement qui dérange et requiert que chacun soit utile et rende des comptes. La plupart des gens préfèrent une vie tranquille et stable, où ils n'ont pas à rendre de comptes. Puisque les marchés ne sont pas des machines et qu'ils dépendent de l'activité humaine, ils sont nécessairement imparfaits. Et plus les entreprises participant aux marchés sont grandes et complexes, plus ces marchés sont imparfaits. Les entreprises commerciales ont connu un bon rendement, comparativement aux organisations non commerciales, parce qu'elles ont plus d'occasions d'arbitrage que ces dernières et parce que la concurrence impose un niveau minimal d'arbitrage. Mais il serait erroné de croire que les gens d'affaires aiment la concurrence. Le Principe 80/20 pose que les marchés sont toujours imparfaits, que l'utilisation des ressources est toujours loin d'être optimale et qu'il y a toujours place pour un arbitrage intelligent. L'arbitrage aura tendance à simplifier et à éclairer la performance individuelle des ressources.

Quel message envoie donc le Principe 80/20 à la droite responsable ? Cette question, bien sûr, est des plus simplistes. La droite comprend les conservateurs, les radicaux et les libéraux, en plus des tenants de l'autoritarisme et de ceux de la doctrine sociale libertaire. Mais ce qui unit la majorité des membres de la droite, c'est le respect de l'inégalité sociale, l'admiration (ouverte ou secrète) des élites, l'horreur pour les politiques interventionnistes sociales et économiques, et l'adulation des marchés et de la concurrence.

Pour ce qui est de l'inégalité sociale, selon le Principe 80/20 celle-ci est profondément enracinée mais constitue un grand gaspillage. De même, le principe aide à comprendre la domination des élites et confirme que la réussite est réservée à une minorité; mais il doit aussi nous faire voir que l'on n'est pas encore arrivé à utiliser efficacement toutes les ressources humaines. L'existence des élites n'est justifiée que si celles-ci améliorent la qualité de vie de tous, et pas seulement la leur, et si elles entreprennent sérieusement de réduire le gaspillage social. Le Principe 80/20 ne va pas à l'encontre des marchés et tient l'arbitrage comme source de prospérité, mais il nous rappelle que la plupart des entreprises sont loin d'être efficaces et que les gestionnaires ne sont les tenants naturels ni de la concurrence ni de l'arbitrage. Nous ne nous sommes pas encore demandé si le Principe 80/20 devrait nous mener à davantage ou à moins de politiques interventionnistes d'ordre social ou économique.

Y A-T-IL UNE INTERPRÉTATION « DE GAUCHE » DU PRINCIPE 80/20?

Si les marchés ne produisent pas les résultats optimaux et si l'entreprise est par nature inefficace, comme le proclame le Principe 80/20, celui-ci peut-il justifier l'intervention de l'État dans les affaires économiques et sociales, destinées à prévenir le gaspillage et à produire les meilleurs résultats pour l'ensemble des citoyens?

Pour tenter de répondre à cette question, laissons d'abord les enjeux économiques de côté pour nous attarder un peu aux enjeux sociaux. Une application « générique » du Principe 80/20 peut-elle nous donner des pistes de réponse? Et ces pistes nous mènent-elles vers une politique sociale conservatrice ou interventionniste?

Le Principe 80/20 aide à lutter contre le crime

La ville de New York connaît depuis 1993 une réduction soudaine et étonnante du taux de criminalité. Par exemple, dans le district de Brooklyn North, l'un des plus notoires, le nombre d'homicides est tombé de 126 en 1993 à 44 en 1995, soit une réduction de 65 p. 100[8]! La qualité de la vie dans la ville a été transformée, transformation que nul n'avait prédite mais qui a été délibérément provoquée. Le directeur de la commission de police, William Bratton, a conclu que la majorité des crimes étaient commis par une minorité de criminels et suscités par un petit nombre de situations particulières, notamment les rassemblements de jeunes hommes s'enivrant sur un coin de rue. Au début, Bratton a déployé des effectifs majeurs dans les zones les plus chaudes, dans le but de lutter contre la minorité de criminels et de situations qui causaient la majorité des crimes. La police a adopté une politique de tolérance zéro envers l'illégalité, même pour les crimes les plus mineurs tels que la consommation d'alcool ou la miction dans les rues, et les graffiti. L'effort considérable et bien ciblé s'est révélé efficace. Qu'il l'ait su ou non, Bratton appliquait le Principe 80/20 : il a concentré ses ressources sur les 20 p. 100 de causes qui entraînaient 80 p. 100 des problèmes, déterminé en l'occurrence à éradiquer les 20 p. 100 des crimes qui étaient à la source d'autres crimes plus graves.

Cet effort, semblable à celui qu'avait consenti le maire de Marbella, en Espagne, a été beaucoup plus efficace qu'on l'avait prédit, parce qu'il ne visait pas seulement le problème du crime dans le groupe ciblé, mais parce qu'il modifiait aussi le caractère des quartiers touchés. Le concept du point charnière dont nous avons parlé au chapitre premier aide à expliquer ce qui s'est produit, l'idée étant que, après avoir atteint un certain point dans le déploiement d'une innovation ou nouvelle méthode, un effort supplémentaire minime suffit à rapporter des résultats extraordinaires. Même si le district connaissait un certain taux de criminalité et que les crimes commis étaient mineurs, le comportement général des citoyens avait tendance à graviter vers le plus petit dénominateur commun. Des voitures étaient saccagées, et des citoyens plutôt respectueux de la loi commettaient des méfaits, tandis que les personnes âgées et les gens fortunés fuyaient les rues. Une fois que l'effort policier a porté fruit, que le nombre de crimes a diminué et que le quartier est devenu plus civilisé, les attitudes et comportements ont soudainement changé et le quartier s'en est trouvé transformé.

L'implication de tout cela pour la politique sociale est évidente. Si les dépenses destinées à résoudre des problèmes sociaux n'atteignent pas le point charnière, elles constituent un gaspillage d'argent. Mais si un petit effort supplémentaire est consenti pour atteindre ce point charnière — par exemple, si l'on s'acharne à régler les 20 p. 100 de situations qui causent 80 p. 100 des problèmes —, l'effet de chaque unité d'argent ou d'effort additionnel est fantastique.

Vous vous demandez peut-être ce que tout cela a à voir avec la droite et la gauche, avec la politique libérale et la politique conservatrice. Je vous répondrais que cela a beaucoup à voir. J'ai peut-être triché un peu en abordant d'abord la question du crime, l'un des rares enjeux sociaux où la droite est favorable à une intervention active de l'État (par sa police). Il ne fait aucun doute que le Principe 80/20 aide à lutter contre le crime. Un autre exemple de cette contribution est la nouvelle approche adoptée par certaines polices britanniques qui visent les 20 p. 100 de criminels qui commettent 80 p. 100 des crimes, en effectuant des descentes simultanées aux domiciles des membres du groupe visé. Si une approche ciblée et interventionniste est efficace en matière de criminalité, et si elle peut s'expliquer au moyen du Principe 80/20 et du concept du point charnière, il n'y a aucune raison pour que l'approche interventionniste ne réussisse pas dans n'importe quelle autre dimension de la politique sociale.

Les deux bémols de l'interventionnisme social

Il faut toutefois mettre deux bémols à l'affirmation selon laquelle les programmes sociaux interventionnistes sont justifiés par le Principe 80/20.

Premièrement, il est probable que le Principe 80/20 donne lieu à des solutions non conventionnelles. Rappelez-vous l'intuition fondamentale découlant du Principe : à tout problème ou à toute belle occasion n'est associé qu'un très petit nombre de causes critiques, lesquelles doivent être identifiées et traitées d'une manière extrêmement concentrée et déterminée. La mise en œuvre de cette intuition pourrait bien contredire les réponses toutes faites de la gauche comme de la droite.

Prenez la question controversée des soins de santé, par exemple. Dans la plupart des pays, la gauche souhaite étendre la portée des régimes de soins de santé : construction de plus d'hôpitaux, formation de plus de médecins et d'infirmières, affectation d'une plus grande partie de la richesse nationale à ces objectifs, au besoin grâce au financement obtenu par une hausse des taxes et impôts. La droite, elle, veut geler ces taxes et impôts ou les réduire, et veiller à ce que les soins de santé publics ne soient offerts qu'à ceux qui en ont le plus besoin. Le terrain d'entente entre la gauche et la droite est inexistant dans ce débat ; il n'est pas facile de déterminer la meilleure des deux politiques.

Si nous nous demandions laquelle des deux semble la meilleure à la lumière du Principe 80/20, la réponse serait : ni l'une ni l'autre. Il y a une vingtaine d'années, le ministre de la Santé des États-Unis, après avoir tenté d'attribuer les causes des maladies, a conclu que 10 p. 100 seulement étaient attribuables aux soins médicaux ou à leur absence, et que plus de 50 p. 100 étaient attribuables au comportement individuel. Pourtant, les budgets de la santé, sous les républicains comme sous les démocrates, ont affecté 20 fois plus d'argent aux soins médicaux qu'à tous les programmes d'incitation à une meilleure nutrition, à l'éducation en matière de santé, aux soins personnels et à la bonne forme physique.

Selon le Principe 80/20, 20 p. 100 des dépenses entraîneront 80 p. 100 des résultats souhaités et vice-versa. Le progrès dépend de l'identification des 20 p. 100 qui rapportent 80 p. 100 et, inversement, des 80 p. 100 qui ne rapportent que 20 p. 100. En l'occurrence, les 20 p. 100 de dépenses qui rapportent 80 p. 100 des résultats comprennent celles qui sont engagées dans l'éducation en matière de santé, plus particulièrement celles qui visent le dépistage précoce des maladies. Dans le domaine des soins de santé comme dans la plupart des autres, mieux vaut prévenir que guérir; la prévention coûte beaucoup moins cher que la guérison; enrayer la maladie à ses débuts est plus efficace et moins coûteux que le faire plus tard; et créer des habitudes de vie saine chez les jeunes, habitudes qui dureront toute leur vie, fera beaucoup plus de bien que toute autre forme de dépense sociale.

Il serait raisonnable de consacrer une énergie folle à l'éducation en matière de santé dans les écoles, jusqu'à atteindre le point charnière d'efficacité, le moment où les comportements changeront. Il serait logique pour l'État de mettre au point, de diriger et de surveiller l'efficacité des programmes destinés à améliorer les habitudes alimentaires des citoyens et à leur faire faire de l'exercice physique; dans ce cas, l'État pourrait sans doute recourir à des sociétés de marketing du secteur privé et les rémunérer en fonction des résultats obtenus. Nous avons sans doute besoin de moins d'hôpitaux, de moins de médecins et de moins d'infirmières, mais de plus de travailleurs de la santé bénévoles et installés chez eux, de plus de nutritionnistes, de plus de gymnases, de plus de matériel de mise en forme physique, de plus de parcs, de plus de pistes cyclables et de plus de taxes sur les aliments malsains.

Le deuxième bémol concerne la performance relative de l'État en tant qu'acteur

Le Principe 80/20 est optimiste pour ce qui est de l'ingénierie sociale. Selon celui-ci, le choix de solutions non conventionnelles, fondé sur le repérage des 20 p. 100 qui rapportent 80 p. 100 et sur le soutien massif accordé à ces 20 p. 100, peut rapporter plus pour moins; en affectant les ressources nécessaires à l'atteinte du point charnière, nous pouvons améliorer considérablement n'importe quelle dimension de la vie sociale. Mais la solution doit être non conventionnelle et pragmatique, ainsi qu'entièrement fondée sur l'observation des 20 p. 100 efficaces. Le moment est venu de formuler notre second bémol, celui qui irrite encore beaucoup la gauche: l'État a toujours été un fournisseur médiocre de services contrairement au secteur privé. À de rares exceptions près (les Services nationaux de Santé britanniques, par exemple), les services fournis par l'État semblent toujours tomber dans les 80 p. 100 d'activités qui ne créent que 20 p. 100 de la valeur.

Pourquoi toutes les versions du super-État du xxᵉ siècle ont-elles échoué ?

Le Principe 80/20 peut non seulement faire ressortir la mauvaise performance du super-État, mais aussi contribuer à l'expliquer. Précédemment, nous avons accusé la plupart des entreprises du secteur privé d'être inefficaces, puisque le Principe 80/20 prouve à quel point la plupart d'entre elles, surtout les entreprises complexes aux activités diversifiées, ont tendance à multiplier leurs activités et à occulter le vrai taux de rendement, que ce soit relativement au produit, au client, à la division ou au gestionnaire. Pourtant, l'inefficacité du secteur privé est relative ; il serait grossier de nier l'amélioration incroyable du niveau de vie attribuable à l'entreprise moderne. Au cours des 100 dernières années, la production par travailleur a été multipliée par 50 et, si l'État avait été moins vorace, le niveau de vie aurait été amélioré en conséquence. Le mérite de toute cette abondance revient en majeure partie aux grandes entreprises.

Lorsque c'est l'État qui fournit les services, il est presque certain que les pires prédictions du Principe 80/20 se réaliseront. C'est parce qu'il est impossible de relier la source à la valeur des services et très difficile de mesurer la relation entre intrants et extrants, même à une échelle globale ; individuellement, c'est tout à fait impossible. Cette situation déplorable n'est pas causée par le cynisme ou la fourberie des fonctionnaires ; elle est inhérente à un système où le client n'a aucun choix, où il n'est pas nécessaire d'évaluer le rendement et où il n'y a aucune récompense pour ceux qui fournissent un service de valeur supérieure.

Toutes les organisations, surtout celles qui sont complexes, sont fondamentalement et presque délibérément inefficaces. Ce qui rend les entreprises du secteur privé moins inefficaces que leurs équivalents publics, c'est la discipline imposée par le marché. Cette discipline est absente du secteur public : les mauvais fournisseurs de services ne sont pas éliminés et, plus important encore, les bons n'ont pas accès à un supplément de ressources. On ne permet pas au processus d'arbitrage 80/20 d'opérer. Dans le secteur public, l'Analyse 80/20 est inutile puisqu'il est pratiquement impossible d'obtenir des données sur le rendement qui ne soient pas regroupées. Et même si cela était possible, personne ne serait obligé d'agir pour encourager les quelques fournisseurs de services à valeur élevée et pour enlever des ressources aux nombreux fournisseurs de services sans valeur. Par conséquent, aucune augmentation substantielle de la valeur n'est possible dans le secteur public. Ainsi, si nous voulions obtenir plus pour moins, il faudrait commencer par priver l'État de toutes ses fonctions de fournisseur de services.

La gauche intelligente a commencé à comprendre cela. L'abolition de l'État en tant que fournisseur ne diminue pas nécessairement le rôle de l'État comme financier. L'ampleur de l'imposition et de la redistribution de la richesse n'a rien à voir avec l'ampleur de la fourniture de services par l'État. Pourtant, dans la pratique, il y aura corrélation. Si l'État ne renonce pas à la plupart de ses fonctions de fournisseur de services, la révolte contre l'imposition et le peu de valeur offerte par l'État en contrepartie finira par réduire le niveau de financement assumé par l'État. En revanche, si l'État sous-traite ses services (à des organisations bénévoles ou à des entreprises du secteur privé, idéalement aux deux, qui se feraient concurrence), il sera en mesure d'élargir le volume et la valeur des services fournis, à un coût assez faible pour être acceptable.

Quelles sont les implications du Principe 80/20 en ce qui concerne l'intervention de l'État dans l'économie ?

L'un des grands sujets de controverse entre la gauche et la droite que nous n'avons pas encore abordés est celui de l'intervention de l'État dans l'économie. Selon le Principe

80/20, les marchés ne sont pas parfaits, parce que l'État est composé d'entreprises complexes sujettes à l'inefficacité. Pourtant, les marchés décentralisés, dans lesquels les consommateurs peuvent librement comparer la valeur relative de ce qui leur est proposé, sont la meilleure voie vers l'arbitrage et l'efficacité. Dans la pratique, l'intervention de l'État favorise presque toujours les producteurs (dont les puissants lobbies arrivent parfois, plus ou moins honnêtement, à convaincre l'État, lequel est toujours préoccupé par les taux de chômage à court terme), au détriment des consommateurs. Ce n'est qu'en matière de politiques antitrust que les gouvernements ont tendance à favoriser les consommateurs ; même dans ce domaine, les réussites depuis trois quarts de siècle sont négligeables.

Selon le Principe 80/20, l'arbitrage et l'efficacité seront le mieux servis si l'État intervient le moins possible dans les affaires économiques. Voilà qui contraste fortement avec la valeur de son intervention dans les affaires sociales (pourvu que l'État ne fournisse pas directement de services), où le potentiel d'amélioration résultant de l'application du Principe 80/20 est stupéfiant. On ne pourra réduire le gaspillage dans la société en général qu'en réorganisant radicalement ses affaires, et les seuls mécanismes qui permettent de le faire sont d'ordre politique.

LE PRINCIPE 80/20 CONFIRME UN POTENTIEL DE PROGRÈS EXTRAORDINAIRE

Je laisse le soin aux autres de juger si le programme sous-entendu par le Principe 80/20 est proche de celui de la gauche intelligente, du centre radical, ou de la droite radicale. Peut-être qu'il nous aidera à mettre fin aux débats stériles opposant la gauche et la droite, débats fondés sur des positions intellectuelles plutôt que sur des intérêts directs. Ce qu'il faut retenir du Principe, ce sont les écarts énormes de rendement inhérents à toutes les dimensions de la vie : le déséquilibre entre les intrants et les extrants, la manière que nous avons de nous tromper nous-mêmes en pensant toujours aux moyennes et au rendement global, la différence entre les quelques approches extrêmement efficaces et la majorité d'approches médiocres. Le Principe 80/20 est ambitieux; il ne supporte pas le *statu quo*; il est motivé par l'idée du progrès; il affirme que nous pourrions améliorer considérablement la richesse et le bonheur de tous les individus, ainsi que la qualité de la société dans son ensemble.

Par conséquent, le Principe 80/20 permettra aux citoyens honnêtes et désintéressés de renoncer à leurs allégeances politiques conventionnelles pour repartir du bon pied. Les politiques sous-entendues par le principe sont radicales, ambitieuses, voire un peu utopiques. Ce sont des politiques favorables à des programmes ambitieux d'intervention sociale ciblée. Avec le Principe 80/20, on ne peut se faire d'illusions sur la perfection du capitalisme, des entreprises ou des marchés; mais on ne peut non plus laisser l'État jouer un rôle de fournisseur de services, et il faut douter de la valeur de l'intervention gouvernementale dans l'économie. L'importance du Principe 80/20 pour l'intérêt public se trouve dans l'éclairage qu'il fournit sur le rapport entre les causes et les résultats. Cet éclairage nous permet de faire de grands bonds en avant. Un changement positif est toujours possible et toujours perturbateur. Les prescriptions du Principe 80/20, dans la gestion des affaires publiques comme ailleurs, sont radicales et fondées sur le rendement; elles visent le changement.

C'est pourquoi j'affirme que le Principe 80/20 est porteur d'une force morale. Il nous pousse à réorganiser nos entreprises (à but lucratif ou non) et nos sociétés de manière que le maximum de ressources soient affectées aux quelques activités qui sont extrêmement utiles aux individus, et à faire en sorte que la majorité des ressources peu productives aujourd'hui le deviennent demain.

Le progrès : un fait du passé, du présent et du futur

Pourquoi refusons-nous de croire que l'humanité est capable de multiplier son efficacité? En 1798, Thomas Malthus, un ecclésiastique anglais excentrique, s'inquiétait, dans son *Essai sur le principe de population*, de « la force de cette tendance qu'a la population à croître plus que les moyens de subsistance[9]». Malthus a prédit justement l'explosion démographique, mais il n'aurait jamais pu imaginer les progrès réalisés dans les techniques agricoles, progrès déjà amorcés à son époque. En Occident, nous sommes désormais en mesure de nourrir nos populations, même si l'agriculture, qui employait jadis 98 p. 100 de la population, ne fournit plus de travail qu'à 3 p. 100 de celle-ci ! Et l'industrie a connu des augmentations incroyables de la richesse et de la production par employé ; en effet, la productivité a augmenté à un taux composé de 3 ou 4 p. 100 par année, ce qui veut dire que le taux de production par employé a été multiplié par 50.

Durant notre propre vie, nous avons vu la qualité des biens de consommation atteindre un niveau de perfection et de polyvalence dont nos grands-parents n'auraient pu rêver ; nous avons été témoins de l'apparition de produits électroniques miraculeux qui ont transformé le foyer et le bureau, ainsi qu'estompé la frontière les séparant ; nous avons observé des nations entières dévastées, affamées et démoralisées qui se sont sorties du gouffre et qui sont devenues des leaders industriels prospères ; nous avons vu la plupart des nations d'Europe se débarrasser de leurs antagonismes nationaux et idéologiques, et toute une région du monde (en Asie) emprunter le chemin de la prospérité. Toutes ces évolutions ont fait appel à l'esprit du Principe 80/20. Bon nombre des percées les plus spectaculaires, en gestion de la qualité, en électronique et en informatique, ont été provoquées grâce à l'application délibérée du Principe 80/20, lequel a amélioré l'efficacité de ces industries.

Nous sommes témoins de tout cela et pourtant nous ne pouvons pas encore croire en la possibilité d'autres progrès fulgurants. Nous pensons avoir épuisé la capacité de l'industrie à transformer le monde. Nous croyons que tous les progrès ont été réalisés et que nous et nos enfants devrons nous contenter d'une consolidation des réussites actuelles. Nous ne croyons pas les politiciens ; nous ne faisons pas confiance à l'industrie ; nous avons renoncé à l'espoir. Nous craignons pour nos emplois et croyons être en train de vivre la désintégration de la société civilisée.

Si nous acceptons le Principe 80/20, ces craintes seront allégées par une forte dose d'optimisme. Croyez-moi lorsque je dis, en tant que conseiller en stratégie expérimenté qui connaît bien les entreprises planétaires d'avant-garde, qu'il y a encore beaucoup de possibilités d'augmenter l'efficacité de l'industrie. Oui, les entreprises ont bien réussi, de manière absolue et par comparaison avec la grande sangsue du XXe siècle qu'est l'organisation étatique. Mais, non, elles ne sont pas encore efficaces et des améliorations étonnantes sont encore possibles. Les entreprises ne sont pas sur le point de mettre fin à leurs progrès en productivité. Elles ne font que commencer à exploiter correctement la technologie de l'information ; elles viennent tout juste de redécouvrir que leurs clients et investisseurs sont plus importants que leurs propres processus de gestion interne ; elles apprennent aujourd'hui à livrer une concurrence efficace et, plus important encore, elles commencent à prendre conscience de l'ampleur du gaspillage et des coûts occasionnés par leur propre complexité.

Je n'ai aucune crainte de me tromper lorsque je prédis que la technologie, alliée à une nouvelle détermination de la part des directions supérieures à mieux servir leurs clients et investisseurs, quel qu'en soit le coût pour leurs structures organisationnelles, mènera quelques entreprises — rappelez-vous qu'il n'en faut que quelques-unes pour qu'il soit prouvé que les degrés antérieurs de réussite peuvent être dépassés — à une réussite telle que, si les marchés restent libres, nous nous émerveillerons dans une cinquantaine d'années devant la transformation de notre standard de vie opérée par nos entreprises, encore plus que nous nous émerveillons aujourd'hui devant les progrès réalisés au cours du dernier demi-siècle.

Quelle que soit la réussite des entreprises dans leur rôle actuel, un effet multiplicateur restera toujours à notre disposition, comme le promet le Principe 80/20. En l'occurrence, il est facile à reconnaître. Il s'élève au-dessus de nous, comme un monument d'inefficacité : c'est le secteur public. Malgré les

326

privatisations, le secteur public, au sens large du terme, consomme encore de 30 à 50 p. 100 des ressources économiques dans la plupart des pays ; en Grande-Bretagne, paradis de la privatisation, il en consomme encore plus de 40 p. 100. Pourtant, les arguments intellectuels en faveur de la prestation de services par l'État ont été fatalement minés, et rares sont ceux, même de la gauche politique, qui y croient encore. Si nous privatisions tout, même l'éducation et les services de police, mais d'une manière qui garantisse une saine concurrence entre les fournisseurs de services actuels et potentiels, et si nous laissions s'établir une concurrence entre les organisations à but lucratif et celles à but non lucratif, nous serions témoins d'une augmentation fantastique et continue de la valeur créée : plus important encore que la réduction des coûts, nous assisterions à une amélioration incroyable de la qualité des services[10]. Dans le domaine de l'éducation, par exemple, certaines écoles et certaines méthodes d'enseignement sont 50 fois plus efficaces que d'autres, et la technologie de l'information n'est encore utilisée intelligemment que par une minorité d'éducateurs. Si nous abattions les barrières institutionnelles dressées devant l'arbitrage, devant l'imitation des meilleures méthodes, les conséquences sur nos vies et sur nos économies seraient inimaginables. Si nous appliquions le Principe 80/20 à l'éducation aussi efficacement qu'il l'a été à l'informatique, l'effet multiplicateur serait étonnant.

ASSUMER LA RESPONSABILITÉ DU PROGRÈS

Laissez de côté votre scepticisme et votre pessimisme. Ces traits de caractère, comme leurs opposés, font que ce que l'on redoute le plus se réalise. Recouvrez votre foi dans le progrès. Comprenez que le futur est déjà là : dans les quelques exemples éloquents déjà donnés, dans l'agro-alimentaire, dans l'industrie, dans les services, dans l'éducation, dans l'intelligence artificielle, dans la science médicale, dans la physique et en fait dans toutes les sciences, et même dans les expériences sociales et politiques, où des cibles naguère inimaginables ont été atteintes et dépassées, et où les nouvelles cibles continuent de se succéder. Rappelez-vous le Principe 80/20. Le progrès vient toujours d'une minorité de personnes et de ressources organisées qui prouvent que ce qui était autrefois accepté comme plafond de performance peut devenir un seuil de performance pour quiconque. Le progrès requiert des élites, mais des élites qui ne vivent que pour la gloire et pour le service de la société, qui sont déterminées à mettre leurs précieux talents à la disposition de tous. Le progrès dépend de la diffusion d'information sur les réussites exceptionnelles et sur les expériences probantes, de la destruction des structures érigées par les nombreux groupes d'intérêt particulier, de l'exigence que chacun ait accès au niveau de vie de la minorité privilégiée. Par-dessus tout, comme l'a dit George Bernard Shaw, «tout progrès dépend donc de l'homme déraisonnable»; nous devons être déraisonnables dans nos attentes et exigences. Dans quelque domaine que ce soit, nous devons rechercher les 20 p. 100 qui produisent les 80 p. 100 et nous servir des faits que nous découvrons pour exiger une multiplication de tout ce à quoi nous attachons de la valeur. Puisque nous désirons toujours plus que ce que nous avons, le progrès requiert que nous disposions de tout ce que la minorité a réussi à avoir et que nous fassions en sorte que cela devienne la norme minimale pour tous.

Ce qu'il y a de merveilleux avec le Principe 80/20, c'est que vous n'êtes pas obligé d'attendre les autres. Vous pouvez déjà commencer à l'appliquer dans votre vie professionnelle et dans votre vie personnelle. Vous pouvez prendre vos propres petits fragments de grande réussite, de bonheur, de service aux autres et leur accorder beaucoup plus de place dans votre vie. Vous pouvez multiplier vos grands moments de bonheur et éliminer la plupart de vos moments désagréables. Vous pouvez identifier la masse d'activités inutiles et à faible valeur et commencer à vous en soulager. Vous pouvez isoler les parties de votre caractère, de votre style de travail, de votre style de vie et de vos relations qui, mesurées à l'aune du temps ou de l'énergie qu'elles requièrent, créent pour vous plus de valeur que les autres. Une fois qu'elles seront isolées, vous pourrez, avec courage et détermination, les multiplier. Vous pouvez devenir un être humain meilleur, plus utile et plus heureux. Et vous pouvez aider les autres à faire de même.

NOTES ET RÉFÉRENCES

CHAPITRE 1

1 Steindl, Josef, *Random Processes and the Growth of Firms: A Study of the Pareto Law*, Charles Griffin, Londres, 1965, p. 18.

2 Des recherches poussées indiquent que, parmi les textes faisant référence au Principe 80/20 (généralement appelé Règle 80/20), un très grand nombre d'articles courts ont été écrits, mais aucun livre. Si un ouvrage sur le Principe 80/20 existe, fût-ce sous forme de thèse universitaire non publiée, le lecteur voudra bien m'en informer. Un livre récent, qui ne porte pas vraiment sur le Principe 80/20, en souligne toutefois l'importance. Dans l'introduction de ce livre, *The 20 % Solution* (John Wiley, Chichester, 1995), John J. Cotter conseille ceci à son lecteur: «Trouvez les 20 p. 100 de ce que vous faites qui contribueront le plus à votre réussite future, puis concentrez-y votre temps et votre énergie.» (p. xix) Cotter mentionne Pareto au passage (p. xxi), mais ni le nom de Pareto ni le Principe 80/20 (sous quelque appellation que ce soit) n'est mentionné ailleurs que dans l'introduction; le nom de Pareto ne figure même pas dans l'index. Comme beaucoup d'auteurs, Cotter commet un anachronisme lorsqu'il attribue la formule 80/20 à Pareto: «Il y a un siècle, Vilfredo Pareto, économiste d'origine française, observa que, dans la plupart des situations, 20 p. 100 des facteurs entraînent 80 p. 100 des

effets (c'est-à-dire qu'une entreprise tire 80 p. 100 de ses profits de 20 p. 100 de sa clientèle). Il appela ce phénomène « loi de Pareto ». » (p. xxi) En réalité, Pareto n'a jamais utilisé l'expression 80/20, ni aucune autre du genre. Ce qu'il appelait sa « loi » était en fait une formule mathématique (voir la note 4 ci-dessous) assez éloignée (tout en en étant la source première) du Principe 80/20 tel qu'on le connaît aujourd'hui.

3 « Living with the Car », *The Economist*, 22 juin 1996, p. 8.

4 Pareto, Vilfredo, *Cours d'économie politique*, Université de Lausanne, 1896-1897. Malgré le mythe, Pareto n'a pas utilisé l'expression 80/20, ni dans ses écrits consacrés à la disparité des revenus, ni ailleurs. Il n'a même pas fait la simple observation que 80 p. 100 des revenus étaient gagnés par 20 p. 100 de la main-d'œuvre, bien que cette conclusion eût pu être tirée de ses calculs complexes. Ce que Pareto a découvert — et qui les a enthousiasmés lui et ses disciples —, c'est l'existence d'une relation constante entre le nombre de personnes touchant les revenus les plus élevés et le pourcentage des revenus totaux encaissés par ces personnes, relation qui obéissait à un modèle logarithmique régulier et qui donnait la même courbe, quels que soient la période ou le pays étudiés. Voici la formule. N représente le nombre de personnes touchant un revenu plus élevé que x, A et m sont des constantes. Pareto a découvert que : $\log N = \log A + m \log x$.

5 Nous insistons sur le fait que cette simplification n'a pas été faite par Pareto ni, hélas !, par aucun de ses disciples pendant plus d'une génération. Elle est toutefois logiquement déduite de sa méthode et beaucoup plus facile à comprendre que toutes les explications qu'a pu donner Pareto.

6 L'université Harvard, en particulier, semble avoir été un foyer d'appréciation de Pareto. Outre l'influence exercée par Zipf sur la philologie, la faculté d'économie manifestait une appréciation enthousiaste de la « loi de Pareto ». Pour trouver

la meilleure explication de ce fait, lire l'article publié par Vilfredo Pareto dans le *Quarterly Journal of Economics*, vol. 68, nº 2, mai 1949 (President and Fellows of Harvard College).

7   Paul Klugman donne une excellente explication de la loi de Zipf dans *The Self-Organizing Economy* (Blackwell, Cambridge, MA, 1996), à la page 39.

8   Juran, Joseph Moses, *Quality Control Handbook*, McGraw-Hill, New York, 1951, pp. 38-39. Il s'agit de la première édition, qui ne comptait que 750 pages comparativement à l'édition actuelle de plus de 2000 pages. Même si Juran mentionne spécifiquement le principe de Pareto et en distille le sens avec justesse, on ne trouve pas dans la première édition l'expression 80/20.

9   Krugman Paul, *op. cit.*, note 7.

10 Gladwell, Malcom, « The Tipping Point », *New Yorker*, 3 juin 1996.

11 Gladwell Malcom, *ibid.*

12 Gleik, James, *Chaos: Making a New Science*, Little Brown, New York, 1987.

13 Voir W. Brian Arthus, « Competing technologies, increasing returns, and lock-in by historical events », *Economic Journal*, vol. 99, mars 1989, pp. 166-131.

14 « Chaos theory explodes Hollywood hype », *Independent on Sunday*, 30 mars 1997.

15 George Bernard Shaw, cité par John Adair dans *Effective Innovation*, Pan Books, Londres, 1996, p. 169.

16 Cité par James Gleik, *op. cit.*, note 12.

CHAPITRE 2

1 Calcul de l'auteur fondé sur Meadows, Donella H., Dennis L. Meadows et Jorgen Randers, *Beyond the Limits*, Earthscan, Londres, 1992, p. 66f.

2 Calcul de l'auteur fondé sur Brown, Lester R., Christopher Flavin et Hal Kane, Earthscan, Londres, 1992, p. 111, qui se sont eux-mêmes basés sur Sprout, Ronald V. A. et James Weaver, *International Distribution of Income: 1960-1987*, Working Paper n° 159, Department of Economics, American University, Washington DC, mai 1991.

3 « Strategic planning futurists need to be capitation-specific and epidemiological », *Health Care Strategic Management*, 1er septembre 1995.

4 Gladwell, Malcolm, « The science of shopping », *New Yorker*, 4 novembre 1996.

5 Corrigan, Mary et Gary Kauppila, *Consumer Book Industry Overview and Analysis of the Two Leading Superstore Operators*, William Blair & Co., Chicago, 1996.

CHAPITRE 3

1 Juran, Joseph Moses, *op. cit.* (voir chapitre 1, note 8), pp. 38-39.

2 Recardo, Ronald J., « Strategic quality management : turning the spotlight on strategies as well as tactical issues », *National Productivity Review*, 22 mars 1994.

3 Von Daehne, Niklas, « The new turnaround », *Success*, 1er avril 1994.

4 Lowry, David, « Focusing on time and teams to eliminate waste at Singo prize-winning Ford Electronics », *National Productivity Review*, 22 mars 1993.

5   Pinnell, Terry, « Corporate change made easier », *PC User,* 10 août 1994.

6   Nagel, James R., « TQM and the Pentagon », *Industrial Engineering,* 1er décembre 1994.

7   Vandersluis, Chris, « Poor planning can sabotage implementation », *Computing Canada,* 25 mai 1994.

8   Wilson, Steve, « Newton : bringing AI out of the ivory tower », *AI Expert,* 1er février 1994.

9   Holtzman, Jeff, « And then there were none », *Electronic Now,* 1er juillet 1994.

10 « Software developers create modular applications that include low prices and core functions », *MacWeek,* 17 janvier 1994.

11 Quint, Barbara, « What's your problem ? », *Information Today,* 1er janvier 1995.

12 Voir Koch, Richard et Ian Godden, *Managing Without Management,* Nicholas Brealy, Londres, 1996, plus particulièrement le chapitre 6, pp. 96-109.

13 Drucker, Peter, *Managing in a Time of Great Change,* Butterworth-Heinemann, Londres, 1995, p. 96f.

14 Koch, Richard et Ian Godden, *op. cit.* (voir note 12) ; voir le chapitre 6 et la page 159.

CHAPITRE 5

1   Ford, Henry, *Ford on Management,* introduction de Ronnie Lessem, Blackwell, Oxford, 1991, pp. 10, 141 et 148. Il s'agit d'une réédition de deux ouvrages de Henry Ford : *My Life and Work* (1922) et *My Philosophy of Industry* (1929).

2 Rommel, Gunter, *Simplicity Wins*, Harvard Business School Press, Cambridge, MA, 1996.

3 Elliott, George, Ronald G. Evans et Bruce Gardiner, « Managing cost : transatlantic lessons », *Management Review*, juin 1996.

4 Koch, Richard et Ian Godden, *op. cit.* (voir chapitre 3, note 12).

5 Casper, Carol, « Wholesale changes », *U.S. Distribution Journal*, 15 mars 1994.

6 Compton, Ted R., « Using activity-based costing in your organization », *Journal of Systems Management*, 1er mars 1994.

CHAPITRE 6

1 Manaktala, Vin, « Marketing : the seven deadly sins », *Journal of Accountancy*, 1er septembre 1994.

2 Il est facile d'oublier la transformation délibérée et réussie de la société qui a été provoquée par l'idéalisme et l'habileté de quelques industriels notoires du début du siècle, tenants de l'argument de « la corne d'abondance », selon lequel la pauvreté, même si elle était répandue, pouvait être enrayée. Par exemple, voici ce que dit Ford : « Le devoir d'enrayer les formes de pauvreté et de misère les plus désastreuses est facile à assumer. Les ressources de la planète sont telles qu'il peut y avoir amplement de nourriture, de vêtements, de travail et de loisirs pour tous. » Voir Ford, Henry, *Ford on Management*, introduction de Ronnie Lessem, Blackwell, Oxford, 1991, pp. 10, 141 et 148. Je remercie Ivan Alexander de m'avoir montré le manuscrit de son nouveau livre (*The Civilized Market*, Capstone, Oxford, 1997), dont le premier chapitre présente l'argument précédent et beaucoup d'autres que je lui ai empruntés (voir note 3).

3 Voir Alexander, Ivan, *The Civilized Market*, Capstone, Oxford, 1997.

4 Cité par Michael Slezak dans « Drawing fine lines in lipsticks », *Supermarket News*, 11 mars 1994.

5 Stevens, Mark, « Take a good look at company blind spots », *Star-Tribune* (Twin Cities), 7 novembre 1994.

6 Harrison, John S., « Can mid-sized LEC's succeed in tomorrow's competitive marketplace ? », *Telephony*, 17 janvier 1994.

7 Trumfio, Ginger, « Relationship builders : contract management », *Sales & Marketing Management*, 1er février 1995.

8 Zbar, Jeffrey D., « Credit card campaign highlights restaurants », *Sun-Sentinel* (Fort Lauderdale), 10 octobre 1994.

9 Petrozzello, Donna, « A tale of two stations », *Broadcasting & Cable*, 4 septembre 1995.

10 Selon Dan Sullivan, consultant auprès de compagnies d'assurance, cité par Sidney A. Friedman dans « Building a super agency of the future », *National Underwriter Life and Health*, 27 mars 1995.

11 Un grand nombre d'articles portant sur les activités ou les industries particulières le prouvent. Par exemple, voir Majeskti, Brian T., « The scarcity of quality sales employees », *The Music Trades*, 1er novembre 1994.

12 Mackay, Harvey, « We sometimes lose sight of how success is gained », *The Sacramento Bee*, 6 novembre 1995.

13 « How much do salespeople make », *The Music Trades*, 1er novembre 1994.

14 Sanders, Robert E., «The Pareto principle, its use and abuse», *Journal of Consumer Marketing*, 4, n° 1, hiver 1987, pp. 47-50.

CHAPITRE 7

1 Suskind, Peter B., «Warehouse operations: don't leave well alone», *IIE Solutions*, 1er août 1995.

2 Forger, Gary, «How more data + less handling = smart warehousing», *Modern Materials Handling*, 1er avril 1994.

3 Field, Robin, «Branded consumer products», dans *The Global Guide to Investing*, James Morton éd., F T/Pitman, Londres, 1995, p. 471f.

4 Kulwiec, Ray, «Shelving for parts and packages», *Modern Materials Handling*, 1er juillet 1995.

5 Earl, Michael J. et David F. Feeny, «Is your CIO adding value?», *Sloan Management Review*, 22 mars 1994.

6 Dean, Derek L., Robert E. Dvorak et Endre Holen, «Breaking through the barriers to new systems development», *McKinsey Quarterly*, 22 juin 1994.

7 Dawson, Roger, «Secrets of power negotiating», *Success*, 1er septembre 1995.

8 Skinner, Orten C., «Get what you want through the fine art of negotiation», *Medical Laboratory Observer*, 1er novembre 1991.

CHAPITRE 9

1 Cette phrase est d'Ivan Alexander (*op. cit.*, chapitre 2), dont les réflexions sur le progrès m'ont plus qu'inspiré.

2 Ivan Alexander (*op. cit.*, voir chapitre 6, note 2) commente avec pénétration: «Même si nous sommes désormais

conscients du caractère fini des ressources terrestres, nous avons découvert d'autres dimensions de possibilités, un nouvel espace compact mais fertile dans lequel l'entreprise peut prospérer et prendre de l'expansion. Les échanges, le commerce, l'automatisation, la robotisation et l'informatique, même s'ils n'occupent pratiquement aucun espace physique, sont des domaines infinis de possibilités. L'ordinateur est la machine la moins physique que l'humanité ait inventée à ce jour.»

CHAPITRE 10

1 Cité dans *Oxford Book of Verse*, 1961, p. 216.

2 Smith, Hiram B., *The Ten Natural Laws of Time and Life Management*, Nicholas Brealy, Londres, 1995. C'est le meilleur guide que je connaisse en matière de gestion du temps. Smith fait amplement référence à la Franklin Corporation, mais beaucoup moins à ses racines mormones.

3 Handy, Charles, *The Age of Unreason*, Random House, Londres, 1969, chapitre 9. Voir aussi, du même auteur, *The Empty Raincoat*, Hutchinson, Londres, 1994.

4 Voir Bridges, William, *JobShift: How to Prosper in a Workplace without Jobs*, Addison-Wesley, Reading, MA et Nicholas Brealey, Londres, 1995. Bridges parvient presque à nous convaincre que l'emploi à plein temps dans une grande entreprise deviendra l'exception et ne sera plus la règle, et que le travail reprendra son sens originel de «tâche» au lieu d'être synonyme d'«emploi».

5 Jenkins, Roy, *Gladstone*, Macmillan, Londres, 1995.

CHAPITRE 12

1 Clifton, Donald O. et Paula Nelson, *Play to Your Strengths*, Piatkus, Londres, 1992.

2 Entrevue réalisée avec J. G. Ballard, *Re/Serach Magazine*, San Francisco, octobre 1989, pp. 21-22.

3 Saint Paul a sans doute contribué davantage au succès du christianisme que le personnage historique de Jésus. Paul a rendu le christianisme plus amical envers Rome. Sans cette mesure, à laquelle saint Pierre et la plupart des autres disciples se sont farouchement opposés, le christianisme serait resté une secte obscure.

4 Voir Pareto, Vilfredo, *The Rise and Fall of Elites*, Arno Press, New York, 1968. L'introduction est de Hans L. Zetterberg. Ce texte, publié en italien en 1901, est une description plus courte et plus juste de la sociologie de Pareto que l'ont été ses œuvres ultérieures. Dans la notice nécrologique de Pareto, publiée en 1923, dans le journal socialiste *Avanti*, on a qualifié celui-ci de « Karl Marx bourgeois ». Ce compliment équivoque est pertinent, puisque Pareto, comme Marx, a mis l'accent sur l'importance des classes et de l'idéologie dans la détermination du comportement.

5 Sauf peut-être dans le domaine de la musique et des arts visuels. Mais, même dans ces domaines, les collaborateurs jouent parfois un rôle plus important que celui qui leur est reconnu.

CHAPITRE 13

1 Frank, Robert et Philip Cook, *The Winner-Take-All Society*, Free Press, New York, 1995. Même si les auteurs n'utilisent pas l'expression 80/20, il est évident qu'ils décrivent des phénomènes de nature 80/20. Ils déplorent le gaspillage qu'implique un tel déséquilibre des récompenses. Voir aussi le commentaire fait sur cet ouvrage dans l'essai très lucide publié dans la revue *The Economist* (25 novembre 1995, p. 134), dans lequel j'ai beaucoup puisé. L'auteur de cet article mentionne que, au début des années 1980,

Sherwin Rose, économiste à l'université de Chicago, a rédigé deux articles sur l'économie des superétoiles.

2 Koch, Richard, *The Financial Times Guide to Strategy*, Pitman, Londres, 1995, pp. 17-30.

3 Hegel, G. W. F., *Hegel's Philosophy of Right*, trad. par T. M. Knox, Oxford University Press, Oxford, 1953.

4 Richman, Louis S., « The new worker elite », *Fortune*, 22 août 1994, pp. 44-50.

5 Cette tendance s'inscrit dans le phénomène de « disparition des gestionnaires », où ceux-ci deviennent redondants et où seuls les cadres efficaces et dynamiques trouvent une place dans les entreprises efficaces. Voir le livre déjà cité de Richard Koch et Ian Godden (chapitre 3, note 12).

CHAPITRE 14
1 Ce qui suit est une explication très simplifiée. Ceux qui souhaitent réfléchir sérieusement à l'investissement privé liront l'ouvrage de Richard Koch intitulé *Selecting Shares that Perform* (Pitman, Londres, 1994, 1997).

2 Calculs basés sur *BZW Equity and Gilt Study*, BZW, Londres, 1993. Voir aussi Koch, *ibid.*, p. 3.

3 Vilfredo Pareto, *op. cit.*

4 Lowe, Janet, *Benjamin Graham, The Dean of Wall Street*, Pitman, Londres, 1995.

5 Outre le RCB historique, basé sur le bénéfice par action de l'exercice terminé, il y a le RCB prospectif, basé sur le bénéfice futur estimé par les analystes boursiers. Si on estime que le bénéfice augmentera, le RCB prospectif sera inférieur au RCB historique, ce qui fera paraître l'action

bon marché. Les investisseurs expérimentés doivent tenir compte du RCB prospectif, même s'il s'agit d'un outil dangereux puisque le bénéfice prévu risque de ne pas se matérialiser (ce qui est souvent le cas). Voir l'ouvrage déjà cité de Robert Koch (note 1), pp. 108-112, pour une analyse plus détaillée des RCB.

CHAPITRE 15

1 Titre éloquent d'un chapitre du livre de Daniel Goleman, *Emotional Intelligence*, Bloomsbury, Londres, 1995, p. 179.

2 Rowe, Dorothy, «The escape from depression», *Independent on Sunday*, 31 mars 1996, p. 14. L'auteur cite l'ouvrage à paraître de Steve Jones, *In the Blood: God, Genes and Destiny*, HarperCollins, Londres, 1996.

3 Fenwick, Peter, «The dynamics of change», *Independent on Sunday*, 17 mars 1996, p. 9.

4 Alexander, Ivan, *op. cit.* (voir chapitre 6, note 2), chapitre 4.

5 Goleman, Daniel, *op. cit.* (voir note 1), p. 34.

6 *Ibid.*, p. 36.

7 *Ibid.*, p. 246.

8 *Ibid.*, pp. 6-7.

9 Fenwick, Peter, *op. cit.* (voir note 1), p. 10.

10 Cité par Daniel Goleman, *op. cit.* (voir note 1), p. 87.

11 *Ibid.*, p. 179.

12 Je suis reconnaissant à mon ami Patrice Trequisser qui a porté à mon attention cette importante manifestation du

Principe 80/20 : vous pouvez tomber amoureux en quelques secondes, et ces quelques secondes exerceront une influence dominante sur le reste de votre vie. Patrice rejetterait ma mise en garde, puisqu'il a eu le coup de foudre il y a plus d'un quart de siècle et qu'il est encore heureux en ménage.

CHAPITRE 16

1 Darwin, Charles, *Voyage d'un naturaliste autour du monde*, 1839, chapitre consacré à l'esclavage.

2 *Guardian*, 3 février 1997.

3 Martin, Hans-Peter et Harald Shumann, *Le piège de la mondialisation*, Solin, Actes-Sud, 1997.

4 Richard Koch et Ian Godden, *op. cit.* (voir chapitre 3, note 12), p. 210.

5 Cité dans Osborne, Daniel et Ted Gaebler, *Reinventing Government*, Plume, New York, 1992, pp. 93-107.

6 Dryden, Gordon et Jeannette Vos, *The Learning Revolution*, Accelerated Learning Systems, Aylesbury, 1994, pp. 330-333 et 378-381.

7 Sadtler, David, Andrew Campbell et Richard Koch, *Breakup! Why Large Companies Are Worth More Dead than Alive*, Capstone, Oxford, 1997.

8 « Cop out », *The Economist*, 30 mars 1996, p. 56.

9 Malthus, Thomas Robert, *Essai sur le principe de population*, traduit de l'anglais par P. et G. Prévost en 1823 à partir de l'édition de 1817 (5e). Édition de Jean-Paul Maréchal. Paris, Garnier-Flammarion, 1992. 2 volumes. Malthus était un pasteur anglais excentrique qui ne le cède qu'à Karl

Marx pour ce qui est de combiner une analyse brillante à des prédictions dramatiquement erronées.

10 L'idée de tout privatiser peut sembler naïve ou extrême. Privatiser l'armée ou le système judiciaire? Il s'agit d'un sujet beaucoup trop vaste pour qu'on puisse en traiter ici. Il se peut que certains organes ratatinés de l'État doivent rester; mais le bien public, sur le plan des économies à réaliser comme sur celui des droits des citoyens à protéger, ne pourrait que s'en trouver mieux si le plus grand nombre possible de services étaient rendus soit par des entreprises commerciales, soit par des organisations sans but lucratif, les deux devant toutefois rendre des comptes. Personne n'a sérieusement tenté de vérifier jusqu'où ce principe pourrait être appliqué dans la pratique. Il reste encore une grande réflexion à faire sur la dimension pratique du principe, mais il ne fait aucun doute que celui-ci va dans le sens de la liberté et de la prospérité.

INDEX

TABLE DES MATIÈRES

Cet ouvrage a été achevé d'imprimer
en juillet 1999.